PAUL VALÉRY
PHILOSOPHE DE L'ART

ESSAIS D'ART ET DE PHILOSOPHIE

PAUL VALÉRY
PHILOSOPHE DE L'ART

L'ARCHITECTONIQUE DE SA PENSÉE
À LA LUMIÈRE DES CAHIERS

par

Patricia SIGNORILE

Ouvrage publié avec le Concours du
Centre National de la Recherche Scientifique

PARIS
LIBRAIRIE PHILOSOPHIQUE J. VRIN
6, Place de la Sorbonne, Ve

1993

L'éditeur et l'auteur remercient le C.N.R.S., ainsi que les ayants-droit de Paul Valéry pour les autorisations de reproduction.

Printed in France
ISSN 0249-7913
ISBN 2-7116-4274-7

A Marc et Alma

Que tous les valéryens qui ont montré le chemin trouvent ici l'expression de ma profonde gratitude, et tout particulièrement : Nicole Celeyrette-Piétri, Florence de Lussy, Simon Lantiéri, Huguette Laurenti, Régine Piétra, Judith Robinson-Valéry.

Je témoigne enfin toute ma reconnaissance à mon mari qui m'a encouragée et soutenue tout le long de mon ascèse, assurant en outre la relecture des divers états du texte, et collaborant à sa saisie informatique.

ABRÉVIATIONS ET SIGLES UTILISÉS

Pour les citations extraites des *Œuvres*, 2 volumes, Gallimard, La Pléiade, 1957 et 1961, nous abrègeons par *Œ. I*, pour le tome I, et *Œ. II*, pour le tome II.

En ce qui concerne *les Cahiers*, fac-similé, tome I à XXIX, C.N.R.S., 1957-1962, préface de Louis de Broglie, nous avons indiqué le numéro du volume suivi de la page concernée.

Ci-dessous sont précisées les années réunies dans chaque tome.

I (1894-1900)
II(1900-1902)
III (1903-1906)
IV (1906-1913)
V(1913-1916)
VI (1916-1918)
VII (1918-1921)
VIII (1921-1922)
IX (1922-1924)
X (1924-1925)
XI (1925-1926)
XII (1926-1928)
XIII (1928-1929)
XIV(1929-1931)
XV (1931-1932)
XVI (1932-1933)
XVII (1933-1935)
XVIII (1935-1936)
XIX (1936-1937)
XX (1937-1938)
XXI (1938-1939)
XXII (1939-1940)
XXIII (1940)
XXIV (1940-1941)
XXV (1941-1942)
XXVI (1942-1943)
XXVII (1943)
XXVIII (1943-1944)
XXIX (1944-1945)

Les mots en italiques, dans les citations extraites des *Cahiers* (dont la ponctuation a parfois été modifiée pour une meilleure compréhension) sont soulignés dans le texte original.

INTRODUCTION

> « L'art n'est qu'un pédagogue – mais capital – car il peut m'enseigner à disposer de mon esprit au-delà de ses applications pratiques »[1].
>
> « Œuvre = transformer quelque chose en vue de transformer quelqu'un »[2].

L'unité de la philosophie de Valéry ne s'impose pas d'emblée. La profusion et l'apparent décousu des *Cahiers*[3], ainsi que le refus de leur auteur d'expliciter publiquement les grands principes philosophiques de sa pensée, en sont la double cause.

En effet, l'impression de désordre qui se dégage d'abord, au contact de ce corpus, est corrélative à l'écriture fragmentaire et aux multiples thèmes abordés. D'autre part, sa recherche, son jugement volontiers critique, au travers desquels se déploie la nouveauté de sa philosophie, s'exercent durant plus d'un demi siècle, sans jamais se dévoiler en système.

Valéry, l'homme aux paradoxes, l'auteur de « l'œuvre en mille morceaux »[4], le « Socrate architecte » que les circonstances « n'ont pas achevé de former »[5], s'est parfois défendu contre ses exégètes, d'être

1. II, 901.
2. XXIX, 881.
3. Les *Cahiers* représentent, dans l'édition en fac-similé du C.N.R.S., un corpus de 27.000 pages en 29 volumes, constitué par des feuillets et des cahiers sur lesquels Valéry a consigné de 1894 à 1945, un système de notations et de réflexions, qui lui est particulier. Il existe une édition thématique des *Cahiers*, en deux volumes, établie, présentée et annotée par J. Robinson, Gallimard, 1973-1974. D'autre part, une édition intégrale des *Cahiers* (1894-1914), établie, présentée et annotée sous la co-responsabilité de N. Celeyrette-Piétri et J. Robinson-Valéry, commence à être livrée au public, dans la collection N.R.F., Gallimard, depuis 1987.
4. II, 137.
5. *Œ. II, Dialogues, Eupalinos*, p. 114.

« quoi que ce soit »[1], tout en développant, dans ses *Cahiers*, la conscience aiguë d'œuvrer pour les générations futures[2]. S'il n'hésite pas, non plus, à stigmatiser les grands noms de la philosophie occidentale[3], cette attitude – comme ironise Cioran[4] – a quelque chose d'impur, puisque dans cette aversion se développe en creux une attitude critique fondamentale : critique du monde, des philosophes et du formalisme de leur langage, critique esthétique, « révolte contre les idoles »[5]. De sorte que, s'en prenant aux « faiseurs de livres », il en vient à conseiller la méthode des « philosophes de toujours » – chercher en soi – qu'il expérimentera personnellement tout au long des *Cahiers*, qui sont autre chose qu'un livre fait de « souvenirs de livres »[6].

Dès le début, les questions posées, qui concernent « les trois dimensions de la connaissance : le corps, le monde, l'esprit »[7], n'ont cessé d'élargir, par leur champ d'inspection et leur répertoire d'interrogations[8], le domaine opératoire de la modernité philosophique. Déjà en 1894, les matrices conceptuelles sont formées. Leurs occurrences seront inlassablement reprises, avec bien sûr quelques variantes. Cette « permanence » des idées, est confirmée par le jugement de Valéry lui-même. Le « toujours les mêmes idées depuis 1892 »[9] est une constante dans les *Cahiers*. Quant à son système,

1. En 1934 (XVII, 672), il stigmatise une longue lignée d'exégètes : « on (m)'a comparé à Descartes, à Racine, à Lucrèce, à Diderot ! Que de références ! ». Cf. également ce que Valéry a écrit à propos de Thibaudet : « (il) a vu sur un mot de la *Jeune Parque* que j'avais été 'influencé' par Bergson (...). Or, je lis mal et avec ennui les philosophes », (XXIV, 762).

2. Dès 1901, Valéry note dans son *Cahier* (II, 118) : « A quoi servirons-nous, philosophes, rhétoriciens que nous sommes qui tourmentons les langages dans notre esprit toute notre vie !? Peut-être à autre chose encore toute cachée, comme les scholastiques et les mystiques pendant 8 ou 9 siècles ont élaboré des instruments pour d'autres recherches ».

3. « Descartes, inventeur d'images et de la précision de l'image – maître de l'usage des représentations figurées – et défectueux dès qu'elles sont en défaut (...). Kant, philologue – habile interprétateur autoritaire des dissociations logiques possibles », (II, 517).

4. CIORAN (E.-M.), *Exercices d'admiration, Essais et portraits*, « Valéry face à ses idoles », Arcanes, 1986, pp. 75 à 95.

5. XVI, 332.

6. II, 405.

7. VIII, 203.

8. Cf. également : « méthode – il faut ne conserver que les questions qui ont trait au fonctionnement observable de l'être », (X, 122).

9. XVI, 793. L'année 1892, marquée par « la nuit de Gênes », est une date décisive. Valéry « entre moi et moi », après avoir traversé une grave crise sentimentale, est prêt à renoncer à toute carrière littéraire. Cf. *Œ. I, Introduction biographique*, p. 20.

Valéry le perçut très tôt comme une méthode de la... méthode. Dans une lettre adressée à G. Fourment, datée du mois de décembre 1897, il note : « Je pourrais, la plume à la main, justifier assez mon point de vue. Au fond, c'est une méthode et pas un système. En somme, je ne fais pas d'autres postulats généraux que ceux des mathématiques (...). Je me permets alors des constructions comme on dit en géométrie. Je crois énormément à la richesse de ce procédé qui passe par l'arbitraire et arrive à la démonstration »[1].

On le voit, le contenu des *Cahiers* n'est pas celui d'un journal traditionnel. Valéry n'écrit pas, malgré le rituel matinal et quotidien, son « journal », mais « des idées ou plutôt (en général) des moments particulièrement simples qui se produisent (en lui) »[2].

Le désordre apparent et les répétitions thématiques gênent de prime abord, et ce d'autant plus que l'on se trouve en présence d'une philosophie profondément rationaliste et mobile. Le lecteur se sent ainsi invité, à chaque instant, à établir un parallèle entre le rationalisme de Descartes et l'évolutionnisme de Bergson.

Mais, si de l'un comme de l'autre, Valéry tient la Raison pour principe et le mouvement pour instrument, les remarques liées au *construire*, au *faire*, au *créer*, donnent le ton de la philosophie valéryenne, en même temps que des schémas de compréhension pour tous les autres problèmes philosophiques. Rien n'est donc plus décisif dans la pensée de Valéry, que le rapport de l'art[3] à la philosophie.

Ainsi, en tant que créateur, il s'observe. En faisant de la « recherche analytique dans les arts »[4], il remarque dans ce domaine « un équilibre qui subsiste à travers les changements de variance »[5] que confirmera la précoce « théorie de l'instrument » : « comprendre dans une même figure – tout ce qui, en toute chose est le moyen »[6]. Ce moyen, c'est le poïen des philosophes anciens. La modernité de la réflexion valéryenne, qualifiée de « révolution » par l'auteur lui-même, va consister à transférer « l'art que l'on met dans les œuvres à la

1. *Œ. II, Notes, Mauvaises pensées et autres*, pp. 1461-62.
2. XXIII, 8.
3. Cf. L. PERCHE, *Valéry et les limites de l'humain*, éd. du Centurion, 1966, p. 49 : « Dès sa treizième année, Valéry lit le *Dictionnaire d'Architecture* de Viollet-Le-Duc et la *Grammaire de l'Ornement* d'Owen Jones ». Cf. également *Œ. II, Notes, Mauvaises pensées et autres*, p. 1517 : « L'œuvre (...) est application à mes yeux. Tandis que, d'ordinaire, elle est l'objet capital du désir ».
4. II, 70.
5. II, 104.
6. *Œ. I, Notes, Lettre à Mallarmé du 15 janvier 1894*, p. 1762,

fabrication» de celles-ci, en considérant «la composition comme le principal»[1]: «tout est bâti»[2].

Si le signe linguistique ne traduit qu'improprement le réel, Valéry démontre que l'art l'interprète, et l'exprime, spontanément au plus près. De même la connaissance, faute de trouver son objet tout fait, doit le bâtir. Elle le crée, *ex nihilo*, par un acte volontariste qui est projet et Valéry, prenant pour modèle l'architecture, va établir que l'acte de concevoir et de construire l'emporte, dans un premier temps, sur l'objet.

L'apparent désordre des *Cahiers* se trouve donc justifié par les traits du rationalisme propre à Valéry, à la fois intellectualiste, idéaliste, mais aussi profondément pratique et empirique. Cette attitude assure la cohérence fondamentale de sa pensée, malgré l'absence d'une philosophie explicitement formulée, absence qui pourrait laisser croire à la défaillance de l'unité interne de celle-ci.

Cette cohérence effective provient également de la constance de l'attitude avec laquelle Valéry a abordé les problèmes humains, et s'est consacré aussi bien à l'analyse des fondements épistémologiques de la création, qu'à ceux de la perception sensorielle.

La création ouvre la voie à la connaissance, parce que celle-ci est liée à l'apprentissage de l'action et de ses œuvres. Cette position suffit à justifier la pertinence philosophique des *Cahiers*. Elle permet même de rendre compte des variations de celle-ci, au hasard des conséquences et des discussions au milieu desquelles elles se développent[3]. En fait, Valéry ne définit jamais plus nettement sa philosophie qu'aux moments où il refuse toute philosophie[4]. Lorsqu'il réfléchit à son propos, il s'agit toujours d'en dénoncer la vanité et les dangers: «La philosophie a fini par reconstituer un fonds de problèmes traditionnels – dont il n'est pas sûr qu'ils existent autrement que par cette tradition même»[5].

1. VIII, 578.

2. XII, 381.

3. Cf. J. ROBINSON, *L'analyse de l'esprit dans les premiers Cahiers*, Corti, 1963, pp. 47-48. L'auteur y établit les affinités valéryennes avec le milieu scientifique d'alors. Valéry était en relation avec Langevin, de Broglie, Borel, Hadamard, Perrin...

4. «S'il existait une vraie 'philosophie' ce serait un des problèmes de cette occupation que de faire une théorie des 'points de vue' – de leur définition, de leur nombre, de la variation de chacun, du passage de l'un à l'autre, des invariants de leur ensemble – de leur combinaison entre eux, de leur production...», (XI, 574).

5. XV, 568.

Valéry « voit le vivant » comme « un système de fonctions »[1], puis « avec l'esprit s'introduit la propriété de formation ou création de fonctions nouvelles »[2]. Enfin, « le langage vient après les actes qui sont cycles »[3]. En architecte de la pensée, il construit une certitude sensible : le corps, puisque « le système à l'état normal (...) est organisé de manière qu'il ignore tout ce qui produit, fabrique tout ce qui est »[4]. Cette investigation doit permettre de cerner ce que l'auteur entend par « je sens selon l'architecture, et pendant ce temps cette architecture me fournit images, métaphores pour toutes choses »[5].

Le thème de la « corporalité », dans la pensée valéryenne, est en perpétuelle turbulence entre les domaines de l'abstrait et du concret. Il dévoile un mouvement né de la rencontre du désir et de la nécessité, qui fonde dans une rhétorique *poïétique* le signe même de l'homme « système des systèmes distincts (...) tantôt dépendants, tantôt indépendants entre eux (...), multiplicité de réponses à une multiplicité d'excitations »[6]. Valéry érige ainsi une philosophie de l'esprit, dont la puissance constituante est purement sensitive.

Dans un mouvement dialectique, l'esprit accomplit une reconstruction à la lumière de la première construction. Celle-ci reconquiert symboliquement ce qui a été perdu et le manifeste tel quel. On assiste alors à l'osmose corps-esprit. « Pour entrer dans le vrai sentiment de cet art (l'architecture), il faut comprendre ce que c'est que comprendre en architecture. Voir le monument – c'est bâtir. Correspondance au corps spectateur, qui évalue, se perd et se retrouve »[7]. Néanmoins, si c'est bien par « le moyen » du corps que s'effectue « le voyage très accidenté d'une espèce dans l'expérience »[8], il faut savoir que Valéry n'a pas cherché à résoudre « en sensation ce que l'on trouve dans l'intellect, ni à constituer l'intellect en mythe leibnitzien ». En effet, « tout ce qui est mental doit se placer entre une demande et une

1. IV, 821.

2. XIII, 121.

3. XXIV, 91.

4. XIII, 273 et plus loin « tout est en présence, tout en échanges mutuels et modifications réciproques ».

5. *Œ. I*, *Variété, Discours sur l'esthétique*, p. 1311. Esthésique : « j'y mettrais tout ce qui se rapporte à l'étude des sensations ». Poïétique : « Etude de l'invention et de la composition, (...) rôle du hasard (...), de la réflexion, (...) de l'imitation, (...) de la culture et du milieu. D'autre part, examen et analyse des techniques, procédés, instruments, matériaux, moyens et supports d'action ».

6. II, 431.

7. IX, 281.

8. X, 238.

réponse. Demande, c'est le domaine des sens organisés. Réponse, c'est l'affaire des moteurs et des glandes »[1].

Ainsi se crée un perpétuel va-et-vient entre l'abstraction et l'objectivation de la chose[2] dans les faits posés par l'individu, la culture, la société, faisant droit à une nécessité des points de vue architecturaux comme moyen[3], et peut-être à une théorie de la subjectivité comme philosophie. « Ce n'est pas l'individu tel quel qui fait les actes et les œuvres. Ce sont ces états combinés avec les circonstances. Mais les produits ou œuvres agissent sur d'autres en d'autres circonstances »[4].

Le monde de Valéry est complexe et en mouvement. Il est constitué de fragments sensoriels et spatio-temporels, existants en eux-mêmes, indépendants de toute pensée, unis entre eux par des relations de cause à effet. Tout, dans ce monde, est sujet au mouvement, à la transformation. Tout y est régi par les lois de ce qu'il convient de nommer une *architecturologie*[5], car « ce qu'on appelle assez naïvement le contenu de la pensée – (...) voile les caractères formels et topographiques »[6].

La philosophie de Valéry apparaît alors comme une forme d'accomplissement de la raison et de la « volonté affirmée »[7], perpétuelle hésitation entre une formalisation extrême de la pensée et une esthétique. Cependant, la dimension esthétique prévaut, dans la mesure où il tente de définir l'homme total de la réalité immédiate, et l'homme comme totalité de la réalité esthétique, c'est-à-dire capable de créer une œuvre, de se l'approprier par une réception adéquate ou de consumer « le trop de ses perceptions et impulsions, (...) dans lesquelles il puisse regarder celui qu'il serait s'il était continuellement au plus haut de ce qu'il est »[8].

Entre la pensée abstraite et la pensée concrète, entre l'intelligibilité du nécessaire et de l'universel et l'inintelligibilité du contin-

1. XXIV, 613.

2. Ce mot est entendu au sens empirique.

3. « Trouver des points de vue d'architecture entre la théorie et l'expérience », *Œ. II*, *Dialogues*, *L'Idée fixe*, p. 264,

4. XIX, 591. H.-R. Jauss reconnaît en Valéry un précurseur de la théorie de la réception. Cf. « Petite apologie de l'expérience esthétique », in *Pour une esthétique de la réception*, Gallimard, pp. 136 à 145.

5. Par cette occurence, on doit entendre un travail théorique sur l'architecture, soit une recherche qui ne se doterait pas de l'objet empirique « architecture », mais qui constituerait un objet scientifique différent de l'objet empirique tout en s'inspirant de son épistémologie. J'emprunte ce néologisme à Ph. Boudon.

6. III, 341.

7. *Leçons sur l'architecture*, manuscrit inédit, 1943-1944, fonds P. Valéry, Bibliothèque Nationale.

8. XVI, 6.

gent et du singulier, persiste une incompatibilité. Valéry l'a-t-il éliminé par d'illusoires solutions, ou bien a-t-il été le précurseur d'une nouvelle épistêmé ? A-t-il réalisé le programme nietzschéen d'une philosophie à la fois anti-métaphysique et esthétique ou bien a-t-il fait droit à une nouvelle conception de la causalité – une conception non pas linéaire mais circulaire –, en ramenant toutes les fonctions biologiques et intellectuelles « a des correspondances multiformes »[1].

Il semble qu'au-delà des continuités et des ruptures thématiques, les *Cahiers* portent en eux l'originalité du parti-pris valéryen. Entre le *non-finito* et l'œuvre évolutive qui s'en dégage, apparaît, sans équivoque possible, l'intérêt de cette pensée pour notre compréhension des grandes idées contemporaines.

1. III, 834.

PREMIÈRE PARTIE

LA GENÈSE DE L'ŒUVRE OU LA PHILOSOPHIE PORTATIVE

« Je garde ma véritable 'poésie' pour mon usage personnel » [1].

« Je suis un poète qu'une grande partie des choses réputées *poétiques* touche peu et ennuie. Il m'est arrivé de m'en servir, mais à regret, et au contraire, de ne pas céder à ce qui m'est *poétique* personnellement. Ce qui me communique *l'état chantant*, je l'ai trouvé en général bon pour moi seul et changé en observations privées » [2].

1. X, 309.
2. XV, 875.

Dans les *Cahiers*, tout lecteur attentif percevra l'archéologie d'une pensée qui obéit aux lois de son propre devenir et non plus à celles d'un académisme conceptuel [1]. La recherche menée par Valéry, relève à la fois d'une édification interne et d'une quête de la pureté « inédite dans les matériaux et les opérations de la pensée constructive » [2], qui ne peut s'accomplir sans « écarts ou erreurs » [3]. Elle est « système et absence de système – jamais publié, gardé comme un secret d'état – comme une faiblesse et comme une arme », ayant servi « à définir toute chose – à peser – détruire et reconstruire – à échapper à toutes les classifications et philosophies » [4].

En filigrane de l'écriture lapidaire apparaît la méthode. La pensée qui chemine et le tracé de celle-ci, construisent entre l'ordre et le désordre un jeu de relations signifiantes, suivant ainsi, par certains aspects, la philosophie exprimée dans le *Parménide* : l'unité n'est pensable qu'en tant qu'unité de la diversité. Pour Valéry, il s'agissait de vivre et de penser comme unité la pluralité, « tenter de décrire l'instant-durant » [5].

Cette philosophie est née dans l'espace de contradiction de la pensée, non comme solution de synthèse mais en tant que produit d'une volonté esthétique. Les *Cahiers* démontrent dans ce nomadisme intellectuel que tout objet doit se construire dans sa relation avec un sujet.

Par ailleurs, Valéry a subtilement montré que le travail de la pensée réflexive « dédate » ce qui appartient au passé, de façon à lui donner la présence nécessaire qui le convertira en avenir intellectuel.

1. Cf. XII, 20 : « Les problèmes de la philosophie classique me sont étrangers et je les considère en étranger ». Ou encore « J'ai essayé de faire mon langage philosophique d'après mon observation propre... Je ne trouve pas dans mon observation bien des choses dont le philosophe se tourmente et j'y trouve bien d'autres dont il ne s'inquiète pas », (XVII, 901).

2. II, 625.

3. Ibid.

4. XVI, 45.

5. XXV, 674.

CHAPITRE PREMIER

DES TÂTONNEMENTS AUX BALBUTIEMENTS : L'ARCHITECTURE INTERNE DES CAHIERS

> « Croyez-vous que c'est de l'ouvrage décousu parce qu'on vous le présente en morceaux ? » [1]
>
> « Le penseur doit être comme le plongeur des profondeurs. Il lui faut se jeter à l'eau, nager dans la masse liquide et puis, comme les pêcheurs de perles, parvenir jusqu'au fond. Alors, peut-être, il trouvera ce qu'il cherche et pourra le ramener à la surface » [2].

Les *Cahiers* apparaissent au lecteur comme un discours sur l'homme, écrit au quotidien [3]. L'écriture fragmentaire, dans son procédé, consiste non seulement à tâtonner pour chercher, mais surtout à essayer des notules de pensée et à les réitérer afin d'obtenir « la pureté » [4]. Ce discours n'est pas une dictée ininterrompue de la pensée, mais plutôt, pour l'auteur, un moyen de la maîtriser par l'exercice et la règle journaliers.

Sans risquer le paradoxe, on peut affirmer que l'architecture interne des *Cahiers* n'est pas voulue, puisque Valéry repoussait les aspects formels du livre à venir [5]. La cohésion est due à l'unité des questions et des définitions, qui s'impose dés le premier recueil [6] .

1. NIETZSCHE (F.), *Opinions et sentences mêlées*, trad. H. Albert, aphorisme 128, Denoël-Gonthier, 1981,

2. HUYGHE (R.), *De la philosophie à l'art, Réponses à S. Monneret*, Flammarion, 1980, p. 80.

3. Une tentative de « reclasser l'homme que l'on est », (IV, 385).

4. Dans un des nombreux bilans de sa pensée Valéry écrit (V, 21) : « après tout, qu'ai-je fait que chercher à revoir les choses dans un retour après analyses – Refaire en pur, et d'abord moi ». Le concept de pureté est parfois synonyme « d'Apollinisme aigu », (XV, 511).

5. Dans le *Cahier* XVI, 704, on peut lire : « Le livre – l'écrit – est pour moi un accident – limite factice d'un développement mental. Ceci est essentiel pour

« Les tâtons du matin »[1].

La problématique valéryenne inscrite dans les *Cahiers* consiste, sous une apparence faussement décousue, à dévoiler une attitude critique et authentique. L'expérience intime ainsi transcrite assume l'existence et assure ses pouvoirs, outrepasse ses conquêtes avant de devenir transmissible. Parce qu'il n'est pas concevable de séparer « 'une connaissance de la connaissance' d'une représentation du fonctionnement total »[2], les *Cahiers* délimitent, cernent, cette potentialité dans les tâtons du matin. D'ailleurs, « toute l'histoire humaine (ne) se réduit(-elle pas) à l'intervalle de tâtonnement entre une demande et une réponse, un besoin et une satisfaction ? »[3].

La connaissance « n'est pas donnée d'emblée mais à construire (et) les choses sont données par ?... le tâtonnement ». Tâtonner, « c'est chercher en général – l'objet est bien déterminé mais la route ne l'est pas – l'objet ne me guide pas d'avance mais après »[4]. Le tâtonnement est l'un des fondements de « la théorie de la pureté »[5].

En 1938, dans un bilan de sa pensée, Valéry constate que la notion de pureté s'est imposée dès l'origine de sa recherche, « comme résultat de self-consciousness exaspérée et celle-ci comme attitude de défense générale contre dominations extérieures agissantes... »[6]. Cette *tabula rasa* qui amène à se trouver « tout à coup devant les choses comme tout inconnues »[7] est « une espèce de méthode à la Descartes – J'entends la géométrie »[8]. Le cartésianisme de Valéry est une tentative de « consi-

comprendre mon allure – et il me semble – manière de sentir qui m'oppose à la plupart des écrivains. ».

6. Tome I (1894-1900) dans l'édition en fac-similé du C.N.R.S.. A propos de la permanence des idées cf. *Préface*, pp. 13 à 24 par N. Celeyrette-Piétri et J. Robinson-Valéry in *Cahiers (1894-1914)*, Gallimard, 1987.

1. XVI, 793.

2. XXIX, 147.

3. VI, 229.

4. IV, 229.

5. La « Pureté » est significative de l'insularité valéryenne. Cf. XXI, 596 : « qui touche à tout, et n'est par rien touché (...). Ce qui refuse d'avoir été – Ce qui veut tout consumer – ».

6. XXII, 444.

7. XVI, 370. Le *Discours de la méthode* a servi d'aiguillon à la pensée valéryenne. Cf. par exemple une lettre adressée à Gide (datée du 25 août 1894) in *Œ. I*, p. 1798 (note de la page 787) : « J'ai relu le *Discours de la méthode* ». Valéry avoue souvent (par ex. II, 83) son admiration pour « Descartes (qui) a vu le grand principe de la représentation ».

8. XX, 290.

dérer dans l'espace du langage, comme Descartes, toute figure de l'espace euclidien dans ses projections sur les axes»[1].

Le jeune Valéry avait conscience d'un vide à combler dans l'histoire de la pensée. Il souhaitait «reprendre l'espace d'une part, l'énergie de l'autre, le langage aussi, approcher encore de la réalité de la pensée et de la réalité de l'abstraction»[2]. Il voulait « reprendre » tout au début, en considérant les choses comme inconnues. Cette attitude de réaction face au savoir livresque qui l'engendra, conduit, par opposition, à l'observation de soi. Valéry lisait, bien sûr, mais à sa façon...

D'ailleurs, tout au long de l'année 1891, il lira Schopenhauer[3], sa correspondance avec Gide en témoigne[4]. Valéry aura sans doute été sensible, non seulement au «miracle absolu»[5], atout exceptionnel dont l'homme dispose et qui consiste dans l'expérience du corps, mais surtout au grand principe schopenhauerien: le mouvement.

Les «tas d'études pour some philosophy»[6], sont autant de tentatives de saisie théorique de l'individuel. Il s'agit d'un compromis, difficile, inhérent à toutes les formes expressives, entre une universalité sans concepts et une individualité conceptualisée.

Dans les tâtons du matin, Valéry accomplit «un travail de Pénélope» comparable, à celui «de l'aiguille, (qui) pique et repique dans les deux sens la surface tramée. Ainsi l'esprit pique et réapparaît et trace et joint de son brin le monde qui est surface, le canevas des catégories – Il y forme des dessins et des commencements de dessins... broderie»[7]. Valéry expérimente et exprime ainsi la loi intime de tout

1. XXIII, 869.
2. I, 75.
3. En 1917, Valéry pense s'écarter des idées de celui qui fut l'initiateur (VI, 624). Il est intéressant de relever chez les deux auteurs le même schéma intellectuel. L'un et l'autre ont lu et se sont intéressés aux œuvres des hommes de sciences exactes; similitude également dans le désir de traduire organiquement ce qui vient à l'esprit.
4. «J'ai irrité en moi le désir de sentir jusqu'à la moëlle des choses. J'ai lu des pages dans Schopenhauer et j'ai pénétré le cher Baudelaire». Il lit aussi «*le Banquet* de Platon, un traité d'héraldique (...), des planches de perspectives, (...) un livre d'Heures, Virgile, Rossetti, quelques cahiers de notes concernant l'architecture et l'ornement» in *Correspondance Gide-Valéry*, Gallimard, 1955, p.44. Poe, également, le passionne. Il note à son propos : «l'homme est fort loin d'avoir atteint ce qu'il pourrait être». D'autre part, on sait que Valéry admirait H. Poincaré, Lord Kelvin, S. Mallarmé, J. K. Huysmans, E. Degas, «et peut-être Cecil Rhodes», (I, 116).
5. SCHOPENHAUER (A.), *De la volonté dans la nature*, trad. E. Sans, P.U.F., 1969, p. 10.
6. XV, 72.
7. XII, 606.

travail intellectuel, qui fait passer celui qui s'y exerce, de l'individuel à l'universel, du désordre à l'ordre, de la difficulté à l'enthousiasme. Il organise un champ expérimental en perception directe, dont toutes les valeurs confondues dessinent, par le jeu de l'esprit sur la page blanche, une architecture, « l'illusion d'une tapisserie vaste et variée » [1]. En dépit du décousu apparent et de la multitude des thèmes, la basse continue est bien celle des pouvoirs de l'esprit ; du type intellectuel qui « essaye de substituer à toutes choses et à lui-même une construction » [2]. La recherche « à tâtons – du monde moderne » s'effectue « dans la reconstitution de tout ce que fait l'homme, spontanément ou traditionnellement après analyse, décomposition en actes ou parties ou phases distinctes – devenus conscients et purs l'un de l'autre » [3].

L'écriture fragmentaire, qui est le support de ce jeu de déconstruction-reconstruction, peut être justifiée par le projet du « dictionnaire philosophique » [4]. Elle est, selon Adorno, d'une remarquable unité. Les aphorismes dont il a pris connaissance lui paraissent posséder, par leur « cohérence souterraine », plus « d'unité formelle que n'aurait pu le faire une architecture » [5]. D'ailleurs Valéry, en jugeant son propre style, pensait que pour comprendre l'entreprise des *Cahiers*, il fallait écarter « toute habitude littéraire – même la simple logique qui n'est liée à la précédente que par le but final. (...) C'est (...) une seule phrase continuée. (Une) œuvre d'art faite avec les faits de la pensée même » [6].

Cette recherche est redevable à la systématique de l'essai, du tâtonnement, de la répétition, du questionnement qui permet d'exa-

1. *Œ. I, Variété, Au sujet d'Adonis*, p. 475.

2. VII, 520.

3. XXIV, 52.

4. XXIV, 713. Ainsi que par l'affirmation suivante : « mon système est un dictionnaire », (XIII, 823).

5. ADORNO (Th.), *Notes sur la littérature*, « Les écarts de Valéry », trad. S. Müller, Flammarion, 1984, pp. 101 à 139. Adorno a eu connaissance d'un choix de textes extraits des *Cahiers*, publiés par les éditions Insel, sous le titre de *Rhumbs*, *Tel quel II*, et de l'ensemble de ceux réunis dans l'édition française sous le titre de *Tel quel I et II*. Il constate que « les deux volumes se situent aux pôles opposés de l'œuvre de prose de ce poète lyrique ». Plus loin (p. 110) il écrit que « le champ de la réflexion de Valéry a aussi trente ans d'avance sur celui de l'art contemporain ».

D'autre part, J. Robinson (*L'ordre interne des Cahiers de Valéry*, Mouton, 1968, p. 255) souligne que « dès que le lecteur commence à étudier les Cahiers en détail, il se rend compte que ce désordre apparent recouvre son contraire : un ordre profond. Cet ordre a plusieurs aspects. Le premier, et le plus difficile à retenir, est l'unité de ton qui pénètre chaque page des 29 volumes ».

6. I, 765.

miner « ce qui crée et ce qui annule les questions », et à propos de quoi il ne faut pas se leurrer. Quant aux questions et réponses, elles « n'existent que par convention. Comme dans les jeux – les considérer comme exercices » [1]. En effet, « nos réponses justes sont rarissimes. La plupart sont faibles ou nulles. Nous le sentons si bien que nous nous tournons à la fin contre nos questions. C'est par quoi il faut au contraire commencer. Il faut former en soi une question antérieure à toutes les autres, et qui leur demande à chacune ce qu'elle veut » [2]. D'ailleurs, « la philosophie souffre beaucoup d'un tel examen » [3].

Le jet de l'écriture matinale et rituelle [4] ne correspondait pas à un besoin, ni à un désir, de parfaire une technique qui permettrait d'obtenir une dictée ininterrompue de la pensée, en l'absence de tout contrôle exercé par la raison et en dehors de toute préoccupation esthétique ou morale, ce qui fut, on le sait, la technique de l'écriture automatique dont Breton précisa la « recette » dans le *Manifeste*.

Même si, pour ce dernier, Valéry incarne l'exigence et la rigueur du style, et s'il avoue avec complaisance lui devoir « le souci durable de certaines hautes disciplines » [5], le groupe des surréalistes ne pouvait qu'être indigné par la tendance intellectuelle de Valéry, qui consistait à « substituer le conscient à l'inconscient dans les travaux de construction » [6]. Valéry, de son côté, ne pouvait qu'être étonné par la curieuse méthode qui provoquait volontairement « l'involontaire, (et sollicitait) l'inconscient consciemment, (...) dessin assez curieux (que de) donner valeur à tout » [7].

Le « Moi » analysé, disséqué, se dit et s'écrit dans les *Cahiers*. Il est la preuve formelle d'une pensée qui se traduit en s'exprimant. L'écriture lapidaire et rituelle ne fut pas le fruit d'un besoin irréfléchi, mais d'une volonté de saisir, comme ce fut aussi le cas pour l'écriture nocturne de Ponge, « un nouvel objet, d'en tirer à la fois une jouissance et une leçon, (de s'y) instruire (et de s'en) amuser » [8]. Elle est, aussi, la démonstration de l'intérêt de « deux choses qui importent le plus pour

1. XVI, 241.
2. *Œ. II, Tel Quel, Rhumbs,* p. 648.
3. XVI, 241.
4. « Joie – excitation de surgir à cinq heures et de se jeter à noter une foule d'idées comme simultanées », (XII, 207). Ainsi que les considérations à propos de « cette table où [il s']installe chaque jour », (XXII, 886).
5. BRETON (A.), *Entretiens*, Gallimard, 1952.
6. XIV, 416.
7. X, 731. Valéry considérait la pensée, le sentiment, comme pouvant être travaillés. « Le réel – C'est le contrôle », (VI, 40).
8. PONGE (F.), *Proêmes,* « Préface aux sapates », Gallimard, 1967, p. 111.

la formation de l'esprit», selon Alain, c'est-à-dire «un emploi du temps et un cahier» [1], outre l'action d'écrire qui paraît la plus favorable de toutes pour «régler nos folles pensées et leur donner consistance» [2].

Valéry a possédé très tôt, la conviction intime de la cohésion des *Cahiers* [3]. En posant le problème de l'organisation interne de ceux-ci, il concevait, nécessairement, celui de l'interprétation à leur accorder; de l'aspect caduc de l'œuvre finie – état de fait auquel il ne pouvait pas se soumettre, ni se résigner [4].

Les prémices du système.

> «La recherche de toutes les conditions d'une pensée qui ne sont pas telle pensée» [5].
>
> « Au-delà de la thèse, de l'anti-thèse et de la synthèse, existe le discernement issu du cœur lorsqu'il bat sur le rythme de l'éveil » [6].

Valéry n'a pas, vraiment, produit un système. «Un système est architecture qui impose ordre, symétrie, achèvement, c'est-à-dire 'complètement' par additions suggérées ou requises, par d'autres vues que la perception directe des besoins générateurs des parties vitales de l'édifice, – c'est un travail de second ordre (...) une philosophie doit être portative» [7]. Les *Cahiers* concrétisent, parfaitement, ce besoin de construction fluide. Ils sont la démonstration de l'ordre utile et organique qu'il recherchait, l'ordonnance des fragments n'étant pas imposée «extérieurement», mais, dans la pensée matinale, «organiquement» [8].

A plusieurs reprises, Valéry tentera vainement le « travail de second ordre ». Il existe d'ailleurs, dans les *Cahiers*, plusieurs projets de classements. Ces premières ébauches sont philosophiquement révé-

1. ALAIN, *Propos sur l'esthétique*, P.U.F., 1975, p. 85.
2. Ibid.
3. «Si je prends des fragments (...) l'ensemble fera quelque chose (...) et cette formation sera, fera autre chose», (XVII, 892).
4. «J'ai aimé travailler une page – comme un peintre un tableau – , indéfiniment, – Pas de limite», (XX, 302). Cf. également «l'idée de la fabrication du poème ou des œuvres m'excite, m'exalte plus que toute œuvre», (XXV, 373).
5. XIII, 831.
6. PONS (D.), *Aux sources de la présence*, éd. Présent, 1985, p. 85.
7. XXIV, 713.
8. X, 352.

latrices[1]. Dans le premier volume de l'édition du C.N.R.S.[2], il s'agit de découvrir les lois de constitution de la Raison[3], plus loin d'un *Programme*[4] qui prendra en compte « la représentation totale de la connaissance », à partir des « opérations types », soit « une représentation du pouvoir ». A l'issue de celui-ci, Valéry dresse une table des matières. La première partie concerne « la sensation », puis, à la suite, un « ensemble d'observations », à propos desquelles il note « que la connaissance » est à concevoir « comme débutant par la complexité et par l'existence d'une foule de solutions particulières qui doivent toutes êtres triées pour séparer celles qui peuvent l'être de celles qui ne le peuvent point »[5]. Le projet est bien déterminé. Il s'agira de reconstruire non seulement l'homme mais aussi le milieu inter-mondain[6], d'après ses « méthodes »[7], calquées sur celle de « l'analysis situs »[8]. Mondes environnant, interhumain et personnel s'enchevêtreront dans le moule de l'expression.

Pourtant, quelques années plus tard, Valéry constatera qu'il n'a pas construit[9]. Dans la correspondance échangée avec son frère, l'aveu de l'impuissance à produire se teintera d'amertume[10], puis d'espoir : « il y a des bâtiments entiers à construire dont le plan est fait mais travail et patience »[11]. Progressivement, l'espérance se muera en question puis en solution. En effet, « comment bâtir ces définitions de fonction, phase, cycle, qui permettraient de suivre les variations multiformes de l'homme »[12], « notions »[13] qu'il sent intuitivement ?

1. Cependant, c'est seulement en 1908, que Valéry entreprendra le classement proprement dit de ses Cahiers. Cf. Robinson (J.), *L'ordre interne des Cahiers de Valéry*, op. cit. p. 257.

2. Vol. I, (1894-1900).

3. I, 814.

4. I, 892 à 895, (dicté à son épouse Jeannie).

5. Ibid.

6. « Idée sur la construction de l'homme. Combinaison avec ce qui l'entoure, nature, société (particulière), formation d'idéaux généraux à l'aide de fragments, combinaisons avec d'autres gens, sexes, différences mentales, âge, différence ethnique, points communs, combinaisons de 2 ou *n* humains... la ville ; les relations », (I, 39).

7. I, 679.

8. VII, 360, selon la terminologie de Poincaré.

9. « Mais je n'ai pas construit. Paresse et inconstance dans l'effort – et l'à quoi bon ? », (XVI, 768).

10. « Je travaille comme je puis, mais je crois que je n'en sortirai pas (...) ne (pas) pouvoir bâtir quand il ne reste plus qu'à superposer et à lier un peu », *Cahiers du Sud*, MCMXLVI, *Lettre à Jules Valéry* (1900-1901), p. 263.

11. Ibid.

12. II, 876.

En 1913, point une nouvelle phase de la recherche. Les problèmes qui étaient liés à l'organisation interne se sont transformés en méthode, l'argument principal consistant à « dénombrer ». Pour construire, il faudra « cataloguer tous les êtres employés pour exprimer ces états – les anatomiser – noter surtout les êtres implicites – voir les rôles d'images, les interventions, conditions, restrictions, liaisons dans chaque cas. Indiquer le résidu, les systèmes complets traversés – mettre sous forme d'opérations les changements. Marquer les seuils, les indépendantes, les intermédiaires. Noter les compensations, et phénomènes non conscients – états d'échanges égaux et états critiques – états à pressions constantes/isonomiques – caractères cycliques »[1]. Pour Valéry, « les objets de pensée ou les états complexes d'un être sont choses mal dénommées (et on ne peut) les déterminer qu'en accumulant les relations et les combinaisons »[2]. Il concède à la philosophie, « l'art de faire un système de toutes choses qui viennent à l'esprit, c'est-à-dire de donner un ordre à un désordre total constitutionnel, dans lequel cet ordre même qui prétend tout contenir figure »[3].

Ainsi, les *Cahiers* sont autant de réponses à un petit nombre de questions, toujours semblables, qui, après l'exercice journalier et répétitif, prennent forme et font, aussi, approcher « du réel d'un mot à force de le répéter »[4]. Cet ensemble de questions et de réponses assure leur cohérence interne, ainsi qu'une remarquable unité souterraine. Les *Cahiers* expriment l'art de résister aux paroles, l'art de les « violenter » et de les soumettre, de fonder une rhétorique « œuvre de salut public »[5], mais aussi celui « de ne dire que ce que l'on veut dire »[6]. Lorsque Valéry écrit sur ses *Cahiers*, il « s'écrit » mais il « ne s'écrit pas tout »[7]. Il n'interprète pas un système, il le crée en perception directe.

Si « les choses » de la philosophie « tiennent en peu de mots »[8], ces choses sont « recherche de pureté dans les éléments, ordre, rigueur, prolongement de l'ensemble »[9]. Valéry montre la pensée originelle en

13. Ibid.
1. IV, 276.
2. *Œ. I, Notes, Naissance de la Jeune Parque*, pp. 1620, 1621.
3. *Œ. II, Notes, Mauvaises pensées et autres*, p. 1530.
4. VI, 681.
5. PONGE (F.), *Proêmes*, « Rhétorique », op. cit., p. 157.
6. Ibid.
7. XXVIII, 236.
8. HEIDEGGER (M.), *Introduction à la métaphysique*, 1967 pour la traduction française de G. Kahn, Gallimard, p. 20.
9. III, 474.

tant que violence productrice: «la pensée est brutale – pas de ménagements (...) quoi de plus brutal qu'une pensée?» [1]. Les *Cahiers* deviennent, non seulement, le lieu idéal nietzschéen de «la purification de toutes les représentations confuses et superstitieuses» [2], mais aussi de «l'anthropomorphisme absolu» [3], puisque «le pourquoi est anthropomorphique» [4]. Ils constituent l'espace textuel où s'exerce la patience, qui fait naître la chose par le besoin. Cette patience est «corpusculaire. Elle est faite d'une quantité infinie de brèves tentatives» [5].

Qu'il s'agisse du classement des premiers *Cahiers* ou du choix des lectures, le parti-pris d'une étude à points de vue multiples se confirme, transposition de la méthode de l'architecte, qui trace sur la feuille blanche des figures obtenues par la ruse du calcul, qui bientôt iront animer l'espace et se confronter à la temporalité des sujets qui les voient. Valéry a eu l'intuition que le monde est une figure qu'il s'agit de décrypter et de faire exister. Cependant, il n'a pas voulu «construire pour se détruire» [6]. Il a laissé à titre posthume une considérable «élaboration de l'esprit et de ses mouvements virtuels» [7], œuvre, tout de même, qui s'affirme par sa spontanéité et sa force.

Il n'a donc pas livré au public un système philosophique achevé. Cela eut été un acte contre sa sensibilité. Il savait par expérience qu'une œuvre «n'est jamais achevée que par quelque accident, comme (...) l'obligation de livrer ou la mort. Car une œuvre, du côté de celui ou de ce qui la fait, n'est qu'un état d'une suite de transformations intérieures» [8]. D'ailleurs, «l'œuvre dure (...) tant qu'elle est capable de paraître tout autre que son auteur l'avait faite» [9]. Il savait également

1. *Œ. II, Tel Quel, Autres Rhumbs,* p. 694.
2. NIETZSCHE (F.), *Le livre du philosophe,* trad. et notes de A.K. Marietti, Aubier-Flammarion, 1969, p. 161.
3. Ibid.
4. IV, 900.
5. XVI, 237.
6. XXVIII, 822.
7. VII, 268.
8. *Œ. I, Mélange,* p. 305. Valéry a toujours ressenti une douloureuse scission entre l'œuvre de commande et l'œuvre véritable, celle des Cahiers. Par exemple, cf. à ce propos (XXVIII, 435) : «Un poème est pour moi un état d'une suite d'élaborations. Ceux que j'ai publiés sont à mes yeux des productions arrêtées par des circonstances étrangères. Et, gardés, je les eusse transformés indéfiniment». Cf. également (XXVI, 500), «'Mon œuvre' – c'est-à-dire ce que j'ai écrit et publié – n'est pas du tout ce que je ressens mon œuvre».
9. *Œ. I, Variété, Discours en l'honneur de Gœthe*, p. 553.

que « les livres ont les mêmes ennemis que l'homme : le feu, l'humide, les bêtes, le temps et leur propre contenu »[1].

En revanche, sa prise de position à l'égard de l'écriture littéraire, qualifiée à de nombreuses reprises de « falsification », ainsi que l'utilisation appuyée du verbe « traduire », prouvent l'intuition aux courants de pensée à venir.

L'écriture des Cahiers comme critique constructive ou la falsiabilité.

> « S'il prend un autre point de vue que le point de vue critique, il faut lui tourner le dos : il nous apportera un air impur et du mauvais temps »[2].

> « Le néo-rationalisme – celui que je crée, s'il n'existe pas – ne consiste pas dans une croyance à explication par notions et concepts – mais plutôt au rejet de tout dessein d'explication universelle – et il se borne à chercher une expression aussi pure que possible »[3].

Valéry a apprécié les qualités littéraires du *Discours de la méthode*, et il a qualifié cet ouvrage de « roman moderne », avec pour point à reprendre « la part autobiographique », que la philosophie post-cartésienne lui semble avoir récusé. Valéry se propose d'écrire « la vie d'une théorie comme on a trop écrit celle d'une passion »[4].

En effet, le travail de l'écrivain se doit d'être reconsidéré. Le privilège de l'œuvre n'est pas celui d'un sanctuaire dont on se tient à distance, comme pour signifier à son égard l'impuissance ou le respect. L'écriture doit être le lieu même de l'enquête ou, du moins, l'irrémédiable point de départ. La littérature a conduit Valéry à une « sorte d'indifférence à l'égard des pensées (et l'a mené, à la manière du savant) à chercher ce qui subsiste à travers les changements »[5]. C'est pourquoi, il a voulu « faire de la forme une idée », et cherché « à inventer la partie générale de l'acte d'écrire »[6]. Les œuvres littéraires sont des « falsifications », puisqu'elles éliminent « le provisoire et le

1. *Œ. I*, ibid. p. 546.

2. NIETZSCHE (F.), *Le voyageur et son ombre*, trad. H. Albert, Denoël-Gonthier, 1975, p. 108.

3. XIII, 619.

4. *Œ. I*, *Notes*, *Lettre à André Gide*, p. 1798.

5. IV, 201. Cf. également (*Œ. II*, *Notes*, *Mauvaises pensées et autres*, p. 1535) : « je n'ai jamais pu depuis 1891, considérer l'art de la littérature qu'en lui comparant et opposant un idéal de travail, – un travail qui serait assez comparable à celui du compositeur de musique savante ou du constructeur d'une théorie physico-mathématique ».

6. XIV, 304.

non-réitérable, l'instantané et le mélange, pur et impur, désordre et ordre »[1]. Elles ne se rapportent que « par accident à la connaissance »[2]. Valéry dénonce également l'aspect arbitraire du « traité philosophique » que l'on qualifie abusivement de « système ». Il s'agit d'une « falsification »[3].

Si falsifier consiste à écrire faux, pour donner l'illusion d'une vérité, en revanche la réflexion sur le procédé légitime la démarche. Popper en fera un instrument du plaidoyer pour la raison. Le concept de falsiabilité met à l'épreuve les résultats obtenus, en les considérant comme provisoires : « un énoncé scientifique ne peut jamais être vérifié, mais seulement falsifié »[4]. De ce point de vue, une différence fondamentale apparaît entre la science « réelle » et les systèmes interprétatifs que Popper veut séparer d'elle. Les seconds, à la différence de la première, ne sont pas précisément falsifiables. « Ils ne peuvent qu'être confirmés, jamais infirmés, parce qu'ils n'excluent aucun événement possible : ils sont irréfutables, ce qui les rapproche de l'astrologie qui émet des prédictions tellement vagues qu'elles ne peuvent jamais être fausses »[5]. Bien avant qu'il ne soit énoncé par Popper, on trouve dans le premier volume des *Cahiers* l'illustration du concept de falsifiabilité, « résultats des opérations, leur critique »[6]. Selon Valéry, la pensée exprime sa propre limite. Ses produits sont obligatoirement transitoires. « Ce qui n'est pas fixé n'est rien. Ce qui est fixé est mort »[7].

La limite de la pensée se fait, comme l'a écrit Adorno, par « la non-identité de l'objet avec (le) concept qui doit exiger cette identité et en même temps comprendre qu'elle est impossible »[8], mais Valéry et Popper dépassent ce point de vue. L'intérêt d'une affirmation scientifique tient « à sa capacité de se révéler fausse : si (son auteur n'est) pas capable d'énoncer à quelles conditions la théorie (...) proposée serait falsifiée, cette théorie n'est pas scientifique »[9]. Valéry a recherché « le questionnaire précis, la table des questions, auxquelles doit répondre le travail effectué, et aussi les signes à quoi on reconnaîtra le degré

1. XX, 678.
2. XXII, 304.
3. *Œ. II*, *Notes, Mauvaises pensées et autres*, p. 1529.
4. BOUVERESSE (R.), *Karl Popper*, Vrin, 1978, p. 46.
5. Ibid.
6. I, 814.
7. *Œ. II*, *Dialogues, Eupalinos*, p. 118.
8. ADORNO (Th.), *Notes sur la littérature*, op. cit., p. 118.
9. BOUVERESSE (R.), op. cit., p. 47.

d'exactitude des réponses»[1]. Les moyens ne doivent pas être pris pour des fins: «c'est là le vice de la logique et de la méditation, qui prend pour définitifs les événements transitoires de l'esprit»[2]. Il a voulu rendre sa pensée philosophique indépendante de toutes connaissances qu'une nouvelle expérience peut ruiner[3]. Pour cette raison, il n'a pas donné aux « Lettres » une valeur «absolue»[4]. Il leur a accordé «une valeur de développement, de pouvoir d'expression ou de pouvoir de construction»[5]. Si la littérature n'exprime pas, en revanche, elle construit et, par ce biais, légitime le mode d'expression de la pensée, en transformant le processus de production en processus de réflexion. Le but ultime de la recherche devient pour Valéry cette œuvre idéale, où les transformations des pensées paraîtraient plus importantes que toute pensée, où le jeu des figures contiendrait la réalité du sujet[6]. Le concept de falsifiabilité permet, et en cela il intéresse aussi bien Valéry que Popper, de lutter contre toutes les formes de dogmatisme, en faisant apparaître le résultat accompagné de sa critique immédiate. Valéry a constaté que la plus ancienne falsification «fut d'appeler vrai le logiquement correct. On allait par là à prétendre désigner dans l'expérience les produits du raisonnement»[7].

Le concept de falsification est, dans la pensée valéryenne, «un détournement» par rapport à la chose qui se trouve dénaturée. En revanche, la réflexion sur cette notion fait apparaître, par anticipation,

1. XI, 711. Dans le *Cahier B 1910*, on trouve la même idée: «le désir de 'réalisme' conduit à chercher de plus puissants moyens de rendre. Le rendu mène à la technique. La technique mène à la classification, à l'ordre. L'ordre mène au systématique, à l'exploration complète, à l'usage le plus étendu de tous les moyens, à leur liberté générale plus grande que toute chose réalisée: et parti du produire exactement quelque fait, on arrive à une sorte de gymnastique qui comprend le 'faux' et le 'vrai' », *Œ. II*, *Tel Quel*, *Cahier B 1910*, p. 584.

2. X, 452.

3. Cf. XXVII, 815 : «comment peut-on faire un système – un édifice d'idées qui ne soit pas à la merci d'une idée?»

4. IV, 784 : «La littérature n'a jamais été mon objet. Mais, quelquefois, écrire des modèles de pensée. Des programmes pour une imagination ou pour une relation. Des jeux de scènes psychologiques, des moyens de se représenter quelques systèmes».

5. XVIII, 703.

6. Cf. I, 823 : le«programme – anthropo-littéraire. Trouver des modulations bonnes pour unir dans le même ouvrage les différentes activités, styles, moments d'un esprit, – le mien.». Projet immense, dont on peut voir dans les entreprises du Nouveau Roman de multiples reflets. D'ailleurs Valéry avait pensé à la relativité des normes du roman traditionnel : «(...) les romans sont des combinaisons où des hommes figurent. On pourrait concevoir des romans avec d'autres unités! Par exemple des fonctions physio, – des manies».

7. XX, 138.

le concept de falsifiabilité tel qu'il sera énoncé par Popper. Cette notion permet au penseur de quelque discipline que ce soit, de mettre sans cesse les idées à l'épreuve de la critique, et tend à démontrer, que seule leur incessante remise en question est le fondement unique de la pensée rationnelle. Du coup, le progrès de la pensée est liée à l'affrontement du risque qu'elle court. « En ce point (...) la littérature rejoint l'éthique »[1]. C'est la confirmation, comme l'a écrit Bachelard, que « la connaissance cohérente est un produit, non pas de la raison architectonique, mais de la raison polémique »[2].

La traduction.

> « L'artiste traduit non mot par mot, mais effet produit par effet à produire »[3].

Toute œuvre est une falsification, mais elle est aussi une traduction[4], « le produit d'un système dont la propriété la plus essentielle est la simulation, la fiction, la traduction »[5].

Selon Valéry, la traduction désigne, comme plus tard pour Serres, une application[6]. C'est une « architecture » qui vient « au secours de l'homme qui ne sait plus danser, qui ne connaît plus le secret des gestes, et qui n'a plus le courage ni la science de l'expression directe par les mouvements »[7]. La traduction « ne peut aller que vers le plus clair... ou amplifier, ou quitter »[8]. C'est un exercice purement intellectuel, « re-traduction »[9].

D'ailleurs, comme l'a souligné Serres, nous ne connaissons les choses que grâce aux systèmes de transformation des ensembles qui les

1. *Œ. I*, *Variété*, *Lettre sur Mallarmé*, p. 641.
2. BACHELARD (G.), *La philosophie du non*, P.U.F., 1940, p.139.
3. IV, 479.
4. En effet : « je suis un écrivain de qui les productions résultent d'une traduction des données et des impressions particulières relatives à chaque œuvre, dans un certain système de réflexions et de définitions générales qui me sont propres, et d'une retraduction de cette transposition dans le langage ordinaire », (XII, 733).
5. HEIDEGGER (M.), *Qu'appelle-t-on penser ?*, trad. G. Granel, P.U.F., 1973, p. 3.
6. SERRES (M.), *Hermès III*, *La traduction*, Minuit, 1974, pp. 9 & sq. Pour Valéry : « L'œuvre est application à (ses yeux). Tandis que, d'ordinaire, elle est l'objet capital du désir », *Œ. II*, *Mauvaises pensées et autres*, p. 1517.
7. PONGE (F.), *Proêmes*, op. cit., « La promenade dans nos serres », p. 127.
8. II, 95.
9. XII, 733.

composent. Ces systèmes sont au moins quatre: «La déduction, dans l'aire logico-mathématique. L'induction, dans le champ expérimental. La production, dans les domaines de la pratique. La traduction dans l'espace des textes»[1].

Bien antérieurement à la formulation de cette définition, Valéry pensait que l'expression scripturaire est vouée, par essence, à traduire[2]. L'herméneutique, ainsi élargie, renvoie pour Valéry et Serres à un ensemble « de messages optimalement invariants pour toute stratégie de traduction. Lorsque ce maximum n'est pas atteint, il s'agirait des autres aires culturelles (...) leur différence n'est en fait que la variation»[3]. La création s'effectue selon deux modes qui sont, soit la traduction ou l'imitation d'un modèle soit la dérivation du développement énergétique «selon maximum ou minimum»[4].

Valéry en exerçant le métier de poète avec la minutie, la liberté et l'art qu'on y mettait jadis, peut se souvenir et profiter en homme de pensée. Pour lui, «le discours de prose est essentiellement traduisible, et le discours poétique essentiellement intraduisible»[5]. Et nous restons, peut-être, en compagnie «d'un pestiféré ancien, d'un poète instruit de tous les délires et d'un musicien dont le sublime transcende la sphère du cœur»[6].

Comme Cioran, il savait que l'homme ne peut pas discuter de l'univers, il ne peut que l'exprimer. «Et la philosophie ne l'exprime pas. Les véritables problèmes ne commencent qu'après l'avoir parcourue ou épuisée, après le dernier chapitre d'un immense tome qui met le point final en signe d'abdication devant l'inconnu, où s'enracinent tous nos instants, et avec lequel il nous faut lutter parce qu'il est naturellement plus immédiat, plus important que le pain quotidien»[7].

Ainsi, Valéry, plus que poète, est rhapsode. Le rhapsode, comme l'écrit Heidegger, est celui qui «porte annonce» et «apporte connaissance»[8]. Dans les *Cahiers*, l'expression de la parole est directe, et les

1. SERRES (M.), op. cit., p. 9.
2. «Ecrire, 1. traduire. 2. Modifier.», (XII, 528).
3. SERRES (M.), op. cit., p. 11.
4. XVIII, 201. Cf. également, XIX, 118 : «Il m'apparaît alors (1892) qu'il était impossible que le travail mental fut entièrement différent dans les esprits ou emplois de l'esprit... et je cherchais naïvement et obstinément le mode de traitement qui assimilait ou différenciait ces modes de transformations à effets si différents. Modes de variations des images».
5. GENETTE (G.), *Mimologiques*, Seuil, 1976, p. 289.
6. CIORAN (E.-M.), *Précis de décomposition*, Gallimard, 1977, p. 73.
7. CIORAN (E.-M.), ibid. p. 73.
8. HEIDEGGER (M.), *Acheminement vers la parole*, « D'un entretien de la parole », trad. J. Beaufret, W. Brokmeier, F. Fédier, Gallimard, 1981, p. 115.

modalités de celle-ci sont autant de tâtonnements qui contribuent, par la multiplicité des aphorismes et la diversité des postures intellectuelles, à assurer leur architecture interne .

L'œuvre potentielle y est demeurée telle, malgré de nombreuses tentatives de modelés. Cependant, comme par un défi porté au temps, la pensée matinale s'est transformée en œuvre. L'atomisation obsessionnelle de la Connaissance est devenue, par un renversement dialectique, la condition *sine qua non* de la cohésion de celle-ci.

Enfin, si les *Cahiers* possèdent, de façon bien évidente, une remarquable architecture interne, au-delà la pensée s'édifie en construisant autre chose.

CHAPITRE II

DES BALBUTIEMENTS AU SENS : LA RECHERCHE DU MOYEN

« Naïveté spéciale de ceux qui essayent une construction où tout doit figurer ! » [1]. La recherche intellectuelle, en effet, ne doit pas conduire à une vision univoque, mais plutôt à la production du sens dans son immédiateté, en tant que rapport et possibilité, qui se lit et s'écrit de façon multiple.

L'inachèvement des *Cahiers* déploie, dans leur espace intrinsèque, une contestation qui est « réaction à ce que je suis », ainsi qu'un nomadisme de la pensée qui se transforme en pensée de l'immédiat sans absolu, l'Ego en étant la source.

D'autre part, s'il est évident que la métaphore architecturale, de l'aveu de Valéry, a été un « faible dont (il s') excuse ou (se) glorifie assez souvent (...), (son) premier grand amour de l'art des arts » [2], il ne négligeait pas pour autant le modèle musical, « la grandiose musique (...) écriture de l'homme complet » [3], ou encore celui des sciences exactes. Il recherchait dans ces « métiers » [4], nos états « les plus précieux (qui) sont instables. (A quoi) répond l'artiste qui essaye de les fixer ou d'en fixer les coordonnées » [5].

La production du sens par l'inachevé.

Valéry voulait écrire « une table de logarithmes pour les littérateurs », en recherchant « pour chaque phrase ce qu'on n'a fait que pour les mots, une genèse » [6], sorte de table de vérité, comme celles imagi-

1. XVI, 100.
2. *Leçons sur l'architecture*, manuscrit inédit, 1943-1944, fonds P. Valéry, Bibliothèque Nationale.
3. IV, 406.
4. III, 779.
5. X, 487.
6. RENARD (J.), « Journal inédit, 1864-1910 », *Paul Valéry vivant*, *Cahiers du Sud*, 1946, p. 21.

nées par les stoïciens, « tables des valeurs »[1]. Il souhaitait un art purement intellectuel qui, dans la recherche de l'invariant, exclurait le hasard.

D'ailleurs, sa manière particulière d'écrire lui semble due en partie « à cette habitude de (...) faire des sortes de définitions des mots ou des notions »[2] qu'il traite. Ces mots sont capables de combinaisons particulières. « Il y a une illusion au point de vue philosophique – Mais illusion utile »[3].

Si les fragments que l'on trouve dans les *Cahiers* font parfois penser à des séries de définitions, ils matérialisent, également, par leur contenu, une description de ce qui est devant l'esprit ou la conscience, la chose telle qu'elle apparaît. Mais cette constatation ne fournit pas une élucidation de la manière dont l'esprit fonctionne, se déploie et se modifie, ce qui serait de la psychologie. On a plutôt affaire à une physiologie de l'esprit, qui, évidemment, pose le problème de la réalité des objets qui apparaissent.

Dans la mesure où le contenu des *Cahiers* permet un retour analytique, tout en posant les conditions de possibilité de la chose, le projet demeuré inachevé devient, par son inachèvement même, un vaste champ opératoire.

Mondrian[4] a recherché avec des couleurs ce que Valéry demandait aux mots, soit une pratique devenant la théorie de sa propre productivité. En effet, Valéry, comme le peintre, explore l'ordre interne pour tenter le découpage d'un champ figuratif, pour le réduire à quelques composantes élémentaires, dont la valeur expressive est combinatoire indéfiniment.

La méthode, pour l'un comme pour l'autre, est expérimentale. Elle met en œuvre des fonctions purement sémiologiques : permutations, variations différentielles de sens, pour l'un ; de couleurs, pour l'autre. Tout deux tentent, ainsi, de dévoiler, par de multiples combinaisons, les conditions invariantes de la pratique intellectuelle, « art énergétique » dont l'hypothèse de travail est orientée vers la possibilité des « relations internes des diverses valeurs ou propriétés d'un sens (couleurs, sons, etc...) (qui) peuvent à elles seules, sans significations, sans irrationnelles et par combinaisons (substitutions, etc...) donner un art (sans souvenir) – art purement énergétique, sensoriel, art des arts »[5].

1. VIII, 636.
2. VIII, 454.
3. Ibid.
4. SEUPHOR (M.), *Piet Mondrian*, Flammarion, 1956.
5. XII, 640.

Valéry a illustré sa recherche avec des mots et des idées. Mondrian l'a matérialisée avec des couleurs et des lignes qui lui permirent d'accéder à l'élémentaire, qui n'est ni forme ni réalité, mais immédiatement rapport, c'est-à-dire possibilité de produire du sens.

Ce sont les fonctions des choses qui établissent leur choséité. « L'eau par exemple, n'est pas la même chose suivant que je pense chimie, poésie, mécanique, psychologie… métaphysique, peinture – c'est le même mot – c'est en partie la même représentation, mais ce n'est pas la même fonction »[1]. Ainsi, chaque artiste traduit dans son langage particulier une même recherche. De façon plus générale encore, tous les créateurs sont des assembleurs d'idées dont les données se répondent et s'organisent entres elles. Par exemple, il est absurde « de séparer le philosophe de l'architecte »[2].

Pour le peintre, comme pour Valéry, inspiré par la machine de Lulle et la *Caracteristica Universalis* de Leibnitz, la recherche du moyen fait appel à la logique des variations combinatoires. Mondrian, à travers une systématique obsessionnelle, souhaitait trouver le degré zéro, dans des arrangements de lignes orthogonales et de carreaux, inscrits sur un plan rectangulaire et orientable. Valéry pensait que ce degré à partir duquel tout peut s'inscrire, devait être « une représentation intuitive du fonctionnement total du vivant, une surface à la Riemann, – plan de la conscience – plan des phénomènes physiologiques »[3]. La conscience, comme les couleurs du peintre, « se déplace dans un espace ou réseau à plusieurs dimensions dont les sommets sont les idées (mots, images, etc…) et dont les côtés représentent les associations ». D'ailleurs, il existe entre « deux sommets quelconques, plusieurs chemins, sinon une infinité »[4].

A propos de la peinture et de la poésie, « édifications complexes », Valéry remarque que « des fonctions sans commune mesure générale » s'emploient « à une sorte d'équilibre très instable, très peu probable » et « ne s'entraident que par chance »[5], laissant ainsi une large place à un ordre issu du hasard.

L'architectonique des *Cahiers* est bien « une algèbre de mots », « figure de ses formules (qui a pour elle) son extension combina-

1. VIII, 761.
2. « Quelle atroce absurdité de séparer le philosophe de l'architecte », (IX, 283).
3. III, 217.
4. III, 891.
5. IV, 480.

toire »[1], inaugurant ainsi le champ de recherches de notre modernité. Elle s'applique aux changements d'unité, à la différence du « langage ordinaire (qui) impose inconsciemment des unités dont le dictionnaire offre la table et le désordre »[2].

Il s'agit là d'une philosophie du combinatoire, dynamisée par une quête ludique orientée vers le connaître, dans une dérive génératrice de concepts. D'ailleurs, tout est nécessairement jeu et se ramène à jouer. « Chaque personne (est) un jeu »[3] et l'œuvre de la sagesse humaine ressemble au travail de Sysiphe.

Le jeu de la pensée devient problème philosophique. « C'est un jeu. Cela veut dire que (...) la partie observable de l'affaire, peut être vue dessinée, décomposée, et recomposée de *n* façons, – qu'adopter l'une d'entr'elle, c'est convenir d'un jeu sur cette préparation verbale et logique –, c'est le jouer (...). Toute production mentale exige des éléments conservatifs distincts et mobiles (...) et des règles de substitution et de combinaison qui permettent le jeu suivi, et le contrôlent, définissent la valeur des résultats »[4].

Dans ce jeu de construction et de patience, dans cette dérive de la pensée, Valéry a créé une topologie de l'énergétisme[5]. Celle-ci est le lieu d'un conflit. C'est une réalité fusionnelle qui se fait et se défait en chacun, et dont « la connaissance se doit d'être considérée comme une construction »[6]. Ce nomadisme de la pensée, dans sa mobilité, laisse sur place la vérité de la chose spatiale et temporelle, et celle de ce qui est proféré, pour s'affirmer, en dernière instance, comme « séjour sans lieu » duquel émerge une philosophie de la présence dans laquelle l'inachèvement même est porteur de sens.

1. V, 202.
2. XIV, 138.
3. *Œ. I, Variété, Note et Digression*, p. 1227.
4. XXVI, 763.
5. « L'énergétisme a pour domaine les échanges entre un système défini et le milieu extérieur. Il n'y a que deux termes – mon sujet de recherche en tant qu'analogue, c'est-à-dire confondant autant que possible les modifications et les phénomènes les plus divers – Pour ne considérer que les transformations ou – le changement le plus général de la 'connaissance' (...). Et les conservations diverses continues, ou constantes, ou spéciales, etc, sont à trois termes – C.E.M. Je cherchais et je cherche une représentation de cette hétérogénéité (...). Il y a quelque chose dans 'tout' », (XXVII, 657).
6. IX, 693.

Les bases de l'édifice : l'inachèvement, la contestation et l'errance.

L'inachevé devient méthode, procès·complexe et labyrinthique entre « tout ou moi »[1]. Il fait sentir « sous la pensée la passion de la pensée »[2].

Valéry, comme les épigones kantiens et les phénoménologues, s'est érigé contre le rationalisme dogmatique. Il a voulu « sauver la philosophie – en la rendant indépendante des sciences – et des mystiques »[3], et ce même s'il avoue s'ennuyer à la lecture des œuvres philosophiques[4]. La philosophie l'intéresse en tant que genre littéraire.

C'est parce qu'il a constaté l'échec des systèmes qui ont voulu anticiper et prouver, qu'il se propose de représenter[5]. Sa philosophie sera faite de « sursauts et tentatives lancés vers le survivre »[6]. Celle-ci éclaire le registre des contestations contemporaines qui forment légion depuis Nietzsche, mais qui omettent de se mettre elles-mêmes en question, la contestation du sens faisant oublier de poser le ou les problèmes du sens de la contestation. Puisque pour « qui veut être un créateur en bien et en mal, il lui faut d'abord être un destructeur et briser des valeurs »[7].

La contestation de Valéry est radicale. Il demande à la raison qui conteste d'être contestée[8], remettant ainsi en question le langage philosophique. La philosophie « a été viciée par la 'recherche de la vérité' (...). On a substitué à la représentation (ou expression) la plus exacte de l'observable, la formation d'expressions de choses ou relations non observées ou non observables, lesquelles ont été constituées en 'vérités' – ou 'réalités' »[9].

Si Valéry a contesté, dans l'errance de ses *Cahiers*, les mots qui appartiennent au vocabulaire philosophique, c'est parce qu'il avait conscience que « des mots comme esprit, pensée, raison, intelligence, sont autant de vases fissurés, de mauvais instruments, des conducteurs

1. X, 310.
2. D'ailleurs, Valéry craignait que cette formule ne soit, en définitive, qu'une définition supplémentaire de la philosophie. Cf. *Œ. II*, *Notes*, *Mauvaises pensées et autres*, p. 1502.
3. XVI, 25.
4. XXIV, 762.
5. VIII, 634 à 636.
6. XVI, 25.
7. NIETZSCHE (F.), *Ecce homo*, trad. J.-C. Hémery, Gallimard, 1978, p. 144.
8. Valéry ira même jusqu'à écrire : « je suis une protestation vivante », (X, 11).
9. XXI, 411.

mal isolés. Comment raisonner avec eux (...). Il faut que chacune de ces notions nouvelles soit définissable au moyen d'opérations simples décrites en langage ordinaire et qui soient»[1]. Valéry a essayé de constituer un langage philosophique d'après son observation, en rejetant «les problèmes d'importation étrangère»[2]. Il a démontré que la raison prétend à son absolu, en oubliant sans cesse qu'elle est à la fois juge et partie dans les monuments qu'elle élève à sa propre gloire, alors que «l'*intention* de toute pensée est en nous»[3], et que «penser (...) consiste à errer»[4].

Du nomadisme de la pensée à la contestation qui fait voler en éclats «la forme spectacle» et «la réalité tableau» des philosophies antérieures, qui présentaient le réel sous les catégories du fixe et de l'immuable, Valéry a fait émerger des gangues du sensitif et du réflexogène une philosophie de l'immédiat sans absolu. Il s'agit d'«une philosophie sportive sans illusion. Le nageur, le danseur, qui ne vont nulle part»[5].

Holzweg[6], qui l'a conduit «à décréter toutes les idoles hors la loi (à les) immoler toutes à celle qu'il fallut bien créer pour lui soumettre les autres, l'idole de l'intellect, (de laquelle *Monsieur Teste*) 'fut le grand-père'»[7]. Cette philosophie n'est pas vraiment une mesure des choses ou de l'homme par les choses, mais plutôt une mesure de l'homme avec sa finitude et la nécessité vitale de faire «un principe de représentation générale limité», que Valéry a appelé «absolu»[8].

Philosophie du midi, qui rejoint dans les limites de sa pensée la définition camusienne de la mesure de l'homme: «le silence et les pierres mortes. Tout le reste appartient à l'histoire»[9]. Cependant, alors que pour Camus, l'homme vit dans un vide d'action qui le conduit au désespoir, à la rébellion ou, dans les cas extrêmes, à une sorte de réhabilitation religieuse, la philosophie de Valéry est dominée par la considération des mots « savoir – pouvoir – expliquer»[10]. La raison

1. VIII, 591.
2. Œ. *II*, *Notes, Mauvaises pensées et autres*, p. 1520.
3. Œ. *I*, *Variété*, *Note et Digression*, p. 1233.
4. Œ. *I*, *Variété*, *Introduction à la méthode de Léonard de Vinci*, p. 1171.
5. XVI, 558.
6. Selon la définition heideggerienne in *Chemins qui ne mènent nulle part*, op. cit., Gallimard, 1962, p. 1.
7. Œ. *II*, *Notes, Mauvaises pensées et autres*, 1515.
8. XIII, 297.
9. CAMUS (A.), *Noces*, « Le désert », Gallimard, 1972, p. 42.
10. IX, 277.

ne caractérise pas l'essence de l'individu mais sa condition. Et elle n'est pas un attribut mais bien une manière d'être[1].

L'Ego.

> « Modifier par combinaison – mon implexe – Ceci suppose une sorte de croyance à je ne sais quelle édification »[2].

En 1940, Valéry confie à son Cahier: « Ego. Mon désir constamment entretenu de me faire une idée aussi précise et exhaustive que possible de l'homme d'après moi ou de moi-homme, m'a fait accuser d'égoïsme, d'égotisme et de narcissisme. Or, ce devrait être tout le contraire. Ce n'est point de ma faute si on ne peut préciser l'idée de quelque autre sans se trouver d'autant plus que l'on précise plus (...). Toute personne, enfin, a le même moi que toute autre appelle Moi (...). Le système (...) ne peut pas différer de l'un à l'autre »[3].

En 1942, portant un jugement rétroactif sur son activité d'écrivain, il confirme qu'il n'a pas élaboré de système et indique, en revanche, que « mon système, c'est Moi »[4]. Mais pour percevoir le contenu du Moi, il est nécessaire de revenir à soi, autrement recomposé. Le Moi s'avère, déjà, être un système dont il s'agira de retrouver les éléments d'édification. La loi, le continu, qui en assurent la liaison, apparaissent de second ordre. Tout est déjà contenu dans ce qu'il préfigure. En effet, « les deux domaines, objectif et subjectif, ne sont pas sans se continuer. Il y a continuité nécessairement et confusion des points »[5]. Ici, nous abordons le domaine de la « protohistoire » auquel fait référence Derrida[6] à propos de la philosophie kantienne, qui semble rendre la notion contradictoire en même temps qu'elle la réclame, et qui devient thème pour Husserl.

1. Cf. « Penser, c'est une situation », (IV, 741). Egalement : « La seule vérité réelle est celle instantanée, imposée par les circonstances du moment à la diversité qu'on appelle un homme », *Œ. II, Notes, Mauvaises pensées et autres*, p. 1419

2. XVII, 687.

3. XXIV, 773, 774. C'est aussi tenter de trouver par le retour au singulier, la dimension de l'universel selon la définition nietzschéenne des grandes philosophies, dont le sens « est toujours de dire (...) : voici l'image de toute vie, déduis-en le sens de ta propre vie. Et inversement, déchiffre ta vie, et tu y découvriras les hiéroglyphes de la vie universelle ». *Considérations intempestives*, trad. G. Bianquis, Aubier-Montaigne, 1976, p. 76.

4. XXVI, 438.

5. VI, 408.

6. HUSSERL (E.), *L'introduction à l'origine de la géométrie*, trad. J. Derrida, P.U.F., 1974, p. 25.

Valéry ne recherche pas l'histoire d'une fondation mais au contraire celle d'une opération, à la différence de la construction philosophique kantienne qui n'est que « l'explication d'un concept déjà constitué que le géomètre rencontre en quelque sorte en lui-même. Description qui vaudrait sans doute aux yeux de Husserl aussi, pour tout acte de géomètre non créateur, et nous instruit sur le sens de la géométrie toute faite en tant que telle, mais non sur la géométrie en train de se fonder »[1].

La définition husserlienne du concept de géométrie permet, en interrogeant leur statut, de comprendre le mode de constitution des objets idéaux de la science. Elle relève de la volonté « d'accomplir sous la forme de médiations historiques, des prises de conscience de notre propre situation philosophique présente, et ce dans l'espoir que, finalement, nous pourrons prendre possession du sens, de la méthode et du commencement de la philosophie, de cette philosophie à laquelle notre vie veut et doit se consacrer »[2]. Dans la systématique valéryenne, l'Ego sert à la fois de conducteur et de corollaire à une infinité de possibilités. S'interrogeant sur l'origine de la loi, il constate que « c'est chercher l'organisation du 'moi' dont la représentation des phénomènes donnés est une valeur – le moi organisant – organisable est donc la possibilité même de la connaissance »[3]. On retrouve dans ces propos le sens, du *traditionaliser* husserlien, qui permet de saisir le mode d'être de la géométrie, « synthèse continuelle en laquelle tous les acquis persistent dans leur valeur, forment une totalité, de telle sorte qu'en chaque présent l'acquis total est, pourrait-on dire, prémisse totale pour les acquis de l'étape suivante »[4].

Valéry a opéré une rupture avec toute philosophie de la conscience, en établissant le retour à l'immédiat pour en saisir l'architecture abstraite. D'ailleurs, à ce degré de la démonstration, se situe la difficulté de cette pensée, qui est due à l'imbrication constante d'observations physiologiques. Mais il a su justifier cette ambiguïté et en démontrer la nécessité : « toute construction est précisément abstraite. En effet, si l'on pouvait opérer sur une représentation concrète, tout se passerait comme dans la réalité et l'on tomberait dans les lois physiques »[5]. La nature humaine est ambivalente : « d'une part, je puis de

1. HUSSERL (E.), ibid. p. 23.
2. HUSSERL (E.), ibid. p. 174.
3. VII, 279.
4. HUSSERL (E.), ibid. p. 177, note 2.
5. II, 46.

la notion abstraite de forme déduire successivement et systématiquement toutes les formes possibles, ou du moins envisager cet ensemble infini. D'autre part, je puis recevoir de l'expérience quelque forme. Celle-ci se trouvera dans deux ordres de choses et leur intersection actuelle, intersection d'une part de la suite de ma construction et de leur ordre croissant de complexité »[1].

La nature de l'esprit fournit à Valéry, comme d'ailleurs à Husserl, ce que refuse la nature des choses. Dans la mobilité, le jaillissement d'une structure donnée, se propagent les règles nécessaires à la pensée et à son progrès. La mobilité, le changement, le mouvement, sont autant de valeurs nécessaires au progrès de la connaissance. « La connaissance est donc au figuré cinétique »[2].

Ainsi, Valéry n'était ni un dilettante, ni un mystique. On assiste dans les *Cahiers* au déploiement d'une phénoménologie de l'esprit. La philosophie de cet auteur est, conformément à son souhait, à la fois portative, descriptive et « opérante »[3]. Cette systématique fournit un exemple d'édification de la pensée formelle. C'est assurément une théorie du pouvoir de représentation dans son rapport avec la faculté de juger. Il s'agit d'exhiber et d'inaugurer, dans l'exercice d'une faculté de juger esthétique, le pouvoir de connaître.

A la différence du projet kantien, qui visait davantage la constitution transcendantale d'une faculté de juger esthétique que son activité, celui de Valéry sonde le processus formateur, en interrogeant successivement toutes les modalités d'être du vivant. En effet, l'appréhension esthétique ne permet pas de saisir un objet, mais seulement une présence originelle de ce qui deviendra objet de la représentation. Celle-ci est antérieure au concept, à la connaissance, à l'image.

Si la référence au construit, et surtout à la métaphore de l'architecture, est une évidence dans la pensée valéryenne, il ne négligeait pas pour autant le recours à d'autres modèles, et, notamment, à celui de la musique. Architecture et musique sont les exemples qui évoquent le mieux les constructions de l'esprit.

1. VII, 574.
2. II, 90.
3. XXIV, 713.

Le moyen : musique ou architecture. La musicalité architecturale [1].

> « L'univers nous fait voir deux grandes choses, et d'abord qu'il change et se transforme incessamment, et aussitôt qu'il dure et se conserve et se répète et se confirme. Il est donc Musique et il est Architecture » [2].

> « Dans une tête philosophique, il n'y a point, et il ne peut y avoir, de questions entièrement indépendantes et substantiellement isolées. On y trouve, au contraire, comme une basse continue, le sentiment, le son fondamental d'une dépendance latente, quoique plus ou moins prochaine, entre toutes les pensées qu'elle contient ou pourrait contenir » [3].

En 1920, Klee développe, durant des cours dispensés au Bauhaus, ses recherches sur l'analogie entre les structures musicales et la peinture, établissant ainsi nombre de correspondances entre les deux arts. *Rythme*, *Blanc polyphoniquement serti*, *Ad Parnassum*, sont autant de tableaux qui illustrent cette démarche[4]. Le programme de Klee, qui fut pourtant celui d'un plasticien, se confond en maints arguments avec

1. En ce qui concerne les rapports de la musique et de l'architecture chez Valéry cf. *Paul Valéry 5, Musique et Architecture*, Minard, 1987.
2. IX, 458.
3. *Œ. I*, *Variété*, *Léonard et les philosophes*, p. 1236.
4. Cf. KAGAN (A.), *Paul Klee – Art et musique*, Cornell University Press, 1983, ainsi que KLEE (P.), *Théorie de l'art moderne*, Denoël-Gonthier, 1980 ; PONENTE (N.), *Klee*, Skira, Genève, 1960.

Ce peintre très novateur avait des goûts musicaux classiques (Bach, Beethoven, et, surtout, Mozart). Il avait pour ambition de mener sa peinture et son enseignement au niveau de perfection atteint par la musique du XVIII° siècle. On peut relever des choix similaires pour Valéry. A propos du rapport de la musique avec l'espace, il fait l'éloge de Bach et de Mozart : « plus on sera musicien, plus on les préférera », (VII, 656). Leur musique est « formelle », (XXII, 637). Beethoven est, pour sa part, qualifié d' « imbécile prodigieusement doué pour cette pantonimique (sic) sonore », (VI, 194).

D'autre part, Klee et Valéry eurent des contacts privilégiés avec les plus grands musiciens. *Amphion* et *Sémiramis* furent mis en musique par A. Honnegger. A propos du premier, le musicien note (in *Cahiers du Sud*, MCLXLVI, op. cit., *Paul Valéry vivant*, *En marge de l'histoire d'Amphion*, p. 118.), « au milieu de la grande fugue qui symbolise musicalement la construction, on introduit, faisant office de contre-sujet, deux strophes du *Cantique des colonnes* choisies par le poète ». Ces deux mélodrames seront pour Valéry une tentative d'art complet. « Mélodrame, c'est littéralement : action avec musique, action en intime liaison avec le dessin et les impulsions d'une oeuvre de musique. », *Œ. II*, *Notes*, *Pièces sur l'art*, p. 1580. *La Cantate du Narcisse* (1938) sera mise en musique par G. Tailleferre.

celui de Valéry, qui souhaitait poétiser la peinture [1] et trouver la musicalité des formes [2]. D'ailleurs chacun aurait pu avoir connaissance de la pensée de l'autre [3]. Alors, Valéry eut séduit Klee et, comme le remarque Pierre-Henri Gonthier, les écrits de Klee « poète géomètre, eussent fasciné un Valéry » [4].

Du *Paradoxe de l'architecte* à *Eupalinos*, Valéry a fait apparaître très tôt des correspondances entre l'art solide et l'univers des sons, qu'il poursuivit avec l'*Histoire d'Amphion* [5].

Néanmoins, si la musique est « cosa mentale » et peut rivaliser avec les plus grandes compositions architecturales, si le poète est bien un constructeur qui ne doit jamais perdre de vue, selon la leçon malarméenne, les exigences musicales de la poésie, il n'en demeure pas moins vrai que, « la musique n'est que construction, ébauches, modelé ». Elle n'a point de « figure », comme si « l'on ne conservait d'une sculpture que la pantonimique (sic) des gestes du sculpteur dont la

1. Cf. XX, 557, « Peinture poétique (...) d'autant plus poétique (...) que son effet résulte du contraste entre la netteté et pureté de l'objet, de l'exécution ».

2. Selon la leçon des poètes symbolistes, qui rapprochaient la poésie de la musique en accentuant la sonorité musicale des vers comme moyen d'expression. Dans le *Cahier* XXVI (année 1942), p. 10, on trouve encore une confirmation de cela : « la musique donne valeurs, c'est-à-dire existence à des formations qui seraient vaines sans elle et tout arbitraire. Elle fait vivre des schémas. Elle joue le rôle de la forme et des forces, ou plutôt de la liaison ou identité de ces choses – et cela se voit bien dans la musique des vers ».

Cf. l'article de B. Stimpson, « Paul Valéry et la composition musicale », in *B.E.V.*, n° 39, 1985, pp. 49 à 61. L'auteur étudie « les champs sémantiques qui s'attachent à ces deux mots 'composition musicale', en commençant par 'musique' pour considérer ensuite 'composition' et pour voir comment l'approche musicale de la composition, accommodée au langage, donne poésie » p. 49. Cf. également les notations de M. Allain-Castrillo, « Euterpe élusive, ou les relations inachevées de Paul Valéry avec la musique », in *B.E.V.* n° 38, mars 1985, pp. 27 à 41.

D'autre part, Valéry distingue deux types de philosophes : « les musiciens et les architectes ». Pour les premiers, « le développement de leur tendance les conduirait aisément, selon quelque pente insensible, vers l'art du temps et de l'ouïe ». Les seconds « supposent au langage une armure de raison et une sorte de plan bien défini », *Œ. I, Variété, Léonard et les philosophes*, pp. 1268, 1269.

3. En 1925, Klee participa à la première exposition surréaliste qui eut lieu à Paris ainsi qu'à l'exposition privée de la galerie Vavin-Raspail. En 1933, ayant été révoqué sous la pression des nazis, il se réfugiera à Berne. Dans l'intervalle de ces différentes périodes, Valéry voyagea de multiples fois, en Suisse et en Allemagne. Cf. *Œ. I, Introduction biographique*, p. 60.

4. KLEE (P.), op. cit., Avant-propos de P.-H. Gontier, p. 6.

5. « Puisque je pensais si librement à tant de choses et, parmi elles, assez souvent à la musique et à cette même architecture, il devait fondamentalement arriver que quelques rapports entre l'une et l'autre vinssent amuser mon esprit », *Œ. II, Pièces sur l'art, Histoire d'Amphion*, p. 1279.

glaise aurait disparu»[1]. En revanche, l'architecture est «une ode de l'espace à lui-même», qui fait «voir les propriétés»[2] de celui-ci. Dès lors, comment «la musique, danse sans corps et voix sans mots»[3], peut-elle suggérer ce qui, traditionnellement, relève de l'architecture, soit «tout l'espace »[4]?

Dans le *Cahier* VIII, Valéry définit les rapports «de la musique avec l'espace – ou plutôt avec un espace... Et cet espace est un espace/temps»[5]. Puis, il met l'accent sur «les deux versants de la musique», celui qui «nous ramène à nous», et, d'autre part, «l'art le plus structural – art d'opération...»[6]. La musique possède la capacité d'annuler la sphère du psychologique par un mouvement dialectique, bien qu'ayant pour théâtre l'espace intérieur, imaginaire et subjectif. Cependant, dans la mesure où ses lois lui permettent de s'objectiver, de se structurer, elle quitte simultanément cet espace pour acquérir, aussitôt, une seconde subjectivité, qui devient spatiale. «La musique se détache de l'infinité des sons. Elle prélève les purs et leurs rapports: de sorte que dès qu'elle commence – cet espace corrélatif forme monde et comme un polyèdre complet»[7]. Ainsi, l'objectivité extérieure ressurgit en elle comme objectivité du sujet, ce qui fait dire à Socrate, s'adressant à Phèdre, que «toute cette mobilité forme donc comme un solide. Elle semble exister en soi, comme un temple bâti autour de ton âme, tu peux en sortir et t'en éloigner, tu peux y rentrer par une autre porte»[8]. Cependant, les sons s'évanouissent, la figure imaginaire tracée par les accords disparaît de l'instant présent. Leur parcours demeure toutefois à titre de traces mémorielles chez l'auditeur.

La musique « n'est pas l'art des sons, pas plus que la mathématique n'est l'art des grandeurs». Valéry est subjugué par la capacité

1. XVII, 726.
2. VII, 268.
3. III, 808.
4. VII, 419. Il est à noter que Valéry porte un intérêt fluctuant à la musique. Est-ce dû à la puissance «absurde» qu'elle crée? «La musique m'ennuie au bout de peu de temps», *Œ. II*, *Tel Quel, Choses tues*, p. 476. Cf. également: «mon injustice à l'égard de la musique vient peut-être du sentiment qu'une telle puissance est capable de faire vivre jusqu'à l'absurde» *Œ. II*, *Tel Quel, Rhumbs*, p. 642.
5. VII, 656. Cette idée sera illustrée musicalement par P. Boulez, dans *Domaines*, par exemple, où il essaie de réaliser la synthèse des structures spatiales et temporelles. A partir du *Marteau sans maître*, il tentera de concilier, selon ses propres termes: «la netteté et la logique interne des formes et des structures avec l'essor de l'imagination, de la fantaisie», *Relevés d'apprenti*, Seuil, 1967.
6. XIX, 878.
7. II, 482.
8. *Œ. II*, *Dialogues*, *Eupalinos*, p. 103.

combinatoire et modulatoire à laquelle «le système des sons (...) se prête particulièrement bien de par sa nature»[1].

Aspect polyvalent du modèle architectural.

L'architecture et la musique sont des références de prédilection. Mais ce n'est que dans l'écriture, et la réflexion sur l'acte d'écrire, que prend sens le point de vue de celui qui voulait rédiger un ouvrage de prose comme l'on doit composer une partition d'orchestre.

Valéry fera aussi l'éloge de la poésie et de la géométrie qui, à la différence de la philosophie, «chacune selon sa nature, usent proprement et franchement du langage (...) et en peuvent user sans la moindre illusion». Il a eu pour idéal de «s'amuser de traduire tout en mathématique»[2], et de chercher «la gamme et le système d'accords dont la pensée en général serait la musique»[3].

Ecrire, au sens littéraire du mot, prend toujours, pour Valéry, la valeur de construire ou de calculer, car «il est remarquable que les mathématiques ont de commun avec la poésie et la musique que, chez elles, le fond devient acte de la forme. La 'vérité' dépend des conditions formelles...»[4]. Il a eu recours à l'exemple du musicien, parce que celui-ci «traite par calculs d'harmonie, développe et transforme»[5]. Par musicaliser, Valéry entend «composer», «vouloir ordonner des parties spécialisées – chacune consacrée à un mode – un mouvement – un registre de mots, un regime de substitutions (raisonnement, imagerie, sentiment), (...) ménager contrastes, symétries, et les modulations ou les discontinuités – allegro – presto, etc...»[6].

L'inspiration de Valéry, comme celle de Klee, procéda par «formes musicales»[7]. Tous deux recherchaient, selon le modèle de la polyphonie, l'esprit contemplant ses propres lois.

Si, pour Klee, la peinture peut se musicaliser par le jeu de la composition des couleurs, pour Valéry «la musique peut peindre: suggérer les phases de transformation de l'esprit – en tant qu'elles sont

1. VII, 146.
2. I, 101.
3. *Œ. II, Notes, Mauvaises pensées et autres*, p. 1481.
4. XV, 881.
5. XVII, 617. C'est aussi une résurgence du mouvement symboliste, qui se résume «dans l'intention commune à plusieurs familles de poètes (...) de reprendre à la musique leur bien», *Œ. I, Variété, Avant-Propos à la Connaissance de la Déesse*, p. 1272.
6. XXVIII, 586.
7. IX, 231.

représentées par le schème vocal (musculaire, phonique) d'un monologue et celui des impulsions qui peuvent s'y introduire»[1], phases à propos desquelles Valéry pense qu'il ne serait pas impossible de «faire une table de traduction, un dictionnaire»[2].

Cependant, en raison de sa nature évanescente, la musique demeure un art du temps. En effet, comme le remarque Klee, «l'œuvre musicale a l'avantage d'être perçue exactement dans l'ordre de succession dans lequel elle a été conçue, mais, lors d'auditions répétées, elle a l'inconvénient de provoquer la lassitude par le retour régulier des mêmes impressions. L'œuvre plastique présente pour le profane l'inconvénient de ne savoir où commencer, mais pour l'amateur averti, l'avantage de pouvoir abondamment varier l'ordre de lecture et de prendre ainsi conscience de la multiplicités de ses significations»[3]. Klee en déduira que la peinture polyphonique est supérieure à la musique en ce que, ici, l'élément temporel y devient une donnée spatiale. Le sentiment de simultanéité en ressort plus riche encore, et Valéry d'affirmer à propos de la fameuse règle des trois unités qui contient «la première et seule application dans l'art d'une relation espace-temps-action»[4], que c'est un point de vue «vrai aussi en architecture»[5]. Chacun, selon le moyen choisi, illustre une même direction de recherche.

Néanmoins, si «la véritable architecture est inséparable de la pierre de taille et de la taille de pierre»[6], Valéry constate, dans la construction moderne, l'envahissement «de la place par le ciment et le métal»[7], l'interchangeabilité de la main d'œuvre qui entraîne une moindre exigence dans le résultat, «la forme (n'ayant) plus que des rapports très larges avec la matière»[8], ainsi que la disparition de l'ornement, alors que dans l'architecture grecque, grand modèle de l'art pur, toutes les parties sont «distinctes et leur distribution soulignée par l'ornement (...). Telle la géométrie avec ses dispositifs et son ordonnance»[9]. Ainsi, «les villes modernes (ont-elles) ruiné l'architecture»[10].

1. XV, 403.
2. Ibid.
3. KLEE (P.), op. cit., pp. 38, 39.
4. VII, 647.
5. Ibid.
6. *Œ. II, Notes, Regards sur le monde actuel,* p. 1559.
7. Ibid.
8. XXIX, 245.
9. VIII, 425.
10. XIV, 664.

L'art complet de bâtir se trouve dans « les constructions mêmes modestes, qui sont fondées sur la taille et non sur l'emploi des matériaux concrets ou métalliques » [1]. Finalement, c'est à partir de cette conception classique de l'architecture, qu'il faut analyser « la moindre notion en recherchant ce qu'il faut de fonction et de coordination pour l'obtenir. (Ainsi), on arrive à considérer toute connaissance de quoi que ce soit comme une architecture très composée » [2]. Dès lors, nous comprenons mieux la valeur symbolique du couple *musique/architecture*, qui fait dire à Phèdre [3] que certains édifices sont muets, alors que d'autres, parlent ou d'autres, plus rares, chantent. La valeur de l'édifice est relative à celle de la composition, qui cristallise dans l'œuvre « l'intuition ou présence de l'homme complet » [4]. Valéry en déplore la disparition dans l'architecture moderne.

S'il est une polarité dans sa pensée philosophique, c'est bien celle de la construction dynamisée. « L'immobilité d'un édifice est l'exception » [5]. L'architecture devient ainsi, selon l'expression hégélienne, une musique figée, une harmonie des rapports qui se laissent ramener à des nombres. Soit la partie opératoire pure [6], que recherche Valéry, ou le lieu commun de toutes choses, qui est en fait le carrefour où tous les arts se rencontrent, car, comme le remarque Seuphor [7], « il n'est pas d'objet créé qui n'ait son architecture (...), il n'est pas de discipline à laquelle la notion d'architecture soit étrangère (...). Elle est un invariant dans la variation des positions, des mouvements, des usures ».

Seuphor renoue avec la conviction valéryenne qui fut que, dans la phase la plus vivante de la recherche intellectuelle, il n'y a pas de différence, autre que nominale, entre les manœuvres intellectuelles d'un artiste, d'un poète et celles d'un savant [8]. Mais, alors que pour

1. *Œ. II, Notes, Regards sur le monde actuel*, p. 1559.
2. X, 625.
3. *Œ. II, Dialogues, Eupalinos*, p. 93.
4. XVI, 18.
5. *Œ. I, Variété, Introduction à la méthode de Léonard de Vinci*, p. 1190.
6. XVIII, 881.
7. SEUPHOR (M.), *Le style et le cri. Quatorze essais sur l'art de ce siècle*, Seuil, 1965, p. 216.
8. Cf. III, 779 : « science et art sont des choses inséparables». A cet égard R. Huyghe, peut-être considéré comme un épigone de la pensée valéryenne. D'ailleurs, il écrit devoir beaucoup à sa rencontre avec Valéry (*Réponses à Simon Monneret*, Flammarion, p. 51) et exprime le même souhait d'atteindre une vision globale des choses. « On ne peut se borner à être esthéticien ou historien de l'art, non plus que simple praticien de l'expertise. Il faut passer d'un registre à l'autre et même les combiner (...). Tout homme que j'ai vu s'enfermer dans une de ces

Seuphor « l'essence de toute notion d'architecture (est) un signe qui condense une somme d'idées »[1], Valéry voue à cet art un intérêt qui est exclusivement centré sur « les figures de relations entre les choses et non sur les choses »[2]. Pour cette raison, « l'indication au fond (…) c'est la construction »[3]. Valéry désire, à partir du signe, retrouver la pluralité du sens ainsi que, dans la décomposition symbolique de l'acte de construire, la métaphore des mécanismes de l'esprit. Mais aussi, le déplacement dans le milieu « qui change l'arrangement de portions de ce milieu »[4]. Quant à l'ornement, il intervient comme signe « de supériorité, de surabondance. Non seulement j'élève la tour, mais j'ai de quoi la peupler »[5]. L'art ornemental serait « la construction d'un système complet (…), pur ordre »[6].

Dans le jeu de construction et de patience des *Cahiers*, se développe ainsi une topologie de l'énergétisme, soit une architecture qui se construit et se déconstruit en chacun de nous. Cette instabilité fondamentale, placé sous le double signe de la contestation et de l'errance, est porteuse de sens.

La pensée du moyen pour construire devient le moyen de penser. A partir de problèmes liés à la *poétologie* apparaissent les lois de l'*architecturologie*. Elles sont porteuses de la multidimensionalité des propriétés fonctionnelles, pratiques et esthétiques de toutes constructions.

Ainsi comprise de l'intérieur, l'architecture ne produit pas un objet de contemplation, mais fournit une description vraie d'un monde qui existe indépendamment de l'homme.

catégories a manqué de cette vision globale que j'ai essayé d'atteindre toute ma vie », (op. cit., p. 60).

1. SEUPHOR (M.), op. cit., p. 207.
2. X, 413.
3. I, 766.
4. I, 9.
5. IX, 620.
6. IV, 194.

CHAPITRE III

POÉTOLOGIE OU PENSÉE DU SIGNE ?

Les intentions architectoniques de Valéry, maintes fois affirmées, conduisent, nécessairement, à la création d'un modèle du penser, notamment par l'intégration de concepts comme ceux d'*invariant* et d'*analogie*, perçus comme fonctions paradigmatiques de la pratique savante.

Architecture et analogie.

De son aveu, il avait une aversion naturelle envers les philosophes, les esthéticiens, mais aussi «le reste». Il se défiait farouchement du langage philosophique, ainsi que des autres formes de l'expression verbale, la philosophie et «le reste n'étant qu'un usage particulier des mots» [1]. C'est pour cette raison, comme le remarque J. Robinson, que Valéry demandera aux mathématiques, et à «toutes les sciences qui en emploient les méthodes, un modèle exemplaire de ce qui pourrait être un système d'expression vraiment précis» [2]. En effet, «les mathématiques donnent le modèle de réflexion (...), elles l'exigent (...), elles lui assignent des conditions étroites» [3].

La théorie mathématique de l'invariant, qui a une portée évidente sur notre connaissance du monde concret, semble avoir été transcrite, par Valéry, littérairement et parallèlement au concept d'analogie. Si celui-ci «n'est précisément que la faculté de varier les images, de les combiner» [4], les analogies servent à «représenter ou exprimer et à trouver». Puis, lorsqu'apparaît une relation constante, «on lui cherche un être – ou un nom» [5]. D'ailleurs, «est-il absurde ou impos-

1. I, 433.
2. ROBINSON (J.), *L'analyse de l'esprit dans les Cahiers de Valéry*, « le langage de la science », op. cit., pp. 29 sq .
3. VII, 20.
4. *Œ. I, Variété, Introduction à la méthode de Léonard de Vinci*, p. 1159.
5. VII, 309.

sible de chercher dans les produits de l'esprit – quelques traces de ces caractères généraux de fonctionnement? S'ils sont reconnaissables ne sont-ils pas les invariants de toute connaissance?»[1].

Dans le domaine linguistique, il semblerait que l'invariant se transforme en analogie par le jeu même de son caractère permanent. «Précieuses sont les analogies, les comparaisons fondées sur la structure, qui permettent une sorte de raisonnement, et une variation correspondante de leurs termes»[2].

Déjà, dans la *VIIe Lettre*, Platon évoquait le principe d'analogie, auquel ont fait écho la forêt de symboles baudelérienne et le *démon analogie* malarméen. Ainsi la métaphore se condense en ellipse analogique : «les analogies et les métaphores doivent être considérées (comme) les produits réguliers, les actes d'un certain état déterminé, dans lequel tout ce qui paraît ne paraît que dans une sorte de résonances, de similitudes»[3].

En architecture, où «la géométrie des grecs est le temple dressé aux dieux de l'espace par le dieu parole»[4], l'analogie résulte de l'harmonie répétitive d'une forme fondamentale dans chaque subdivision de l'œuvre. D'ailleurs, pour Rodin, c'est aussi «l'analogie qui relie les choses et leur assigne leurs rangs»[5]. Ainsi celle-ci devient paradigmatique. Lorsqu'elle est assignée à la raison humaine, elle se transforme en art. L'analogie ne réside pas «dans l'imitation des formes mêmes, mais des lois transposées (...)»[6], et seul l'esprit possède la propriété de former des sortes de mécanismes dont le nom est analogie. Alors «la raison est un Art – art de faire coïncider la pensée, et les perceptions, les souvenirs – art de l'ensemble»[7].

Quelque soit le domaine de référence, cette notion apparaît comme possédant une fonction synthétique conforme, en de nombreux points, à la définition formulée par les linguistes[8].

1. XIII, 132.
2. VIII, 567.
3. V, 26.
4. VIII, 459.
5. RODIN (A.), *Les cathédrales de France. Croquis*, reprints J. de Bonnot, 1983, p. 93.
6. VI, 441.
7. V, 184.
8. Dès 1898, dans un article rédigé à propos de *La sémantique* de M. Bréal, paru dans le *Mercure de France*, janvier 1898, pp. 254-260, cité in *Œ. II*, *Notes, Mauvaises pensées et autres*, p. 1449, Valéry constate que «toutes les transformations que le langage peut subir doivent laisser invariables un certain nombre de propriétés (...). Ce résidu contiendrait les relations fondamentales du langage avec ce que l'on nomme par hypothèse l'esprit (...)». Plus tard, Saussure,

Les concepts d'analogie et d'invariant sont, pour Valéry, des outils intellectuels qui favorisent la saisie simultanée des modifications, puis de l'édification de la pensée spontanée. Alors, « notre conscience (devient) théâtre de transformations »[1]. D'autre part, à la notion d'invariant, Valéry associe également celle de *self-variance*. En effet, « c'est le phénomène le plus admirable de la nature, après la nature même dont il est la mobilisation »[2]. Cette occurence apparue « en 92 ou 93, comme impossibilité de fixation »[3], accentue l'importance fondamentale de la variation, et du changement d'équilibre dans un ensemble donné.

S'inspirant du modèle de la linguistique, Valéry a élaboré une dialectique subtile entre structures fixes et structures plus libres, entre forme obligée et forme immédiate, que l'on retrouve dans l'opposition du déterminé et de l'aléatoire de la musique contemporaine[4].

Cependant, s'il recherche un moyen d'expression précis pour transcrire le réel, il précise que ce qu'il faut prendre aux « sciences ce n'est pas une vaine analogie de leurs lois physiques avec celles de l'esprit. C'est leur rigueur, leur tension, leur difficulté pure »[5]. En effet, il n'existe pas de vérité formelle, ni de connaissance définitive du réel.

dans ses *Cours de linguistique générale*, effectuera un distinguo pour les mots de construction et de structure, selon qu'il s'agira « d'agglutination » ou « d'analogie » – qui préciseront l'intuition valéryenne –. En effet, « dans le cas de l'agglutination, construction et structure rappellent la cimentation lente d'éléments qui, en contact dans un syntagme, ont subi une synthèse pouvant aller jusqu'au complet effacement de leurs unités originelles. Dans le cas de l'analogie, au contraire, construction veut dire agencement obtenu d'un seul coup, dans un acte de parole, par la réunion de certains nombres d'éléments empruntés à diverses séries associatives », *Cours de linguistique générale*, Payot, 1976, p. 244.

1. XI, 71.

2. VII, 539.

3. XVI, 437. C'est peut-être dans ce sens que, précocement, Valéry notera : « to go to the last point. Celui au-delà duquel tout sera changé », (I, 202).

4. J. Cage eut, en effet, l'idée d'utiliser le hasard incontrôlé comme procédé de composition. S'inspirant de l'esthétique malarméenne, Boulez s'oppose à Cage. Il n'admet qu'un hasard dirigé, contrôlé par le compositeur. Cf. *Relevés d'apprenti*, op. cit., « Alea », p. 41 sq.

5. II, 552. La pensée de Valéry s'apparente à celle d'un nominalisme scientifique critique du type de celui énoncé par Poincaré. D'ailleurs, en 1902 Valéry lit *La science et l'hypothèse*. Cf. *Œ. I, Introduction biographique*, p. 29. Dans le *Cahier I*, 116, on peut lire : « les hommes vivants et notoires que j'admire personnellement sont messieurs Poincaré et lord Kelvin ».

L'idée capitale de la méthode valéryenne « n'est autre que l'idée essentielle des mathématiques ou de la linguistique (appliquée) à l'idée de pouvoir dans l'ordre de l'esprit »[1].

La tentation de formaliser…

La philosophie souffre du « développement d'explications sans nulles sanctions ni vérifications. (Ses œuvres sont) les plus subjectives possibles (…). Il faut donc établir l'idéal du genre »[2].

Elle « est comme mortifiée par l'immense distance qui s'est peu à peu créée entre ses résultats vagues et invérifiables et ceux des sciences. Ceux-ci ont terriblement accru les exigences de vérification de l'esprit »[3]. Valéry voulait mettre ses idées « en formes de notions précises – rejetant la terminologie des philosophes – en faire des symboles et des relations – toute 'une physique mathématique' avec ses équations de conditions »[4]. Au fil des *Cahiers*, le lecteur assiste à des tentatives de symbolisation et de synthèse des « cinq ou six problèmes précis à quoi se réduit tout ce qu'il y a d'utile en philosophie »[5].

L'idée de Valéry « fut de concevoir une langue artificielle fondée sur le réel de la pensée, langue pure, système de signes – explicitant tous les modèles de représentation (…) – définissant et énumérant tous les modes de composition »[6], dont le raisonnement ne serait que « l'usage de la pluralité des signes »[7]. Il a eu l'intuition de la philosophie analytique et de la logique symbolique. D'ailleurs, en 1935[8], il confie à son cahier l'espoir d'un jour, enfin proche, où le langage serait purifié.

Ryle illustre une tendance conceptuelle proche de celle de Valéry. En effet, après avoir critiqué la conception cartésienne de l'esprit, il étend ses recherches à une série de problèmes classiques, qu'il traite de

1. XVI, 608. Valéry avait eu « le bonheur de prendre en 1892, comme étalon de mesure des valeurs de l'esprit, la pensée mathématique d'une part, la construction ou expérience précise d'autre part », (XI, 642).
2. XIV, 770.
3. X, 604.
4. XIX, 276.
5. VII, 20.
6. XII, 280.
7. IV, 276.
8. Cf. XVIII, 579 : « il ne me paraît pas impossible que le domaine de la pensée abstraite soit quelque jour exploré, transformé et organisé par l'invention de symboles et d'une symbolique à l'exemple de la physique mathématique. Le langage ordinaire, d'une part est insuffisant, de l'autre il est illusionnant ».

la même façon. Il montre que tous reposent sur des dilemmes originels, faute d'avoir été correctement posés[1].

La convergence avec Valéry, pour lequel la philosophie et ses problèmes sont « un problème de mots »[2], ou de « questions mal posés »[3], semble évidente. C'est d'ailleurs la raison pour laquelle, selon Merleau-Ponty, Valéry donne trop au rationalisme. « Derrière ce nominalisme », se cache « une extrême confiance dans le savoir », dans la mesure où « Valéry croyait du moins possible une histoire des mots capable de décomposer entièrement leur sens, et d'éliminer comme faux problème les problèmes posés par leur ambiguité »[4]. Si Merleau-Ponty lui concède que « la réflexion est d'abord réflexion sur les mots », il constate que Valéry est resté « à mi-chemin dans la prise de conscience du hasard »[5].

Valéry, comme d'ailleurs Ryle, interroge les mécanismes intellectuels. Dans *The concept of mind*, à partir d'une théorie des catégories, Ryle suggère que la pensée, en général, est une manière d'agir. Selon Valéry, le verbal interpose les signes. Il est de la nature d'un acte[6], duquel le hasard n'est pas exclu. Même si le vocabulaire philosophique engendre des difficultés, il « fait quelque chose », il est nécessaire.

La séparation, voire l'opposition, entre philosophie et logique formelle, a été un échec et Valéry l'a pressenti.

Austin[7] a qualifié les énonciations, qui ne fondent pas des affirmations vraies ou fausses, qui ne constatent rien, mais qui font quelque chose, de performatives. Pour Valéry, le langage n'est pas un but ultime mais un chemin. Voilà pourquoi, chez lui, dire, c'est faire, dans les *Cahiers* comme dans l'*Œuvre*.

Mais l'intérêt de la philosophie analytique, s'avère être d'ordre méthodologique. Strawson, après Wittgeinstein, contribuera à rétablir l'équilibre entre philosophie et logique formelle. La question de méthode, que pose implicitement l'examen des notions d'objet et de propriété chez Strawson[8], consiste à déterminer l'existence des énoncés proprement philosophiques, et leur capacité à supporter une démonstration analogue à celle des sciences exactes.

1. RYLE (G.), *Dilemmas*, Londres, 1954.
2. VI, 622.
3. X, 89.
4. MERLEAU-PONTY (M.), *La prose du monde*, « Science et expérience de l'expression », Gallimard, 1978, pp. 31-32.
5. Ibid.
6. IV, 535.
7. AUSTIN (J.-L.), *Quand dire, c'est faire*, trad. G. Lane, Seuil, 1970.
8. STRAWSON (P.-F.), *Individuals*, Londres, 1959.

Si le vocabulaire philosophique se nourrit de termes généraux dont le sens est précisé par le contexte, les moyens de la science expérimentale n'ont d'autres possibilités de contrôle que ceux fournis par l'observation, et c'est là, justement, que s'ouvre une brèche. L'observation, dans la mesure où elle fait directement appel à l'expérience, voit se réintroduire la subjectivité du sujet.

La logique symbolique a tiré du *Principe d'analogie* de Pythagore et de la pensée d'Eddington – qui soutiendra que la structure de l'univers ainsi que celle de la pensée humaine sont conformes à la théorie des groupes – certains résultats intéressants, par la faculté exhaustive et éliminatoire du procédé, ce qui était susceptible de satisfaire Valéry. Mais l'ambition des penseurs du cercle de Vienne, de remplacer la philosophie et la métaphysique par une analyse syntactique, ainsi que par des observations empiriques objectives, s'est soldée par un échec.

En effet, la mécanique syllogistique est le nécessaire reflet des éléments fournis par avance. Carnap[1] s'est rendu compte de l'impasse dans laquelle l'obsession anti-métaphysique avait poussé son groupe, ouvrant, ainsi, une brèche par laquelle le sujet et la métaphysique se sont réintroduits d'autant plus triomphalement.

En 1930, Valéry se réjouit du progrès de la science positive, « de la confiance dans la vérification matérielle et dans les coïncidences numériques (qui) a rendu l'objectif de la philosophie de plus en plus vague, cependant que croissaient les exigences (...) »[2], mais quatorze ans plus tard, il n'hésitera pas à parler de crise de confiance en constatant qu'il n'y a plus d'espoir « de construire un édifice de la connaissance (...). Un tel espoir ne peut être conçu que dans la sphère de notre intellection, laquelle est bornée par les termes et les formes du langage commun, lui-même exigeant un mode de références communes, celui de nos sensations et de nos actions »[3].

Valéry a montré comment renoncer « à la philosophie éternitaire sans tomber (dans) l'irrationalisme ». Il ne s'en est pas tenu « à l'alternative du philosophe qui croit rejoindre par réflexion des significations pures et trébuche dans les malentendus accumulés par

1. CARNAP (R.), *Revue Internationale de philosophie*, « Empiricism, Semantic and Ontology », 1950.

2. XIV, 240.

3. GERARD (R.), *Les chemins de la connaissance*, préface rédigée par P.Valéry, P.U.F., 1944.

l'histoire des mots»[1]. L'essence de la langue ne s'épuise pas dans la signification, elle ne se borne pas à la sémantique. Si «l'intelligibilité du réel est très limitée, (en revanche), l'intelligibilité du verbal est illimitée»[2]. Le sens vient au monde par l'homme et l'exercice double de la poésie et de la mathématique.

Le retour à la parole du rhapsode.

> «Il faut que ceux qui enquêtent bien sur beaucoup de choses soient des hommes amis de la sagesse»[3].
>
> «On se moque de toi qui a essayé de faire la synthèse de la poésie. On a raison, mais tu n'as pas tort»[4].

Dans un cours prononcé en 1935, Heidegger remarquait que «la question de l'être de l'homme est maintenant déterminée uniquement, quant à sa direction et à sa portée, par la question vers l'être (...). L'homme est le là, qui est un lui-même latence. En ce là, et vers lui, l'étant se tient et devient œuvre»[5]. Deux ans auparavant, Valéry constatait, lui aussi, «qu'en matière de philosophie, d'esthétique, d'histoire, (...) il n'y a pas de choses, de notions, de vrais invariants. Il n'y a que de l'homme, du quelqu'un – puisque tout est dans le langage –. La poésie absolue recherche à l'extrême de cette égoïté, une sorte d'objectivité»[6], anticipant, ainsi, la notion de supériorité du poète par rapport à celle de l'homme de science dont parlait Heidegger, «supériorité en vertu de laquelle le poète parle toujours comme si l'étant était pour la première fois exprimé et interpellé»[7].

Il convient donc de situer la philosophie, connaissance anti-fonctionnelle par définition, dans le domaine de la poésie et de faire de la philosophie une pensée poétique[8]. En effet, le poète ne propose pas une

1. MERLEAU-PONTY (M.), *La prose du monde*, op. cit., p. 33.
2. XXVIII, 349.
3. Héraclite d'Ephèse, cité par G. Legrand in *Les présocratiques*, Bordas, 1970, p. 70, d'après Diels, B 35.
4. XIII, 236.
5. HEIDEGGER (M.), *Introduction à la métaphysique*, trad. G. Kahn, op.cit., p. 208.
6. XVI, 263.
7. HEIDEGGER (M.), Ibid.
8. Heidegger a montré la similitude entre la poésie et le penser philosophique (op. cit., p. 38.). En effet, «seule la poésie est du même ordre que la philosophie et le penser philosophique (...). Dans la création poétique du poète, comme dans le penser du penseur, de si grands espaces se trouvent ménagés que, y étant placée,

pensée mais un objet, c'est-à-dire, comme l'a écrit Ponge, « que même à la pensée il doit faire prendre une pose d'objet »[1]. La poésie et la philosophie créent une chose. Elles la font exister en la dotant d'un caractère inhabituel. D'ailleurs, « tous les arts ont pour caractère commun de saisir la Poésie (...). Qu'est-ce que cette Poésie ? C'est un état d'attente – résonance – chantant. Etat dans lequel les choses touchent directement les trésors de l'énergie centrale, et l'énergie éveille les choses – Etat de dissociation, et monde de cet état »[2].

Valéry, en réfléchissant à l'acte d'écrire, démontre que l'œuvre d'un poète, d'un philosophe ou d'un romancier, est toujours portée par quelques idées philosophiques. La fonction du signe, en général, n'est pas de thématiser ces idées, elle est de les faire exister devant nous à la manière des choses. A tel point qu'à sa tentation de formaliser la pensée, et à sa tendance spontanément néopositiviste, répond une *ontalité corporelle*. La poésie et la pensée ne trouvent leurs moyens d'expression que parce qu'une représentation quelconque n'appartient jamais à un système donné. Ainsi, « tout ce qui est visible et imaginable est par là même tout autre qu'uniforme. D'où s'ensuit que le meilleur moyen de peindre quelque chose est de restituer ce en quoi elle est multiforme, cette multiplicité fondamentale d'un objet qui admet tant d'interprétations, de réponses, d''hommes' réciproques chacun à elle »[3].

Néanmoins, l'existence de la chose ne se déploie que dans une forme, signe du travail achevé. Alors, la technique est résorbée par l'exécution. « Construire un poème qui ne contienne que poésie est impossible. Si une pièce ne contient que poésie, elle n'est pas construite ; elle n'est pas poème »[4].

Dans les *Cahiers*, Valéry, à propos de l'art du poète, tente de décrire les opérations qui transforment des données – soit la matière, le sujet –, en objet sollicitant un autrui imaginé par l'auteur. Il a analysé l'œuvre comme « portion d'acte »[5], la formation de la chose plus que

chaque chose particulière – un arbre, une montagne, une maison, un cri d'oiseau – perd totalement son caractère indifférent et habituel ».

1. PONGE (F.), *Proêmes*, op. cit., « Natare Piscem Doces », p. 130.
2. IX, 802.
3. VI, 147.
4. *Œ. II*, *Tel Quel*, *Rhétorique*, p. 552.
5. XVII, 859.

la chose. L'objet artistique est un « excrément précieux »[1], les œuvres s'apparentent à des résidus d'actes. Seul importe l'acte formateur [2].

Ainsi, le processus de production devient processus de réflexion et légitime la pensée sur l'art. « Le point de vue de l'artificiel en art est le supérieur. Parce que, malgré des erreurs, il (provient) de l'homme et nécessite l'approfondissement de la connaissance rigoureuse des pouvoirs humains (...). (Il faut) négliger ce que l'artiste a cru vouloir ou peindre, pour ne saisir que les moyens mis en œuvre »[3]. Ceux-ci s'obtiennent par analyse des actes, du faire.

Le problème de la forme.

> « La forme n'est qu'une vue de l'esprit, une spéculation sur l'étendue réduite à l'intelligibilité géométrique, tant qu'elle ne vit pas dans la matière »[4].
>
> « Forme. Formes (...).Tout est là »[5].

Lorsque Valéry écrivait, « la philosophie est une affaire de forme. C'est le plus subtil des problèmes d'artifice ou artistique. Recherche de l'expression la plus sure et la plus générale »[6], il annonçait l'un des débats de la modernité.

Dans une lettre adressée à Paul Souday[7], il cerne l'objet de sa recherche : « j'aurais essayé de faire voir que la pensée pure et la recherche de la vérité en soi ne peuvent jamais aspirer qu'à la découverte ou à la construction de quelque forme. Je n'oppose pas tout philosophe à l'artiste, mais seulement j'oppose à celui-ci le philosophe qui ne parvient pas à cette forme finie ou qui ne doute pas qu'elle seule peut être l'objet d'une recherche rationnelle et consciente ».

En posant le problème de la forme, Valéry posait celui du style, et mettait en évidence la question du fondement, ainsi que de l'organisation interne du travail intellectuel. Il pensait que « la valeur de la substance d'un discours rend la forme périssable (...), doit la rendre

1. *Œ. II, Tel Quel, Autres Rhumbs,* p. 674.
2. VI, 18.
3. III, 4.
4. FOCILLON (H.), *La vie des formes*, P.U.F., 1982, p. 50.
5. XX, 771.
6. III, 568.
7. *Œ. II, Notes, Dialogues,* p. 1401. Cf. également, « La forme est le squelette des œuvres. Il est des œuvres qui n'en ont point – (...) mais celles qui avaient un squelette durent bien plus », *Œ. II, Tel Quel, Autres Rhumbs*, p. 679.

telle, (et qu'il y a) conflit»[1]. La forme est relative à l'individu, au groupe, à l'histoire.

D'ailleurs, toute œuvre humaine relève de la mise en forme, et n'est compréhensible pour le chercheur que si celui-ci s'efforce de dégager la forme de ce qu'elle organise. La philosophie, perçue comme «affaire de forme», conduit à séparer les facteurs de cette forme.

Valéry souhaite réduire la philosophie «à la recherche de la forme (ou des formes) qui conviendrait à l'expression ou à la représentation d'un seul tenant de toutes choses pour un individu donné»[2]. La vraie philosophie, «c'est-à-dire, utilisée et appliquée –vérifiée»[3], «non-déclarée», «n'est jamais dans les écrits des philosophes. On la sent dans toutes les œuvres humaines qui n'ont pas trait à la philosophie. Elle paraît dans l'union de l'homme et de tout sujet ou but particulier. Elle disparaît dès que l'homme veut la poursuivre»[4].

La prise de position valéryenne ouvre la voie à une philosophie de la réflexion et de l'action, et non plus de la contemplation. Elle émerge du problème de l'interprétation, et ouvre une fenêtre sur la «séméiologie du discours (sic), (qui) serait une branche importante de la parole et de la critique des écrits»[5].

La philosophie est donc recherche plutôt que possession, éternel re-lancement. Cet «effort absurde»[6] alimente la pensée valéryenne. En effet, «une seule chose importe – celle qui se dérobe, infiniment, indéfiniment à l'analyse – et c'est pourquoi il faut faire des analyses, et de plus en plus fines, serrées, subtiles, précises – insupportables»[7].

On peut se demander, devant cette quête absurde, pourquoi le philosophe écrit. Si le philosophe écrit, c'est «pour dire son contact avec l'être; il ne l'a pas dit et ne saurait le dire, puisque c'est du silence, alors il recommence»[8]. Pour Valéry, également, la philosophie est

1. XXIX, 564.
2. VIII, 455, 456.
3. V, 812.
4. II, 85.
5. VIII, 891.
6. MERLEAU-PONTY (M.), *Le visible et l'invisible*, Gallimard, 1979, p. 166.
7. V, 10. Valéry, qui ne voulait pas être l'homme d'une spécialité, acceptait cependant d'être reconnu comme chercheur. Ainsi, en 1924, il félicite l'un de ses exégètes, René Fernandat, de s'en être rendu compte: «vous avez parfaitement compris que je ne suis que recherche», cité par J. Hytier, *La poétique de Valéry*, A. Colin, 1953, p.18.
8. MERLEAU-PONTY (M.), ibid, p. 166. Dans le *Cahier* VIII, 34, cf. le projet valéryen d'une métaphysique de l'homme: «Comment représenter l'être? Il

« l'obstination de la pensée à revenir vers »[1], dans un espace de silence auquel répond la beauté de l'œuvre. Paradoxe irréversible, selon le mot d'Alain, car « tout est dit (...) rien n'est compris »[2].

Cette obstination de la pensée doit être productrice, créatrice et descriptive. D'ailleurs, à propos du contenu de ses Cahiers, Valéry remarque qu'il n'écrit pas ses opinions mais ses formations, tout en s'interrogeant sur leur finalité[3].

En pensant en termes de création et de construction, il s'éloigne momentanément de la « surréalité poétique » dont parle Saint-John Perse, pour qui le poète, par opposition au penseur scientifique, « relève le métaphysicien, lorsque les philosophes eux-mêmes désertent le seuil de la métaphysique »[4].

En dernière instance, il est possible d'affirmer, avec Sartre, que « le style d'un auteur est directement lié à une conception du monde : la structure des phrases, des paragraphes, l'usage et la place du substantif, du verbe ». D'ailleurs, celui-ci poursuit sa réflexion en termes valéryens lorsqu'il écrit qu'il « est aussi absurde de réduire la signification d'un objet à la pure matérialité inerte de cet objet lui-même que de vouloir déduire le droit du fait. Le sens et la valeur ne peuvent se saisir qu'en perspective par le mouvement qui réalise les possibles en dévoilant le donné »[5]. La construction de la forme précède la création, elle est elle-même une œuvre[6].

Souriau[7] a, lui aussi, été tenté par cette même recherche. Il a poursuivi, dans l'accompagnement et l'achèvement de la philosophie, une certaine forme. Par « œuvre philosophique », il n'entend pas exécution verbale de la pensée, mais accomplissement interne, édification, ou instauration de cette pensée.

faut d'abord fixer un but – ce but – représenter ce qui est, ce qui peut-être, construire un système d'images fonctionnelles. Et ici l'observation même est, d'abord, une réaction à la chose observée. Il faut rendre l'observateur présent ».

1. XVI, 479.

2. ALAIN, *Propos sur l'esthétique*, « Mnémosyne », P.U.F., 1949, p. 24.

3. V, 753 : « j'écris ce qui conduit où ? »

4. SAINT-JOHN PERSE (A.), *Amers*, Allocution au banquet Nobel du 10 décembre 1960, Poésie-Gallimard, 1981, p. 243.

5. SARTRE (J.-P.), *Questions de méthode*, « La méthode progressive-régressive », Gallimard, 1973, p. 196.

6. Cf. XI, 898 : « les belles œuvres sont filles de leur forme – qui naît avant elles ».

7. Cf. par exemple *Pensée vivante et perfection formelle*, 1925 ; *L'avenir de l'esthétique*, 1929 ; *L'instauration philosophique*, 1939.

Toutes ces définitions relèvent de la même inspiration. C'est l'homme, en dernière analyse, qui est porteur du sens. L'homme construit des signes parce qu'il est signifiant dans sa réalité même, et il est signifiant parce qu'il dépasse dialectiquement le donné.

Valéry, « ennemi » déclaré des philosophes [1], et de leur utilisation du langage, a justifié la philosophie face à la critique qu'il lui adressait. En écrivant pour « résoudre une nébuleuse interne » [2], il a laissé une œuvre de sage.

La philosophie de Valéry est une possibilité de l'homme fini, puisque « c'est l'homme qui sécrète et possède le possible » [3], à laquelle répond le besoin de création d'un signe « qui devant tout ce qui paraît, se placerait, lui imposant la seule valeur de possible » [4], mais aussi qui serait un ensemble de questions « car l'homme n'est que questions » [5]. Ainsi, cette philosophie apporte la clarté sur le difficile compromis humain. Elle permet à l'homme de se comprendre et de se concevoir, puis de comprendre et de concevoir toutes les choses de l'univers. En effet, « nous n'avons pas à expliquer l'univers mais à l'exploiter – voilà le vrai chemin – le transformer, c'est le comprendre – car comprendre, c'est transformer » [6], tout est « subordonné au faire » [7].

La philosophie telle que l'a vécue Valéry, est celle d'une pensée devenue moyen et non plus fin, la « puissance d'action (...) domine » [8]. Elle génère « un instrument de pensée et non un but – une adaptation raisonnée – raccourcie » [9]. Dans la mesure où toute œuvre requiert la pensée pour être vécue dans sa totalité, elle fait appel à la philosophie, qui n'est, peut-être, rien d'autre que la pensée impossible à freiner.

L'introspection valéryenne relève bien de celle du philosophe, du danseur de l'imagination, qui célèbre, dans ses Cahiers, les noces de la création et de la science moderne, dans un hédonisme voué à l'intellect.

1. Son attitude anti-philosophique est elle-même une philosophie. Cf. l'article de F. Miomandre in *Cahiers du Sud*, op. cit. : « J'ai compris devant ce monsieur méridional ce que pouvaient être les philosophes grecs (...). Il nous parlait de Degas et de Zénon (...). Il nous parlait de Joséphine Baker et de Parménide, il nous parlait de Descartes ».

2. XI, 356.

3. III, 92.

4. XXIII, 208.

5. XII, 775.

6. IX, 523.

7. XIII, 783.

8. XVII, 415.

9. V, 33.

En réfléchissant à l'art poétique, Valéry a trouvé l'essentiel, soit « la liaison de l'ensemble avec le détail »[1], et soulevé aussi le problème de la mobilité et du changement, pour lequel il est nécessaire de « se faire une notion précise (...). Il s'agit de caractériser ses propriétés (...). Elles résultent de l'expérience »[2].

Le jeu de la pensée, ainsi scrutée, indique une direction nouvelle. Celle-ci ne peut que se frayer un chemin entre l'impensé et l'impensable. Explorant toutes les logiques et les systématisant dans l'activité ludique d'une combinatoire universelle et problématique, la tentative du penser consiste à dégager un chemin qui conduit, par la méditation, au-delà de la logique, pour en suivre une nouvelle. « La pensée ne peut être et se développer que dans les interstices, lacunes des systèmes, des réponses exactes »[3]. C'est, aussi, la quête de Gladiator[4]; de la pensée éduquée, de la pensée « sobre »[5]; le signe que toutes nos idées sont métaphoriques, s'il est vrai que « la première pensée fut l'art, et la première réflexion sur l'art fut religion, et la réflexion sur la religion fut philosophie, et la science réflexion sur la philosophie même »[6].

Alors, l'œuvre de l'homme « est un accroissement du monde sensible obtenu à ses dépens – ou plutôt (le monde sensible) est une source pratiquement infinie de sujets et de matière »[7].

La pensée esthétique de Valéry est transcendante, extrapolante, par rapport à la pensée analytique et syllogistique. Elle est sélective, remplacement du savoir par le pouvoir; transcendance sans altérité si ce

1. *Œ. II, Pièces sur l'art, Histoire d'Amphion*, p. 1279.

2. *Œ. II, Notes, Mauvaises pensées et autres*, p. 1459.

3. XVII, 128.

4. Dans les *Cahiers*, Gladiator est l'une des figures éponyme de Valéry. Cf. par exemple, « Gladiator parle : 'mon sentiment fut de n'être pas semblable. N'être pas poète, écrivain, philosophe, selon ces notions ; mais si je le devais être, plutôt contr'elles'... », (XIII, 307).

5. HEIDEGGER (M.), *Questions IV*, « La fin de la philosophie ou le tournant », trad. J. Beaufret, Gallimard, 1976, p. 138 : « peut-être est-il une pensée plus sobre que le déferlement irrépressible de la rationalisation et l'emportement qu'est la cybernétique. C'est plutôt cet emportement qui pourrait bien être le comble de l'irrationnel (...). Tous, autant que nous sommes, nous avons besoin de savoir ce que peut bien vouloir dire dans le domaine de la pensée, éducation ou non ».

6. ALAIN, *Propos sur l'esthétique*, op. cit., p. 113.

7. XIII, 520. Cf. également *Œ. I, Variété, Descartes*, p.792 : « la métaphore est une production naturelle de l'esprit – capital est son rôle même dans tout progrès scientifique ». Il est nécessaire de rendre, comme l'écrit, Bachelard : « toute métaphore à son être de surface, la faire remonter de l'habitude d'expression à l'actualité d'expression », *La poétique de l'espace*, « Dialectique du dedans et du dehors », P. U. F., 1957, p. 199.

n'est celle de l'homme. D'ailleurs, « comment a-t-on pu penser qu'à force de penser, la pensée parviendrait à autre chose qu'à elle-même ? »[1]

Il faut dire, comme l'a fait Sartre, « que l'idée d'homme, si jamais elle prend un sens positif, ne sera qu'en conjoncture visant à établir des connexions entre des matériaux disparates et qui ne tirera sa vraisemblance que de sa réussite. Pierce définissait l'hypothèse : la somme des résultats expérimentaux qu'elle permet de prévoir. (...) L'idée d'homme ne pourra être que la somme des faits constatés qu'elle permet d'unir »[2].

Ainsi, Valéry est bien le philosophe de notre modernité. Il appartient au petit nombre de ceux qui transforment en créant, qui opèrent des transmutations.

1. XXIV, 593.

2. SARTRE (J.-P.), *Esquisse d'une théorie des émotions*, Hermann, 1963, p. 19.

CHAPITRE IV

DES DÉFINITIONS DU MOT CORPS À SON EXPÉRIMENTATION : L'ONTALITÉ CORPORELLE

> « C'est le temple qui, par son instance, donne aux choses leur visage, et aux hommes la vue sur eux-mêmes »[1].
>
> « La vie est pour chacun l'acte de son corps »[2].

A partir des définitions que Valéry donne du corps, il met en évidence un esprit qui s'est fait chair et qui en retrace l'itinéraire.

Ce parcours est plastique, dans la mesure où l'enveloppe corporelle est appréhendée en tant qu'effort infra-charnel. C'est cette même dimension que l'on retrouvera, sous forme intellectualisée, dans l'édifice.

Du corps concret au corps abstrait.

Valéry réfléchit à la signification du mot corps, et remarque que « le nom répond dans l'usage à plusieurs besoins d'expression très différents »[3]. La référence à l'architecture, qui s'accomplit métaphoriquement par l'entremise de Narcisse[4], se prolonge et se supplémente dans l'*Œuvre,* par celle d'instrument[5] puis de nombre[6].

Dans l'*Œuvre* et les *Cahiers*, il précise les modes d'être du corps concret, soit le sentiment de la présence charnelle par le jeu de la conscience, ainsi que ceux du corps abstrait qui symbolise la conscience

1. HEIDEGGER (M.), *Chemins qui ne mènent nulle part*, « L'origine de l'œuvre d'art », trad. W. Brokmeier, Gallimard, 1980, p. 45.
2. VIII, 543.
3. *Œ. I*, *Variété, Réflexions simples sur le corps,* p. 928.
4. « Mon cher corps, temple qui me sépare de ma divinité ! », *Œ. I*, *Poésies, Fragments du Narcisse,* p. 129.
5. *Œ. II*, *Dialogues, Eupalinos*, p. 98.
6. Ibid.

raisonnante. Celle-ci se déploie dans l'espace et le temps par la ruse du calcul. Le corps renoue avec ses lois réfléchies sur la chose, exprimant ainsi, dans un premier temps, la puissance humaine par l'immobile.

Aux images elliptiques des poèmes valéryens, correspondent dans l'*Œuvre* en prose et les *Cahiers*, de multiples acceptions à donner au mot corps. Dans les *Etudes philosophiques*[1], Valéry définit trois degrés auxquels il se tiendra dans les *Cahiers*[2]. La première définition révèle le corps en tant que masse charnelle, potentialité physiologique pure, « Mon-corps ». Ce corps n'est ni objet, ni phénomène, il est perçu immédiatement. « Ce n'est pas une image simple mais ma présence complexe mêlée de puissance (...) en somme l'invariant principal »[3].

La seconde définition dévoile un « corps-mondain et objet » ou « second corps », « C2 », qui s'expérimente par le jeu spéculaire et social. Corps dont les beaux-arts utilisent les formes[4].

Alors que pour « Mon-corps » et le « second-corps », les déterminations font appel à l'expérience intime, la troisième définition sollicite l'esprit et sa capacité abstractive. Le pouvoir de l'esprit se fait corps et se construit par auto-dation. Dans ce magma se cache « la matière et l'énergie de notre pensée (qui se constituent) par un système mémoire-attente »[5]. Il contient « la puissance cachée qui fait toutes les fables » au moyen « des nombres et des rapports de nombres »[6].

Cette force, notée « C3 », joue le rôle mathématique d'une inconnue[7]. Cependant, elle peut s'analyser. En faire l'économie, conduirait au chaos, à l'inconsistance totale, au désordre. Cette puissance représente « ce qui assume dans la connaissance les fonctions de conservation continue »[8]. C'est le « corps de l'esprit »[9], le corps-vrai, « c'est-à-dire non le corps visible et imaginable, l'anatomique, mais l'intime travail de fonctionnement qui est véritablement notre corps, notre facteur »[10].

1. *Œ. I, Variété, Réflexions simples sur le corps,* p. 926 sq.
2. Pour la commodité de manipulation du mot devenu notion, et pour lui donner un caractère de symbole mathématique, il désigne « corps » par la lettre C.
3. XXIV, 637.
4. *Œ. I*, ibid. p. 928.
5. VIII, 402.
6. *Œ. II, Dialogues, Eupalinos*, p. 105.
7. XXIV, 495.
8. XII, 511.
9. VIII 402.
10. VIII, 497. Cf. une variante de cette définition donnée par Valéry in *Cahiers du Sud,* op. cit., « Parmi quelques souvenirs », p. 106. « En troisième lieu, il y a le corps que vous connaissez, vous médecins, et que nous ne connaissons pas, que vous pénétrez avec vos instruments (...), cette sorte

Ces définitions seront augmentées d'une supplémentaire qui fluctuera avec les options intellectuelles de Valéry. Cette quatrième définition prendra, parfois, une valeur scientifique, d'autres fois, métaphysique[1].

Dans *le Portrait de monsieur Teste,* il n'hésite pas à franchir le pas : « au bout de l'esprit le corps – mais au bout du corps, l'esprit (...). Dieu n'est pas loin. Il est ce qu'il y a de plus près[2]». Pourtant, cette nouvelle définition porte en elle sa propre limite, puisque ce corps est « l'inconnaissable objet dont la connaissance résoudrait d'un seul coup tous ces problèmes, car ils l'impliquent »[3].

Plus tard, dans une conférence prononcée en 1944, devant un auditoire de jeunes médecins, il n'hésitera pas à doter « C4 » d'éléments qui sont « les électrons, les protons... »[4], il proposera à cette même assistance de « joindre entre elles les diverses conceptions du mot corps (afin d'établir) une représentation totale du corps dans l'état actuel de nos connaissances »[5].

Le *corps concret*, à la fois chose et savoir de soi ; le *corps-abstrait,* synthèse des informations fournies par l'expérience à l'intellect, qui range et classe les données ; le *corps-métaphysique*, devenu sur le tard une connaissance tangible, représentent, bien sûr, autant de degrés d'approximation d'un mot devenu notionnel.

Valéry constate que « l'homme semble construire son corps libre à l'image de son corps végétatif »[6], et qu'il s'agit, peut-être, d'un problème « de métaphysique biologique »[7]. C'est aussi en venir à postuler l'existence d'un corps universel, qui contiendrait l'être biologique. Si le corps accomplissait le possible qu'il porte en lui, l'esprit disparaîtrait, car celui-ci est une réponse engendrée par l'incapacité du corps face au monde. Ainsi, Valéry dresse l'architectonique de la pensée à partir de « principes réformés de la perception ». Toutes ces déterminations se résorbent et se résolvent avec celles du corps-constructeur, seul producteur de sens.

d'éponges, de vases, de tubes, de parties dures qui constituent l'anatomie interne de l'homme ».

1. *Œ. I*, ibid. p. 931.
2. *Œ. II, Monsieur Teste, Pour un Portrait de Monsieur Teste*, p. 65.
3. XII, 866.
4. *Cahiers du Sud*, op. cit., p. 106.
5. Ibid.
6. III, 341.
7. XXIX, 50, 51.

La plastique corporelle ou « l'uniforme peau ».

> « Mon corps finit toujours finalement toute comédie. Toute comédie finit par le retour de mon corps sur le théâtre » [1].

Si, en 1916, Valéry note que son premier amour « fut l'architecture », et avoue s'en être défait « pour aimer l'organique » [2], cette désaffection fut ponctuelle. Elle était en fait la manifestation d'une nouvelle exigence de rigueur, pour servir à « aller plus loin » et trouver, peut-être, « les plans d'architecture (de) l'organisme » dont parle Jacob [3]. D'ailleurs, il réaffirmera constamment son attrait pour « l'Art des Arts » [4].

« L'homme n'est homme qu'à sa surface » [5]. Valéry a désiré enquêter « sous la peau », là où « commencent les machines », dans cette substance inexplicable, étrangère à tout ce qui est connu, et qui est « pourtant essentielle » [6]. Ce désir d'approfondissement va le conduire à interroger en priorité la « surface sensible », pour y déceler, ou du moins tenter d'y déceler, les signes qui engendrent l'activité symbolique.

« La profondeur de l'homme c'est la peau », est une formule valéryenne, qui sera reprise plus tard par Deleuze [7]. Ce dernier constate, abondant ainsi dans le sens de Valéry, qu'il se peut que la conquête des surfaces soit le plus grand effort de la vie psychique. La peau, en tant que surface de contact, est plus que le nécessaire point de jonction d'avec soi et d'avec le monde. C'est une des parties de l'espace réel « qui possède des qualités motrices grâce aux épithéliums qui la continuent » [8].

Par la peau, le corps se dessine dans l'espace, en même temps qu'il fait exister une portion de cet espace. Dans ce rapport de contact surgit

1. III, 855.

2. V, 917. Valéry aimait l'architecture « des édifices terrestres » comme celle des vaisseaux.

3. JACOB (F.), *La logique du vivant*, Gallimard, 1983, p. 10.

4. *Leçons sur l'architecture*, manuscrit inédit, 1943-1944, fonds P. Valéry, Bibliothèque Nationale.

5. Cf. par exemple, ce que Valéry écrit à propos de Léonard de Vinci : « il fait jouer et se tirer jusqu'à tout dire, le masque où se confondent une architecture complexe et des moteurs distincts sous l'uniforme peau », *Œ. I*, *Variété*, *Introduction à la méthode de Léonard de Vinci*, p. 1179.

6. IV, 401.

7. DELEUZE (G.), *La logique du sens*, Minuit, 1982, p. 20. La formule valéryenne est extraite de l'*Idée fixe* (*Œ. II*, p. 215).

8. XV, 788.

une forme, celle du corps, qui se dévoile dans l'expérience de la résistance au milieu naturel. Autant de « conditions de la présence, considérée comme une forme qui doit être remplie » [1].

A contrario, Camus, dans *Le vent à Djemila* [2], décrit cette expérience par la destruction. C'est seulement lorsque les éléments naturels ont détérioré sa peau jusqu'à ce qu'elle ne lui apparaisse plus sienne, que l'auteur perçoit, dans ce cas extrême, l'importance de « cette surface » qui « déchiffrait auparavant l'écriture du monde » [3].

Selon Valéry, la conscience d'exister se manifeste dans l'épreuve de la résistance au milieu naturel. Elle produit un ordre, lui-même issu d'un désordre qui se superpose, et s'oppose, au désordre intrinsèque des choses. Dans ce cas, « la nature pensante est une sorte de révolte contre la nature physique. Puisque tandis que celle-ci impose la dissipation, la diffusion – le désordre – l'autre tend au contraire. Elle a donc besoin de quelque désordre pour exercer sa fonction » [4].

L'union de la pensée et du corps produit une volonté sensible, amalgame vital qui est avant tout un appareil de transformations d'un certain milieu. Le milieu est modifié par lui, et il est modifié par le milieu. Le monde agit par les sens « sous forme de plaisir – douleur – corps. Dans les deux cas résistances » [5]. La surface sensitive et réflexogène du corps se construit par l'expérience interno-externe.

L'uniforme peau ne délimite pas seulement le contour du corps. Elle est, en quelque sorte, l'extériorité de la vie des profondeurs, sa dimension plastique.

Valéry et Camus, chacun à sa façon, ont saisi l'importance pour la connaissance, de l'enveloppe corporelle. Pour Camus, l'adhérence entre la nature et l'homme réduit ce dernier à se sentir chose en s'identifiant avec la matière inanimée. Alors que, pour Valéry, le contact avec le milieu rend chose le corps, et simultanément, le dote d'une existence plastique. Le monde extérieur est le nécessaire « interrupteur », « l'agitateur », mais, également ce qui « dérange » de la vie organique interne [6]. Il mesure, négativement, l'avènement de la conscience corporelle.

1. XXIII, 338.
2. CAMUS (A.), *Noces*, op. cit., p. 25.
3. Ibid.
4. XV, 569.
5. XIV, 407.
6. XV, 569.

Kafka, dans *La colonie pénitentiaire*, a lui aussi souligné « la profondeur de la surface », avec la description de la terrible machine à torturer, qui écrit et grave sur le corps du condamné la sentence, mortelle et irréversible[1].

Par ailleurs, il existe un certain nombre d'activités contemporaines, qui semblent confirmer cette dimension plastique du corps.

Dans le domaine pictural, les *Anthropométries* d'Yves Klein, surtout à partir des années 1960, seront autant de tentatives qui valideront la pensée valéryenne, en démontrant, comme l'a dit Heidegger au cours de l'un de ses séminaires, que si la proposition : « la limite du corps est la peau » constitue presque un truisme, c'est bien à propos de cette constatation, en recherchant la limite du *Leib*[2], que la difficulté commence, car c'est là que s'enracine la perception.

Si la profondeur désigne, dans notre langage usuel, l'étendue d'une chose considérée à partir de sa surface, Valéry inverse le mouvement. Il nous apprend à reconsidérer la profondeur autant que la surface. Il nous faut « réapprendre » le fonctionnement de notre corps, pour comprendre comment, dans les faits de la culture, on oscille de la confusion organique à l'unité de la pensée, c'est-à-dire de ce qui se sait et se tait, malgré son tumulte, à ce qui peut se dire et s'écrire. Car « ce corps et cet esprit (...), cette présence invinciblement actuelle et cette absence créatrice qui se disputent l'être, et qu'il faut enfin composer (...), il faut à présent qu'ils s'unissent dans une construction bien ordonnée »[3].

L'expérience phénoménique du corps.

> « Si l'homme était pur esprit, – il n'y aurait ni surprise, ni les importances diverses des choses, ni ces tâtonnements et ces troubles qui rendent sensibles les travaux qui font la pensée, lui donnent un corps, un temps pour être, un temps où elle n'est pas et un où elle est. Et que serait telle pensée, si elle n'avait une gorge à serrer, des glandes à tarir, une tête à enflammer, un souffle à comprimer »[4].

Valéry poursuit, selon le modèle biranien, la critique de Descartes. Le corps et l'esprit n'entretiennent plus de relation antagoniste, et « il

1. KAFKA (F.), *La colonie pénitentiaire*, trad. A. Vialatte, Gallimard, 1984, pp. 16 et 17.
2. HEIDEGGER (M.), *Questions IV*, Gallimard, 1968, p. 254.
3. *Œ. II*, *Dialogues*, *Eupalinos*, p. 100.
4. IV, 675.

est étrange que le corps ne joue pas un rôle dans les philosophies connues, ou n'y joue qu'un rôle effacé, ou honteux, ou dissimulé (...). La vie est pour chacun l'acte de son corps »[1].

L'expérience charnelle n'est pas illusoire. D'ailleurs, « tout système philosophique où le corps de l'homme ne joue pas un rôle fondamental est inepte, inapte »[2]. C'est parce que « je me pense (que) je suis »[3] et non l'inverse, comme l'a soutenu Descartes. La sensation interne du corps permet la déduction de son existence, « on le sent, donc il existe »[4]. Valéry réinterprète le cogito cartésien en mettant en évidence le fondement objectal et existentiel du corps. En effet, « je ne peux être et penser simultanément, je pense donc je ne suis pas. Je me distingue de tout ce qui est »[5], « je frappe le sol du pied pour me confirmer dans ce réel »[6].

L'analyse valéryenne de la conscience interne est proche de celle effectuée par Maine de Biran, pour lequel Descartes assimile, sous une même forme logique et sous un seul signe, *je*, pris tour à tour dans deux valeurs différentes : d'une part, la notion de cause efficiente – dont le modèle est le *Moi* – et d'autre part une notion quasi mystique de cause créatrice de substance. Valéry réhabilite le *corps charnel* en le faisant l'origine du *corps abstrait*, par contraste avec le dualisme cartésien. Cette description de l'être au monde est pré-phénoménale, dans la mesure où il accorde une large place au corps vécu, au corps propre, au corps en première personne.

Néanmoins, au-delà de la dichotomie sujet/objet, est-il possible de retrouver l'expérience brute et concrète qui donne sens aux abstractions intellectuelles et permet d'en délimiter le jeu ? La sensation d'effort décrite par Maine de Biran[7] n'a pas d'existence réelle, car la main révèle la résistance des objets, leur dureté, leur mollesse, non elle-même. En réfléchissant, on ne peut que rencontrer des faits de conscience et non une expérience immédiate.

Or, le toucher est l'un des moyens qui va conduire le sujet à l'expérience immédiate des choses : « ce qu'il y a de plus présent dans la présence, c'est ceci : je touche (...). Ma main se sent touchée aussi bien

1. VIII, 543.
2. V, 554.
3. II, 184.
4. VIII, 501.
5. IX, 433.
6. IV, 508.
7. Cf. ROMEYER-DHERBEY (G.), *Maine de Biran*, (choix de textes), « Origine de la connaissance que nous avons de notre propre corps », Seghers, 1974, pp. 171 à 182,

qu'elle touche. Réel veut dire cela. Et rien de plus»[1]. En reprenant contact, empiriquement, avec le corps, «c'est aussi nous-même que nous allons retrouver» comme l'a souligné Merleau-Ponty, «puisque si l'on perçoit avec son corps, le corps est un moi naturel et comme le sujet de la perception»[2]. Ainsi, le monde extérieur «ne s'impose jamais que par l'effet du corps ou de l'esprit»[3].

Ces philosophies, qui se veulent descriptives, retrouvent le corps au plus près du cogito, noué avec lui, et par lui initié au monde dans un sentiment de familiarité qui exclut le détour de la *Sixième méditation* cartésienne. En effet, le «je pense» se découvre en rapport immédiat avec un corps qui était toujours nécessairement *déjà là*, et pourtant ignoré. Car il s'agit d'autre chose que de cet amas d'organes qu'étudie le biologiste. Le corps, ainsi dévoilé, montre la couche primordiale où naissent les idées et les choses.

Merleau-Ponty, comme Valéry, a constaté l'adhérence de tout savoir à son origine charnelle. C'est la définition même « du corps humain de s'approprier dans une série indéfinie d'actes discontinus des noyaux significatifs qui dépassent et transfigurent ses pouvoirs naturels. Cet acte de transcendance se rencontre d'abord dans l'acquisition d'un comportement, puis dans la communication muette du geste»[4]. Le corps en *première personne*, semble bien près d'être investi, pour l'un comme pour l'autre, de pouvoirs traditionnellement reconnus à la conscience pure, puisque «le corps auquel nous confions la synthèse du monde n'est pas un pur donné, une chose passivement reçue»[5].

Par conséquent, le corps détermine les réseaux modulaires qui s'imposent à la conscience. L'un et l'autre renouent avec l'intuition centrale de la philosophie Renaissante, qui fut celle du corps étalon et centre de rayonnement. Toute construction s'effectue par le canal de l'épiderme. A tel point que Valéry conçoit l'esprit comme résultat. Il est «un moment de la réponse du corps au monde»[6]. Cependant, parfois le corps est séparé de la connaissance, d'autres fois il l'accompagne. «Tantôt l'un, tantôt l'autre domine – quelle est la loi de ces unions, de ces séparations, de ces substitutions ?»[7]. Le corps prend en charge la temporalisation de l'expérience, «dans chaque mouve-

1. *Œ. II*, *« Mon Faust »*, *Lust*, p. 323.
2. MERLEAU-PONTY (M.), *Phénoménologie de la perception*, Gallimard, 1976, p. 239.
3. XXV, 178.
4. MERLEAU-PONTY (M.), ibid., p. 226
5. MERLEAU-PONTY (M.), ibid., p. 276.
6. VIII, 153.
7. II, 869.

ment de fixation, mon corps noue ensemble un passé, un présent et un avenir, il sécrète du temps (...). Mon corps prend possession du temps, il fait exister un passé et un avenir par un présent, il n'est pas chose, il fait le temps au lieu de le subir»[1].

Valéry crée une *ontosophia charnelle*, en opérant un renversement entre conscience de soi et conscience du corps. D'ailleurs, il traduit en termes corporels, ce qui traditionnellement relève du domaine des fonctions strictement intellectuelles. En effet, «le corps est l'instrument de référence (...), l'étalon (...), mais aussi certitude et coordination»[2]. La subdivision Ame/Corps a été «une tentative de simplification – et cette tentative a parfaitement échoué»[3]. Le corps donne les valeurs fondamentales à la pensée, soit «son poids, ses conséquences, sa force et ses effets définitifs»[4].

Cependant, l'oscillation entre le domaine du concret et de l'abstrait engendre des difficultés. Par ailleurs, Valéry ne définit pas, vraiment, le premier terme de «l'exploitation»[5] du monde par le sujet. Est-ce la conscience que j'ai de mon corps ou mon corps en tant que conscience qui est premier? Car il n'existe pas de commencement. Celui-ci est une illusion, «les choses se présentent toujours comme déjà engagées – comme un livre ouvert au milieu – pas de commencement sinon artificiel»[6]. Dans cette permanence composée réside l'espace[7]. Le monde est là, le corps est là : il se produit d'abord un choc, puis un échange et une transformation entre le corps et le monde.

Puisqu'il existe un écart temporel, autant que spatial, entre la conscience subjective et l'objectivité corporelle, puisque la conscience de l'intériorité est nécessairement différée et indirecte, par quels moyens la conscience individuelle puis l'intersubjectivité s'organisent-elles?

Il semblerait que, l'une comme l'autre, soient engendrées par l'imbrication du corps subjectif avec le corps objectif, ou mieux encore, par l'équilibre qui se crée dans l'échange spatio-temporel.

Finalement, comme l'a écrit Sartre, c'est parce que «le monde est humain, que la profondeur de l'homme c'est le monde, (...) que la pro-

1. MERLEAU-PONTY (M.), ibid., p. 277.
2. IV, 139.
3. II, 852.
4. VIII, 591.
5. IX, 523.
6. VIII, 755.
7. VIII, 591.

fondeur vient au monde par l'homme»[1]. Il faut qu'à partir du corps se réveille «la sentinelle», qui se tient silencieusement sous nos actes et nos paroles. Il faut qu'avec «mon corps» se réveillent les «corps associés» dont parle Merleau-Ponty, «les autres»[2], «qui ne sont pas mes congénères, comme dit la zoologie, mais qui me hantent, que je hante, avec qui je hante un seul Etre actuel, présent, comme jamais animal n'a hanté ceux de son espèce, son territoire ou son milieu»[3]. Cette notion de «corps associés» n'est, ni pour Merleau-Ponty, ni pour Valéry, le signe d'une conscience qui serait disloquée sous les assauts de la maladie mentale ou de l'hallucination, mais bien sûr, le legs, par certains aspects, de la philosophie des idéologues.

L'incarnation du cogito, à laquelle conduit ce type de philosophie, contribue à réhabiliter l'expérience corporelle. Cependant, peut-on réduire la pensée à la sensation ? A-t-on affaire à l'expression d'un phénoménisme fondé sur une physiologie des sens ?

1. SARTRE (J.-P.), *Questions de méthode*, «La méthode progressive régressive», Gallimard, 1973, p. 202.

2. MERLEAU-PONTY (M.), *L'œil et l'esprit*, Gallimard, 1979, p. 13.

3. Ibid.

DEUXIÈME PARTIE

AU CREUX DES TURBULENCES : DE L'INDÉTERMINÉ AU DÉTERMINÉ

LES ARCANES DE LA CRÉATION

« Architecture (comme mon esprit s'y retrouve !). Prendre plusieurs unités de mesure – par exemple, l'unité verticale et une horizontale – et des unités dérivées (par les tranches de construction) et considérer aussi les éloignements – dont la sensation varie par bonds – unités angulaires – millièmes – où prendre ces unités ? mais c'est à méditer » [1].

« Je songe à la variété, aux intensités, à la versatilité de notre substance sensible, à ses infinies ressources virtuelles, à ses innombrables relais, par les jeux desquels elle se divise contre elle-même, se trompe elle-même, multiplie ses formes de désir ou de refus, se fait intelligence, langage, symbolismes, qu'elle développe et combine pour en composer d'étranges mondes abstraits » [2].

1. IX, 280.
2. *Œ. I, Variété, La tentation de (Saint) Flaubert*, p. 619.

Valéry recherche la structure commune aux sciences et à l'art. Cette démarche s'effectue par imbrication et non par juxtaposition de l'objet philosophico-littéraire[1].

En même temps que surgit une systématique, apparaît une nouvelle forme de réflexion qui s'apparente aux recherches sur l'intertextualité de nos dernières décennies. La métaphore architecturale sera d'une réelle importance dans l'archéologie de sa pensée. La plupart du temps, elle fournira des modèles, repensés à partir de la différenciation entre la structure et la forme. L'art de bâtir sert d'images et de modèle pour Valéry, qui rejoint ainsi les idées de Viollet-Le-Duc.

Pour l'un comme pour l'autre, l'architecture révèle un « art complet dans lequel la structure, les relations, rendues sensibles, de la matière, des formes et des forces, sont dominantes, reconnaissables de tous les points de l'espace, et introduisent en quelque sorte, dans la vision, (...) une présence du sentiment de la masse, de la puissance statique, de l'effort et des antagonismes musculaires qui nous identifient avec l'édifice, par une certaine conscience de notre corps tout entier »[2].

La volonté de connaître se transforme en volonté créatrice, en impératif catégorique[3], auquel le « que peut un homme »[4] de *monsieur Teste* fournit le premier principe, augmenté du faire[5]. Puis, « la marche (...) fait la route »[6].

Dans cette subjectivité *esthésique*, mise en œuvre par une méthode complexe, qui ne veut pas disparaître dans le tout, ni omettre le particulier, s'inaugure l'exercice originel des facultés représentatives et se répète l'emploi d'un pouvoir de créer, la vie n'étant au fond que possibilité[7]. Métaphysique de l'homme, puisque c'est l'homme qui sécrète et possède le possible[8].

1. Cf. V, 4 : « Mon objet philosophico-littéraire a été de montrer en jeu et à la fois, les divers ordres qui font la complexité de l'homme ».

2. VIOLLET-LE-DUC (E.), *L'architecture raisonnée*, (extraits), Hermann, 1978.

3. « Tu veux (...) et tu imposes à ton tracement cette loi extérieure : qu'il reproduise une forme donnée », *Œ. II*, *Dialogues*, *Eupalinos*, p. 108

4. De l'aveu de Valéry, cette question fut fondamentale, « c'était une bonne base pour application de forces », ibid., notes, p. 1519.

5. « Entre l'être et le connaître, le faire », (XVIII, 656).

6. V, 473.

7. Cf. *Œ. I*, *Variété*, *Discours en l'honneur de Gœthe*, p. 535.

8. III, 92.

CHAPITRE V

L'EXPÉRIENCE CONSTRUCTIVE

> « Il se trouve étrange, d'avoir un corps, du sang, un squelette – une substance. Si voisine – de quoi ? – et n'y penser que rarement – grossièrement – faussement (…). Il n'est donc pas fait pour se connaître directement »[1].

La transcription de l'expérience corporelle ne peut se faire qu'au détriment du vécu, par l'irruption de la conscience de soi qui agit comme une « sorte de lacune ou interruption dans un circuit »[2]. La conscience s'apparente au réflexe, elle crée la continuité dans le discontinu, sans pour autant assurer une fonction continue. Elle est, seulement, une réponse.

Par ailleurs, la connaissance spéculaire s'avère être un autre mode de capture de l'individuel, qui se complète, parfois, par la rencontre des Autres qui sont, pour Valéry, autant d'autres *Moi*. Finalement, la rencontre avec l'Autre, telle qu'elle se vit dans l'expérience du regard ou du toucher, le pose comme une dimension nécessaire de la construction de soi.

Des définitions à la transcription de l'expérience du corps, il n'y avait qu'un pas. Mais de l'expérience de celui-ci à la démonstration de la corporalité conçue comme modèle projeté sur l'édifice, il y avait un fossé. Il l'a franchi, en démontrant, *a contrario* de la pensée platonicienne et cartésienne, que le corps et l'esprit ne sont pas des entités séparées ni absolues, mais que, bien au contraire, ils forment un tout.

L'évidence sur laquelle Valéry enquête, se situe dans l'expérience du quotidien. Il s'agit de la présence du corps dans sa matérialité, solidaire non seulement de la conscience de son propre corps, mais aussi de celui des autres, et qui est pour lui, une réalité concrète confirmée par le monde réciproque des sens, puis du sens. Penser le

1. III, 205.
2. XII, 565.

« monde abstraction faite de l'homme est un non-sens »[1]. C'est dans la turbulence énergétique du corps, dans son espace et son temps contractés puis déployés, que se construisent « les rapports possibles de quelqu'un et de ce qui est »[2].

Valéry met en jeu une pensée dialectique qui recherche et sonde l'unité de la conscience, en supposant, pour celle-ci, la possibilité de viser le monde sur des modes différents. Cette recherche comporte des difficultés méthodologiques, inhérentes à sa nature même. Mais il en était conscient.

En effet, comment la connaissance paraît-elle indépendante du corps dans son fonctionnement ? Comment a-t-on pu s'y tromper et, d'autre part, « comment pour être connaissance, doit-elle cacher, masquer, non connaître, renier ce fonctionnement ? »[3]. Valéry reniera toute forme d'idéalisme intellectuel, la connaissance ne pouvant, en aucune façon, être considérée comme une fin, puisque « le but de la connaissance est de se représenter elle-même à elle-même »[4].

La conscience du soi.

Vers 1899, Valéry s'est intéressé au corps, selon une terminologie voisine de la philosophie empiriste et de celle des idéologues. En effet, la conscience du corps se définit par une excitation externe, celui-ci étant un objet qui se construit grâce aux sensations[5]. En 1922, il souligne l'importance du corporel vécu, en nommant les *Cahiers* le « journal de mon corps »[6], élaborant, ainsi, une ontologie de la subjectivité, une *philosophie du corps* dans laquelle « le corps des êtres est le système de référence de leurs actes et il est univers »[7].

1. VIII, 306.
2. XVI, 571.
3. VIII, 859.
4. II, 256.
5. I, 552.
6. IX, 29. On peut noter entre Maine de Biran et Valéry, la même nécessité interne à philosopher. Par exemple, dans son *Journal intime* (publié en novembre 1815, éd. La Valette) Maine de Biran, que Valéry stigmatisera par ailleurs dans ses *Cahiers*, fait part de considérations sur son caractère et surtout de considérations organiques qui l'enlèvent à lui-même. Francis Ponge, dans *Témoignages*, a également démontré l'imbrication permanente du vécu intra-personnel avec la pensée : « un corps a été mis au monde (...) présent sans cesse à désirer, une pensée que mon devoir serait de conduire au jour », *Proêmes*, op. cit., « Natare piscem doces », p. 114.
7. IX, 7.

D'ailleurs, à propos de *La Jeune Parque* et de *La Pythie*, il a eu le sentiment d'être « le seul poète qui (...) ait tenté de se tenir dans le souci de suivre le traitement physiologique de la conscience, le fonctionnement du corps en tant que perçu par le Moi, servant de basse-continue »[1]. Si cette constatation atteste de la mobilité des idées entre l'*Œuvre* et les *Cahiers*, elle est surtout la preuve que la pensée ne s'affranchit pas totalement de son origine et conserve, dans la structure de ses signes, le modèle du faire et du geste humain. « La base, le sol de nos pensées est (...) cet ensemble métrique corporel d'actes »[2], à tel point que « pour se faire une bonne idée du langage, il n'y a qu'un moyen, le geste »[3]. A la façon des idéologues, Valéry a montré comment la conscience est au service de l'adaptation biologique. Elle s'éveille chaque fois que surgit une difficulté. C'est elle, encore, qui donne consistance à la pensée. Elle résiste à la dissipation des idées[4].

Un mouvement double se dessine au creux de la turbulence sensorielle. Il fait surgir une notion fondamentale, qui, quoique tributaire de l'empirisme, semble annoncer celle de schématisme corporel[5]. En effet, Valéry a constaté que « deux doigts blessés, hors d'usage », s'ils entraînent, évidemment, « une diminution du groupe des actes », n'ont aucune incidence sur la pensée qui conserve une forme globale de ce « registre tactile-moteur »[6]. La conscience possède, également, un corps, c'est-à-dire un ensemble de fonctions qui s'organisent entr'elles à partir du vécu corporel et du stimulant que représente le monde extérieur. Comme c'est le cas dans les analyses sartriennes, elle « ne cesse pas d'avoir un corps »[7], elle exige l'interaction de *C.E.M.*[8].

Le corps est bien de l'ordre de l'évidence apodictique : « l'esprit est à la main du corps (...), le corps touche et fait tout, commence et achève tout »[9]. Cependant, son expérimentation s'avère délicate, puisqu'il existe, nécessairement, deux sources de l'expérience. D'une part, ce que nous voyons de nous-même, ce que nous sentons d'attaché à nous et, d'autre part, « ce que nous ne voyons pas et ne verrons jamais »[10].

1. XX, 250.
2. XIX, 672.
3. XXIII, 806.
4. *Œ. I*, *Variété, Note et digression*, p. 1226.
5. SCHILDER (P.), *L'image du corps. Etudes des forces constructives de la psyché*, trad. F. Gantheret et P. Truffert, Paris, 1968.
6. X, 43. Alors qu'en 1902 (II, 645), il écrivait : « le bras connaît ses gestes (...) mais non sa structure ».
7. SARTRE (J.-P.), *L'être et le néant*, Gallimard, 1976, p. 387.
8. XXI, 610.
9. *Œ. I*, *Mélange, Choses humaines*, p. 345.
10. IX, 543.

Valéry, comme plus tard Sartre, pense que la conscience de soi ne peut être atteinte que par le «type d'intuition qui lui est propre»[1]. La conscience du corps se communique dans un sentiment d'ensemble, «le sentiment de notre corps instantané (...) c'est le Moi n°1 (...). Ce sentiment est au fond créé par l'action du corps lui-même sur son système nerveux». Cependant, si pour Sartre «mon corps tel qu'il est pour moi ne m'apparaît pas au milieu du monde», c'est en se découvrant comme objet, être pour autrui, que la dimension «être pour soi» devient signifiante dans sa facticité. En revanche, pour Valéry, la relation à l'autre est un épiphénomène. Pour autant, le sentiment du corporel, et la façon dont il apparaît chez ce dernier, n'est en rien une monade. La conscience est un résultat, elle n'est pas une propriété permanente. Chaque instant de la conscience «est un va-et-vient entre deux pôles»[2]. Ainsi Valéry renoue avec le discours des idéologues. Cabanis avait dénoncé l'erreur de Condillac, pour qui toutes les sensations étaient d'origine externe, en relevant l'existence d'une sensibilité organique interne. Inversement, cette sensibilité, comme c'est le cas dans le système valéryen, n'implique pas toujours la présence de la conscience. Cependant, les idéologues ont réduit les opérations mentales à une sensation transformée. Ils ont, peut-être, trop accordé à l'esprit afin de combattre la fatalité physiologique, se cloisonnant ainsi dans un mécanisme entre la sensation, le jugement et la volonté.

S'il faut avec «Monde-Corps-Moi» former un mécanisme, «représentation du fonctionnement dont la conscience est effet»[3], ce mécanisme n'est pas celui des mécanistes, ce dernier n'étant assujetti «qu'à la condition de satisfaire à la question momentanée»[4]. Au contraire, la conscience et la sensibilité sont mobiles, « sans arrêt (...) self-variance»[5].

Cette pensée de la corporalité, dérive d'un matérialisme sensualiste, modulé par l'intégration du corps en certitude absolue de la conscience de soi. Une expérience vécue ne peut pas être une prise de conscience subjective des états organiques. Elle se rapporte nécessairement à des intentions et à un acte de compréhension.

Le jeune Lukács, dans sa *Philosophie de l'art*, procède de la même inspiration. En effet, «la réalité de ce monde consiste (...) en ce que rien ne peut s'y produire sans prendre le caractère du vécu (...), seul

1. SARTRE (J.-P.), *L'être et le néant*, op.cit., p. 350.
2. XIII, 447.
3. VIII, 591.
4. XI, 289.
5. VIII, 123.

constitutif pour le sujet de cette réalité»[1]. Si l'expérience du corps se définit par sa singularité, Valéry et Lukács s'efforcent de se soumettre à la logique interne de la dimension explorée. Mais cette soumission à la vie organique, semble être accompagnée de la démission de la conscience formelle. Comment, par exemple, le Socrate de l'*Eupalinos* peut-il faire référence à l'acte constructeur en train de se faire et au corps dans son épaisseur charnelle, sans pour autant verser dans le paradoxe ?

La conscience-réflexe et le corporel vécu.

> « Mon objet – chercher une forme capable de recevoir toutes les discontinuités, tout l'hétérogène de la conscience »[2].

A travers l'expérience médiate du corps s'élève progressivement la conscience d'exister et de se modifier. Cette conscience interne du corps n'est pas celle d'une expérience mythique ou métaphysique au sens prêté par Cioran, lorsqu'il affirme que « toute métaphysique commence par une angoisse du corps »[3]. Elle serait plutôt une façon d'exprimer l'univers. Cette conscience est d'abord phénomène d'être. En effet, « prendre conscience est essentiellement une localisation, et une localisation implique l'association d'un système de mouvements (...). Quand on s'éveille on se trouve un corps (...) ou plutôt une région du corps »[4]. La conscience valéryenne ne permet pas la conscience immédiate de soi. Elle est de l'ordre du réflexe, sorte de perturbation de l'équilibre du vécu immédiat, dont « il est des troubles qui font cette solidité et architecture se désagréger et la composition de l'édifice qui semblait un bloc devenir consciente »[5]. La conscience n'est pas, *a contrario* des thèses habituelles, synonyme d'unité, mais de pluralité, de complexité. Elle apparaît d'abord comme division locale, puis en tant que « substitution d'une pluralité à une unité »[6]. Si « prendre conscience consiste (...) à se faire et à pouvoir se faire une idée nette et distincte des relations actuelles de son corps avec les corps

1. LUKÁCS (G.), *Philosophie de l'art* (1912-1914), trad. R. Rochlitz et A. Pernet, Klincksieck, 1981, p. 12.
2. IX, 165.
3. CIORAN (E.-M.), *Précis de décomposition*, Gallimard, 1977, p. 214.
4. V, 436.
5. XXVII, 285. La conscience est donc « une variation discontinue quant à moi – continue quant à autre chose – c'est une réponse », (XI, 129).
6. VII, 328.

environnants»[1], le double projet valéryen de l'étude de la conscience et de son architecture[2], ainsi que de la connaissance considérée comme une construction[3], démontre l'existence d'une nouvelle philosophie qui se situe au carrefour du kantisme, de la phénoménologie, et de l'existentialisme alors naissant.

La conscience se nourrit des informations sensitives du corps. Etre conscient n'est pas un résultat spontané mais, déjà, un travail qui émerge des profondeurs. La conscience est médiate. Elle n'est pas une certitude à partir de laquelle tout serait possible, et qui deviendrait spontanément accessible au sujet qui pense. La conscience est nécessairement réfléchie, puisqu'elle est le résultat d'une opposition entre ce qui connaît, ce qui est connu et une analyse du sujet de cette connaissance. Elle devient une conscience positionnelle du monde: «prendre connaissance (des choses), c'est s'en séparer – les voir nettement, les prévoir, c'est ne pas y être»[4]. Si la conscience est l'extérieur de toute chose, l'éternel dehors, Valéry est proche de la considérer comme la dernière phase de l'évolution organique.

Le *corps-dedans* va servir à Valéry d'instrument de recherche, de chiffre pour écrire le premier terme de l'équation *C.E.M.*, le *C* (le corps) étant l'inconnu où s'enracinent tous nos instants[5].

Le corps, la conscience et la connaissance sont à tel point liés, que la forme des modifications du corps «est la forme même de la connaissance»[6]. Dès lors, comment la connaissance de soi et le savoir sont-ils réductibles au «fonctionnement de notre organisation»[7]? Comment «notre suite ordinaire d'existence (parmi laquelle la conservation même de cette existence)»[8], de linéaire devient-elle dynamique? L'esprit montre du spontané, «il y a apparence du spontané – mais il ne peut guère créer du spontané directement – c'est presque contradictoire»[9]. L'expérience du corps est celle d'une information quantitative : celle-ci «est capitale, dominante pour le corps»[10].

La première sensation de l'organique se produit par coenesthèse. Il s'agit d'un sentiment d'ensemble, composé de toutes les impressions

1. VIII, 633.
2. II, 540.
3. VI, 898.
4. III, 740.
5. Cf. également XXV, 710: «le mon-corps, le mon-esprit, le mon-monde, ce sont trois directions qui se dessinent toujours – et trois domaines…».
6. VIII, 753.
7. XXII, 857.
8. XV, 618.
9. II, 249.
10. XI, 732.

sensibles et musculaires. Le corps est alors perçu directement, sans l'intermédiaire de la vue, non pas comme un objet, mais comme une forme. Celle-ci est, bien sûr, subjective et de puissance seconde, dans la mesure où il est difficile d'éliminer le sujet pensant de cette connaissance, qui est en fait, déjà, une reconnaissance. La réalisation de cette expérience est cependant trop liée aux impuretés de la conscience et aux déformations de la subjectivité, puisqu'il s'agit de « fermer les yeux, (d') agiter doucement la main (mais ce nom est de trop), remuer les doigts. Essayer de ne pas introduire cet autre qui est la figure extérieure connue, l'œuvre des yeux et du souvenir ».[1]

Il est toutefois possible de parvenir à l'élimination optimale de l'image constitutive et sociale de l'individualité. Le sujet se sent alors dans une plénitude d'être, « qui est vécue immédiatement et perçue comme écoulement de l'énergie, de l'univers à travers le vivant qui lui oppose des gènes (...), et (qui) donne lieu au monde par la sensibilité (...), transforme quelque chose en choses, en soi »[2].

Le sujet fait ainsi l'expérience des limites corporelles qui lui sont assignées par la position spatiale. Il se perçoit alors, à la fois dans son intériorité et dans sa forme globale, quantitativement. La connaissance de soi, en tant que forme représentée dans l'immédiat, s'accompagne nécessairement, pour être positionnelle, d'une reconnaissance spéculaire. Le sujet valéryen, après s'être construit dans son intériorité, doit se voir, pour se connaître, dans sa dimension externe.

Le corporel vu, ou se voir pour se savoir.

> « Notre visage nous est aussi étranger qu'il l'est à autrui : ses modifications et ses expressions conscientes et volontaires nous sont seules transmises. Le reste ne nous vient que des miroirs ; encore faut-il apprendre que cette image est notre image »[3].

Valéry choisit pour hypothèse de travail, « l'aspect étrange » de la connaissance du corps à travers son image, et ce, dans le but de démontrer, par une autre posture, la construction du soi.

En effet, « il est étrange que l'homme ne connaisse sa propre apparence que par un miroir (...) et même sa forme. Un homme

1. XVI, 896.
2. VIII, 29.
3. *Œ. I, Mélange, Visage,* p. 347. Cf. également XXVII, 679 : « Le moi ignore presque tout de l'individu dont il est le moi. Son visage, son dos, son anatomie, sa naissance, son état – La plupart de ses implexes. Il est donc intimement lié à Inconnu ».

absolument immobile et les yeux clos, s'il ne savait pas, par sa conscience qu'il a deux bras, deux mains, dix doigts, n'aurait aucun moyen interne pour le sentir, le soupçonner, démêler son dessein d'une sensation extrêmement confuse»[1]. La connaissance de soi s'accompagne donc d'une reconnaissance par l'image. Il n'est pas donné au sujet de se connaître dans son intégralité, hors l'expérience spéculaire. Cependant, le constat et la narration de cette expérience appartiennent au domaine de la pensée.

Pour Valéry, comme ce sera le cas plus tard avec Lacan, le stade du miroir renvoie à la construction de la fonction *Je*. Le contrôle de l'image spéculaire est le prototype de «la capture identificatrice» par «l'imago» de la fondation de soi, mais aussi, selon le psychanalyste, le lieu de la perte de soi, dans l'hallucination et le délire, puisque «la forme totale du corps par quoi le sujet devance dans un mirage la maturation de sa puissance, ne lui est pas donnée comme gestalt, c'est-à-dire dans son extériorité où certes cette forme est elle-même plus constituante que constituée»[2].

L'image spéculaire est composée d'un ensemble de structures qui fonctionnent diversement: «je suis étant et me voyant; me voyant me voir et ainsi de suite (...)»[3]. Néanmoins, cet apprentissage de soi ne lève en rien le voile d'une ambiguïté fondamentale, celle de l'existant tout autant que de l'existé. En observant sa main, Valéry remarque qu'il est dans cette main et qu'il n'y est pas, «elle est moi et non moi»[4]. Loin d'être paradoxale, cette constatation prouve le caractère ambivalent de l'existé comme de l'existant. En 1918, il avait déjà constaté que «tantôt, je suis mon corps, tantôt je ne le suis pas»[5]. Cette absence de soi, suivie de sa présence, n'est pas le signe d'un trouble de la conscience. Merleau-Ponty a analysé, dans *Le Visible et l'Invisible*, cette singulière ambivalence.

En effet, «le rapport des choses et de mon corps est décidément singulier: c'est lui qui fait que, quelquefois, je reste dans l'apparence, et lui encore qui fait que quelquefois je vais aux choses mêmes, c'est lui qui fait le bourdonnement des apparences, lui encore qui le fait taire et me jette en plein monde»[6]. Le corps ne perçoit pas, mais est en

1. *Cahiers du Sud*, op. cit., « Fragments », collectés par Y. Deletang-Tardif, p. 205.
2. LACAN (J.), *Ecrits*, Seuil, 1966, pp. 93, 95.
3. *Œ. II*, *Monsieur Teste*, *La soirée avec monsieur Teste*, p. 25.
4. X, 733.
5. VII, 311.
6. MERLEAU-PONTY (M.), *Le Visible et l'Invisible*, op. cit., « Réflexion et interrogation », p. 23.

quelque sorte construit autour de la perception qui se fait en lui. Il se prépare à une perception de soi, « même si ce n'est jamais lui qu'il perçoit ou lui qui le perçoit »[1]. Ce *corps objectif* est un élément fondamental de la psychologie, « à chaque instant ce sentiment très variable fait partie de notre conscience »[2]. Le corps objectif, ou « mon corps », n'est pas « une image simple mais ma présence complexe mêlée de puissances. (C'est) en somme l'invariant principal »[3]. Notre « vrai corps » est finalement « ce qui se répète – et se retrouve par une quantité de chemins différents »[4]. Ce qui subsiste de celui-ci « n'est pas ce dont j'ai conscience »[5], la conscience n'ayant aucun « pouvoir de production, mais de retard »[6] .

Valéry démontre ainsi que la pensée déchiffre, de façon stricte, les informations fournies par le corps. L'image spéculaire est le résultat de la perception, sans pour autant que cela soit de son ressort. Ainsi, il anticipe singulièrement ce qu'a écrit Merleau-Ponty dans *L'œil et l'esprit*, lorsque celui-ci constate qu'un corps humain est là, quand « entre voyant et visible, entre touchant et touché, entre un œil et l'autre, entre la main et la main, se fait une sorte de renversement, quand s'allume l'étincelle du sentant – sensible, quand prend ce feu qui ne cessera de brûler, jusqu'à ce que tel accident du corps défasse ce que nul accident n'aurait suffi à faire »[7].

Si la découverte de l'intériorité est corollaire de la connaissance spéculaire, elle ne peut pas, non plus, ignorer la dimension de l'Autre, indicatrice « d'autres solitudes » : « le plus important instrument de ma connaissance, l'appareil de mesure le plus utile c'est toi, c'est autrui, c'est l'existence indubitable d'un autre et d'une autre connaissance (dont) le langage est la preuve rigoureuse, aussi rigoureuse que cette extériorité analogue »[8]. Car la conscience a besoin « d'un autre fictif – d'une extériorité – elle se développe en développant cette altérité (...). Entre parler (ou penser) et autre (interlocuteur) il y a une relation réciproque – Penser, c'est communiquer à un autre qui est soi. Parler à quelqu'un, c'est parler à soi en tant qu'autre »[9].

1. Ibid., p. 24.
2. VII, 554.
3. XXIV, 637.
4. VIII, 580.
5. II, 214.
6. II, 278-279.
7. MERLEAU-PONTY (M.), *L'œil et l'esprit*, Gallimard, 1979, p. 21.
8. III, 556.
9. IX, 651.

Autrui : une dimension plastique.

> « En remuant mes vieux papiers qui sont bouts de papiers, je remue aussi des lambeaux ou moments de ces temps très anciens – parmi lesquels cette sensibilisation caractéristique qui fut égotisme aigu, négation essentielle, vitale de l'Autre – mais combiné étrangement avec une facilité – faiblesse – besoin de relations » [1].

> « L'ironie de Socrate est une relation distante, mais vraie, avec autrui, elle exprime ce fait fondamental que chacun n'est que soi, inéluctablement, et cependant se reconnaît dans l'autre, elle essaie de délier l'un et l'autre pour la liberté » [2].

Le corps « visible et mobile », qui est tour à tour sensible et chose, fait surgir une véritable stratification de l'entité corporelle. Finalement, le corps objectif apparaît par le sens intime de son existence et par des mouvements instinctifs. Si connaître la forme de son corps s'avère difficile, il est néanmoins évident que c'est par lui qu'il est possible de concevoir d'autres choses que soi-même.

Il y aurait donc deux groupes « de sensible » : « celui qui se consolide et converge à une construction – le monde extérieur », et un second groupe, « le sensible libre – douleur, plaisir, qui n'enlève ni n'ajoute rien à ce monde mais en distingue une portion – mon corps » [3]. C'est dans cette seconde dimension du sensible que le rapport à autrui s'avère fructueux, même si « l'existence des autres est toujours inquiétante pour le splendide égotisme d'un penseur » [4].

Le corps est, dans son extériorité, tour à tour plastique pour soi et pour autrui. Lorsque Valéry définit le « corps-autrui », il remarque qu'il fait « d'une part – partie d'un système ou milieu et élément, figure momentanée de ce milieu dont il est inséparable. Sous cet aspect, il s'appelle corps-autrui ou autre ou homme – Il a une durée, structure, et une unité (mesurable) – Ses particularités sont subordonnées à ses caractères généraux – D'autre part, il est unique, essentiel, irrem-

1. XXIX, 162.
2. MERLEAU-PONTY (M.), *Eloge de la philosophie*, Gallimard, 1975, p. 47.
3. V, 257.
4. *Œ. I*, *Variété, Léonard et les philosophes*, p. 1237. Comme l'a remarqué A. Luccisano (*B.E.V.* n° 41, p. 45), « appuyant leurs exercices sur le 'silence' de la concentration, Faust et Lust 'échangent' le plus pur de leur être sensitif par la contemplation, l'audition, le toucher réciproques. Il est évident qu'une telle ascèse ne relève pas de ce que l'on appelle la 'spiritualité', mais bien de ce que l'on pourrait appeler la 'corporalité' ».

plaçable, (...) condition première et inévitable de toute chose, mesure universelle, observateur »[1].

Le corps est, de toute évidence, l'expérience de base sur laquelle se fonde le vécu. Il est aussi « corps mondain », « corps vu par », « touché par » : autant de notions qui donnent, à l'*Autre* et au *Moi*, une dimension plastique. Cependant, la réalité effective des rapports interhumains apparaît comme une incessante et vaine tentative de récupération de l'insaisissable *être pour autrui*, que le regard de l'Autre, en se fixant sur le sujet, fait surgir sans qu'il ne puisse jamais ni pleinement le reconnaître, ni pleinement le renier. Cette ambivalence est omniprésente dans l'œuvre d'art : « œuvre = transformer quelque chose en vue de transformer quelqu'un »[2].

Même si Valéry adopte une sorte d'altérité dans son rapport avec autrui, en confessant sa tendance à négliger les autres, ou à les voir comme « des choses ou des bêtes curieuses qui suivent leur ligne de vie »[3], l'Autre, dans sa dimension d'existant, s'avère être une structure fondamentale dans l'affrontement des consciences : « Autrui, d'abord une chose (...). Autrui ne se montre et ne subsiste que temporairement dans sa force tandis que je persiste et que ma résistance dure d'elle-même autant que moi »[4].

Le monde de Valéry, comme celui de Sartre, se peuple par l'expérience d'une tension. Alors, seulement, l'intersubjectivité et la sociabilité deviennent possibles. Cependant, l'expérience d'un *Nous* n'est pas une construction ontologique de la réalité humaine. Ce sont « nos réponses que nous appellons Nous »[5]. L'être social est un épiphénomène pour Valéry, alors que pour Sartre il est fondamental. « Le monde de Sartre a besoin de l'homme, le monde de Valéry, précis et fermé, n'a besoin que de soi »[6], et ce, même si celui-ci pose parfois autrui comme dimension fondamentale de l'intersubjectivité : « exiger autrui pour être »[7]. Il faut se garder des « illusions optiques que produit l'autrui par le seul fait qu'il est autrui »[8].

1. IX, 594.
2. XXIX, 881.
3. XXI, 161.
4. III, 562.
5. X, 782.
6. *Cahiers du Sud*, op.cit., *Paul Valéry vivant*, art. de F. Alquié, p. 330. Cf. Sartre, *Situations I* (rédigé en 1939), Gallimard, p. 31 : « Ce n'est pas dans je ne sais quelle retraite que nous nous découvrirons. C'est sur la route, dans la ville, au milieu de la foule, chose parmi les choses, homme parmi les hommes ».
7. XIV, 280.
8. XV, 315.

« L'être vu par » devient un mode de connaissance ambivalent. Ce sentiment « curieux », Valéry le constate aussi bien chez les hommes que chez les animaux : « ce regard de chien, poisson, me donne l'idée d'un point de vue, d'un être vu par »[1]. Dans ce regard de l'Autre, notre existence se dévoile en devenant objectale et signifiante. « Il y a là un mode de reconnaître »[2]. Le détour par autrui permet d'atteindre « soi – non le soi-même ordinaire mais le soi-même rare »[3].

L'Autre, que la conscience annexe dans sa tentative d'affrontement puis de maîtrise, devient une sorte d'esclave. Le regard, après un bref échange avec l'Autre, le domine, l'assujettit, pour finalement confirmer le vainqueur dans son existence et sa liberté : « l'intention ou la vocation d'agir sur les autres nous rend autres »[4].

De cet affrontement surgit l'irréductibilité de l'Autre. Le « voir d'autrui » est un « indice »[5] de l'identité et de la différence. Le regard de « l'être autre » par rapport à « un autre », devient constitutif de l'identité de l'identique. « Comme la statuaire dépend de la lumière, ainsi un être est transformé ou transfiguré par le moment et le regard qui s'applique à lui »[6]. Platon, dans le *Sophiste,* avait déjà énoncé ces relations ontologiques fondamentales, que Valéry reformule. Hegel, également, avait repris ce thème et l'avait développé avec éloquence, en tant que dialectique interne des concepts constitutifs des choses.

L'homme est conditionné par cet entrelacement du « caractère du même » et de la « différence », mais aussi par la constitution ontologique générale des choses, dans ses rapports avec l'environnement. De l'expérience du corps à celle du corps qui traduit, Valéry définit l'opération de la conscience, comme l'état de la pensée où le plus grand nombre de variables mentales sont liées les unes aux autres. Le langage matriciel du corps se substitue à la vie réelle par un mouvement totalisateur qui ramasse le prochain, le sujet et l'environnement, dans l'unité synthétique d'une objectivation en cours.

L'esprit est une structure organisée, un système de rapports comme dans l'édifice, un ensemble. La conscience «est un potentiel»[7],

1. IV, 823.
2. IV, 823.
3. XII, 301.
4. *Œ. I, Variété, Souvenir de Nerval,* p. 594. Dans *Questions de méthode*, op. cit., p. 217, Sartre a lui aussi pensé que l'autre n'est jamais qu'un « moment de notre praxis, une manière de vivre, dans la lutte et la connivence, la relation humaine qui nous unit à lui ».
5. III, 65.
6. XVII, 807.
7. II, 27.

qui distingue en s'accroissant «ce que la fonction de l'esprit (...) utilise indistinctement»[1]. L'esprit est sollicité par les choses, il «est à chaque instant et n'est qu'à chaque instant». Il est une «transition perpétuelle»[2], «de la nature d'un acte»[3]. Alors, comme l'a écrit Ponge, «l'esprit, dont on peut dire qu'il s'abîme d'abord aux choses (qui ne sont que riens) dans leur contemplation, renaît par la nomination de leurs qualités, telles que lorsqu'au lieu de lui ce sont elles qui les proposent»[4].

L'expérience de la corporalité permet de comprendre que le monde n'est pas là, donné immédiatement en face d'une conscience connaissante qui le saisit en tant qu'il est, et qui le juge par la suite. Toute pensée implique une construction préalable. Il n'y a rien de donné, l'objet est construit et son adhérence avec le sujet va même jusqu'à leur identité totale. Le donné, quel qu'il soit, n'est qu'un fait empirique qui appelle la construction. Par conséquent, c'est le sujet qui introduit un sens *plastique* et *pratique* dans le monde. Mais cette opération est réversible, puisque le monde fait partie du sujet et le constitue.

Ce cercle, vicieux pour une philosophie statique, n'est pas problématique pour la philosophie dynamique de Valéry.

1. XV, 524.
2. XVIII, 46 à 48.
3. IV, 128.
4. PONGE (F.), *Proêmes*, op. cit., « Ressources naïves », 1927, p. 165.

CHAPITRE VI

LE MIXAGE DE L'EXPÉRIENCE

> « La sensibilité est une interruption dans les lois (ordinaires). Elle est liée à organisation – subordination, à une construction complexe »[1].
>
> « La 'sensibilité' donne les inégalités – le parti que l'on prend – la valeur du fragment qui se forme – le motif d'entre les motifs – les puissances – 'l'intellect' donne les égalités – la possession du simultané – les conséquences systématiques – l'homogénéité – continuité – la liberté – les développements »[2].

Puisque « toute méthode consiste au fond à bien isoler et connaître ses éléments », que « le reste n'est rien (et) se fait tout seul »[3], Valéry analyse, dans les *Cahiers*, les fondements de la sensibilité jusqu'à rendre une certaine autonomie à la sensation. On assiste alors à un véritable mixage de l'expérience. La sensibilité « reçoit », mais elle « demande » aussi. Son rôle est essentiellement de mise en train. Seule la « sensation brute » établit une valeur de simultanéité entre le réel et le sujet percevant.

Du quantitatif au qualitatif et vice versa.

> « Nous vivons de, par, dans l'instable : c'est toute l'affaire de la sensibilité, qui est le ressort diabolique des êtres organisés »[4].

Dans la mesure où le corps fournit *la quantité* et l'esprit *la qualité*, la sensibilité est-elle une des souches informatives de la connaissance, comme Kant a voulu le démontrer en indiquant qu'il existait deux

1. VIII, 184.
2. XVII, 220.
3. I, 522.
4. *Œ. I, Variété, La tentation de (Saint) Flaubert,* p. 619.

souches de la connaissance humaine: la sensibilité et l'entendement ? « Par la première des objets nous sont donnés, par la seconde ils sont pensés »[1]. Si « sentir, précède, accompagne et achève tout, et donc est tout »[2], à la base de la connaissance se trouvent « les paramètres de la sensibilité »[3]. Valéry en sonde les potentialités créatrices. La question « comment la sensibilité est créatrice ? » lui semble être une «relation (grossièrement notée) ou équation entre le *recevoir* et le *donner* ou le produire »[4]. En effet, si « les sens reçoivent », ils « demandent aussi. C'est un point de vue capital, toujours oublié »[5].

La sensibilité est donc une faculté d'éprouver des impressions, mais elle possède surtout une aptitude à produire. Ce n'est pas une relation passive mais active. Valéry, comme Kant[6], semble se séparer du courant de pensée rationaliste. Il fait de la sensibilité une source de la connaissance, et se rapproche par ce biais de la tendance empiriste. Cependant, il s'éloigne de l'empirisme en affirmant l'originalité de la raison.

Si Kant s'est séparé du courant cartésien en restituant à la sensibilité sa fonction d'intuition, par laquelle les objets sont donnés au sujet, et en déniant cette fonction à l'entendement qui ne fait que penser les objets donnés par la sensibilité, dans la pensée valéryenne « la sensibilité est le fait le plus important de tous. Il les englobe tous, est omniprésent et omni-constituant. Ce qu'on appelle connaissance n'est qu'une complication de ce point »[7].

Mais le concept même de sensibilité porte en lui une ambiguïté. En effet, il signifie tantôt « faculté de sentir, production de sensations ; et tantôt mode de réaction, réactivité, mode de transmission (...). (D'autres fois) liaison irrationnelle »[8]. Lorsque Valéry définit la sensibilité, il la dote de la valeur traditionnellement attribuée à la sensation. Elle s'exprime selon deux modes : « un mode fondamental qui est sensation ; un mode modulé qui est connaissance – Ce dernier mode exclut les *intensités*. (Il) tend à modifier les effets du premier, à

1. KANT (E.), *Critique de la raison pure*, trad. A. Tremesaygues et B. Pacaud, P.U.F., 1984, p. 49.
2. XXIX, 567.
3. XX, 863.
4. XIX, 788.
5. IX, 649.
6. Dans les *Cahiers*, on rencontre de nombreux commentaires des idées forces de Kant. Valéry, bien sûr, en fait la critique puisque « Kant a été obscurci par les mots », (III, 730).
7. XXIV, 304.
8. XXIX, 739.

annuler, renforcer, renouveler des sensations – soit par *actions,* soit par *substitutions* propres (...). Il y a des sensations produites par des connaissances, elles se localisent dans le ' mon corps '. Quand l'intensité d'une sensation atteint un certain point, elle fait que le *Mon-Corps* domine et que le Mon-Monde et le Mon-esprit s'exténuent »[1].

La raison produit ce qu'il faut pour corriger, isoler, borner, interrompre, les développements « infinis »[2], mais, dans ce type de définition, Valéry avoue volontiers être « gêné » par les mots « raison », « intelligence ». Il se propose donc de leur substituer des notions « d'acte et de réaction »[3], centrées sur la triade signifiante « C.E.M. », à l'intersection de laquelle tout le possible de la connaissance se construit.

Puis, il oppose la raison à l'intuition, sous « le regard bienveillant » de l'intellect. La raison consiste en une énumération, alors que « l'intuition, c'est la pensée à l'état sauvage »[4]. Par conséquent, est-ce la raison qui, grâce à son travail d'interprétation, transformerait les sensations en perceptions, et les modifierait par un travail de synthèse en leur prodiguant le sens et la cohérence nécessaires ?

L'intellect assure « la perception, l'intuition, la possession, la construction, ou le développement des formes »[5]. Alors que pour l'idéalisme kantien, c'est la raison qui légifère, ici « la raison n'a aucune valeur immédiate »[6], si ce n'est celle de « distribuer les valeurs d'après ce que l'on sait »[7]. C'est à l'intelligence que revient « le pouvoir des substitutions »[8]. La tâche de l'intelligence, et de sa pureté sceptique, est de « rendre relatif ce que les sens et le corps présentent comme absolu »[9].

Si Valéry a doté la raison d'une valeur de jugement, ce que Kant a fait dans la *Critique de la faculté de juger*, « elle demeure libre de distribuer les valeurs d'après ce que l'on sait et non d'après ce que l'on sent »[10]. Mais, « la liberté de distribution des valeurs » à laquelle il s'intéresse, est, conformément à la théorie kantienne, la possibilité

1. XXIX, 218.
2. XVII, 13.
3. VI, 423.
4. IV, 807.
5. VII, 803.
6. VII, 803.
7. XXIX, 327.
8. XXIX, 803.
9. IX, 254.
10. XXIX, 803.

même du raisonnement inductif et déductif. La *faculté de juger* kantienne a été transformée par Valéry en notion de *travail de l'intellect*. En effet, « il y a des éléments toujours donnés et tous les arrangements sont possibles. Toutefois l'un de ces ordres satisfait à certaines conditions demandées et le travail consiste à passer de la multiplicité des combinaisons possibles à l'unique combinaison (...) définie comme utile »[1]. L'intellect « tend à la conservation des formes »[2].

Cependant, l'idéalisme valéryen doit être nuancé. En effet, « toute connaissance où la raison – calcul – peut s'introduire, est nécessairement précédée d'une reconstruction, ou réfection de la matière d'observation »[3]. Finalement, le travail de l'esprit « se réduit à une attente active »[4] et combine « des ordres de grandeurs ou de qualité incomparables »[5]. En effet, « la pensée comme production ou reproduction, est plus pauvre que la perception extérieure comme production – plus pauvre en objets – plus riche en relations. (Observer que c'est elle qui fournit les relations dans l'examen des choses...). Alors, la pensée devant diriger, la perception brute doit suppléer à cette infinitude toujours diverse par ce qu'il faut pour revenir à son petit nombre – Elle opère une réduction »[6].

Sensibilité et sensation.

Valéry a établi une distinction certaine entre les concepts de *sensibilité* et d'*entendement*, et il a aussi fait de la sensibilité une source originale de la connaissance, se rapprochant ainsi de l'*Esthétique transcendantale* kantienne. Il reste cependant à mi-chemin entre empirisme et rationalisme matérialiste. Il opte pour « la sensibilité » en tant que faculté fondamentale qu'on oppose à tort à l'intelligence, dont elle est, au contraire, la puissance motrice. Les « deux paliers de la sensibilité » lui fourniront, dans cette entreprise de décomposition, les arguments qui permettront de promouvoir l'autonomie de la sensation.

En effet, il existe « une sensibilité générale » et une autre « spéciale » : « une générale ou subjective et une spécialisée ou objective. Celle-ci est connaissance (...). Et cette sensibilité est en rapport direct avec les actes coordonnés. La première est en grands rapports avec les

1. III, 2.
2. II, 420.
3. VII, 803.
4. IX, 857.
5. *Œ. I*, *Variété*, *Introduction à la méthode de Léonard de Vinci*, p. 1170.
6. XVIII, 487.

systèmes végétatifs dont elle dépend des perturbations (...). Ses expressions psychiques sont empruntées (à) l'autre»[1].

Valéry restitue à la sensibilité sa fonction d'intuition, par laquelle des objets nous sont donnés, bien que cette fonction soit traditionnellement attribuée à l'entendement[2], qui, cette fois-ci, est réduit «à penser» les objets donnés par la sensibilité : «chaque sens est un appareil d'interprétation de choses inconnues»[3] ; ensuite «la première démarche de l'intellect est de refaire au plus vite ce que la sensibilité vient de peindre, de sonner, de perdre et improviser sur le rien, elle répète en essayant de comprendre, et, peu à peu, elle comprend pour avoir répété, redit»[4].

L'algébrisme qui sous-tend le projet leibnizien de l'*Ars Combinatoria,* se trouve transféré à celui d'une psycho-physiologie. Les sensations sont modifiées, dans la mesure où cette discipline utilise la transformation des termes au cours de laquelle on s'aperçoit qu'en fait tout se ramène à l'identique, le terme connu donnant le terme inconnu. Dans le domaine de la philosophie valéryenne, le terme connu est la sensation. Le terme inconnu, la faculté plus complexe, plus atomistique, qui est la «sensibilité affective – Celle qui introduit la distribution ou variation de l'énergie générale et, par conséquent, donne les valeurs»[5]. Valéry associe au concept de «sensibilité», non seulement les sensations, toute la vie affective, mais aussi des éléments intellectuels. La sensibilité inclut tout ce qui est réponse spontanée à une excitation quelconque.

Par ailleurs, il «range les émotions dans un domaine inférieur – car ce sont des composés impurs, confusionnaires»[6], et considère l'émotion poétique comme une «sensation d'univers», ou encore comme une «sensibilité orientée, définie par un ordre de réponses qui dépend de l'attente intellectuelle et de l'attente inconsciente, sorte de probabilité psychologique et physiologique»[7].

De la même façon, le mouvement qui va de la subjectivité à l'objectivité de la conscience semble assuré par une sorte de hasard

1. XIII, 325-326.

2. «L'entendement, à généralement parler, est le pouvoir des connaissances. Celles-ci consistent dans le rapport déterminé de représentations données à un objet», Cf. KANT (E.), *Critique de la Raison Pure,* «Déduction des concepts de l'entendement», op. cit., p. 115.

3. II, 472.

4. IV, 807.

5. XXV, 108.

6. XXII, 98.

7. XIV, 720.

orienté. La rigueur de toute création coïncide avec la mise en forme de la pensée. D'ailleurs, la première condition nécessaire consiste à « représenter les sensations par un modèle et groupement stable »[1].

L'originalité de ce choix, par rapport à celui de la philosophie empiriste, consiste à affirmer que la sensation n'est pas d'origine externe mais bien d'ordre interne : « la substance de notre corps n'est pas à notre échelle. Les phénomènes les plus importants pour nous, notre vie, notre sensibilité, notre pensée, sont liés intimement à des événements plus petits que les petits phénomènes, accessibles à nos sens », et c'est « le système nerveux (qui), entre autres propriétés ou fonctions, a celle de lier des ordres de grandeur très différents »[2]. De surcroît, « nous percevons très peu de notre corps (...), nous le percevons le plus souvent dans la douleur ou dans l'amour »[3].

En matière de sens, Valéry raisonne en terme de « capacité », qu'il désigne sous le nom d'« implexe »[4]. A propos de la sensibilité, il avait constaté que « la sensibilité spéciale nous attire vers l'extérieur, et la générale vers nous (...). Moi est la réponse essentielle à toute modification de la sensibilité générale »[5]. Or, la notion d'implexe est au fond « impliquée dans la notion d'homme ou de moi (...) qui n'est pas actuel. C'est le potentiel de la sensibilité générale et de la spéciale (...) dont l'actuel est toujours un fait du hasard. Et ce potentiel est conscient. Implexe aussi la capacité d'agir en général »[6]. Avec cette notion, Valéry réunit sous un même signe, le *possible* et le *futur* à la manière gidienne, lorsque celui-ci croit que « tout ce qui peut être sera, si l'homme y aide »[7]. Il souhaite « construire avec les données ou matériaux mêmes de la perception vitale et avec les possibles »[8], jusqu'à « revenir sur les pas de la perception vers l'impression sans signification »[9], puis se démarque à nouveau des philosophes empiristes en démontrant que la sensation « n'est pas une entrée ou introduction de quelque chose extérieure, mais une intervention – c'est-à-dire une

1. III, 626.
2. VII, 171-172.
3. VII, 652.
4. Valéry donne sur le modèle de l'*implexe*, une explication originale du donjuanisme. Cf. XVIII, 742 : « Juan recherchait non la femme, mais un certain effet de la femme sur soi, effet non durable, non renouvelable - un encouragement à vivre, à vouloir ».
5. XIII, 351.
6. XXIII, 398.
7. GIDE (A.), *Les nouvelles nourritures terrestres*, « livre IV », Gallimard, 1972, p. 247.
8. XXI, 20.
9. XIII, 350.

transformation interne d'énergie »[1]. D'autre part, il admet que la sensation n'est pas porteuse de sens intrinsèquement. En effet, c'est une erreur « de donner à la sensibilité, à l'intensité des sensations et des émotions, une valeur ou importance significative (...). Mais alors, se pose (un problème inhérent à l'intellect). A savoir : quand il pourra accepter l'inférence qu'il tire d'un événement sensible – Le sensible étant toujours son point de départ. Or, parmi les systèmes de sensations, il en est qui sont avec l'intellect dans un rapport particulier et étroit. Ce sont les systèmes qui se trouvent liés à une éducation générale, les systèmes pourvus de correctifs, et les correctifs sont relations »[2].

Ces « systèmes » sont susceptibles d'évolution et de modification. Ils appartiennent en quelque sorte à l'histoire collective et individuelle, et ne doivent donc pas être assimilés à la notion de sensation. Ce sont des habitudes, des automatismes. Or, « les sensations ne ressemblent à rien. Elles sont absolues »[3]. La sensation ne renseigne pas mais « commence ». Elle met en train « la suite des modifications qui tendent à l'annuler – parmi lesquelles la connaissance en conscience »[4].

Fonder toute la théorie de la connaissance sur le phénoménisme des sensations est une aberration. Valéry remarque que les philosophes sensualistes « en prenant les sensations pour éléments intégrants suffisants de la connaissance (...) sont dans l'erreur »[5], alors qu'une « sensation est comme une étincelle dans une chambre de miroirs qui anime une infinité de figures, puis des relations implexes entre ces figures »[6].

Dès lors, si la sensation n'est pas faculté d'être affecté passivement, existe-t-il une catégorie de sensations qui soient purement affectives sans être représentatives, et une autre où elles soient représentatives sans avoir aucun caractère affectif ?

Selon Valéry, « est sensation tout événement de conscience en tant qu'on peut le détacher et le discerner de toute correspondance, de toute transformation, de toute accommodation »[7]. D'autre part, il détermine une nouvelle notion qui est celle de « sensation brute »[8].

1. VII, 323.
2. I, 158.
3. XV, 762.
4. XI, 429.
5. VIII, 560.
6. III, 846.
7. III, 676.
8. III, 842.

La sensation brute.

> « La sensation pure et simple est le réel et rien d'autre ne l'est (...). Le réel est essentiellement présent »[1].

On peut « sentir qu'on ne sent pas. A chaque appareil sentant est attaché un appareil de réglage qui peut être mu volontairement (...). Ceci revient à considérer la sensation brute, inarticulée, comme fonction de l'appareil de réglage »[2]. Avec la sensation brute, « le sens joue un rôle à inversions – change le plural en un, et le un en plural »[3]. Il prend les valeurs de « fiducia, (...) énergie, action sur une idée, sur la sensibilité, sur la motricité de l'autre »[4]. Seule la perception dote la sensation combinée à la tension, d'une capacité à produire. En effet, « la perception est un vrai langage ». Elle est due « à la combinaison de la sensation avec la valeur de la veille ou de (la) présence – L'élément signe et devient élément d'une véritable construction relative au passé, futur ou possible (...). Il y a oscillations entre l'élément énergie (résistances, désordre, dissipation, inégalité) et l'élément transitif ; cf. ce qui se passe, on ne voit pas un arbre mais des taches (sic) »[5].

La sensation serait donc fragmentée. De la même façon que le modèle de la vision, elle fournirait dans l'acte de percevoir « de quoi faire des signes »[6]. La perception paraît posséder une organisation plus élaborée que celle de la sensation, dans la mesure où elle porte sur un objet significatif et spatialement situé. Elle présuppose tout un jeu de construction mentale, par lequel les sensations vécues seraient extériorisées et interprétées.

Néanmoins, le détonateur de la construction perceptive demeure « la sensation brute (...), la seule réalité: la réalité est donc instantanée »[7], car le « monde extérieur est décomposable par rapport à nous, en éléments invariables en qualité – atomes sensoriels – les sensations »[8]. Cependant, si la sensation brute est à l'origine de la réalité instantanée, elle n'est pas pour autant le réel puisque « ce que nous recevons des sens, ce n'est pas le monde extérieur – c'est de quoi

1. XXIX, 908.
2. III, 842.
3. XVI, 467.
4. XVI, 166.
5. XXI, 724.
6. Pour Gide également, « toute connaissance que n'a pas précédée une sensation est inutile ». Cf. *Les nouvelles nourritures terrestres*, op. cit., « livre 1 », p. 32.
7. XXV, 396.
8. VII, 569.

nous faire un monde extérieur»[1]. La «sensation du solide» est assurée par l'équilibre stationnaire du percevoir et du connaître, «réactions de toute une activité, à laquelle les muscles et les nerfs, leurs obscures actions de présences et réactions, sont essentielles»[2].

Valéry a tenté d'isoler la «pure impression sensorielle», afin de comprendre comment, dans les faits de conscience, s'effectue l'activité symbolique, car l'ensemble des sensations est «un chaos, auquel les machines de l'action imposent de temps à autre, un ordre momentané – une sélection, une 'signification', un rôle fonctionnel»[3]. Le premier groupe informatif, la surface du corps, ne relève pas de la sensibilité mais de la sensorialité. Il faut par conséquent interroger celui-ci sens par sens, et par rapport aux sources externes de stimulations vitales, pour trouver comment «tout ensemble de sensations tend à se réduire, à s'ordonner en figure»[4]. Le modèle explicatif privilégié est contenu dans la «sensation d'architecture», soit «l'entrée en scène d'un édifice dans un champ visuel – et l'évolution de cette perception dans la conscience et la sensibilité de l'observateur. Cette méthode permet d'élucider immédiatement certains problèmes. Séparation naturelle des effets de sensibilité des jugements de l'esprit. C'est-à-dire ce qui introduit des facteurs étrangers à la sensation et à ses développements propres»[5].

La classification pradinienne[6], qui démontre l'existence d'impressions sensitives et d'autres, sensitivo-sensorielles, est alors anticipée par Valéry. En effet, Pradines analyse les premières en termes de «réactions» motrices adaptatives (d'acceptation ou de refus). Il s'agit de véritables réflexes, alors que la sensitivité «est l'accompagnement d'une stimulation présentant un intérêt vital et, à ce titre, appelle et provoque une réponse appropriée. Elle dérange un équilibre vital qui doit être immédiatement rétabli par des moyens musculaires convenables»[7]. Quant aux impressions sensitivo-sensorielles, il les présente comme «des réflexes d'accommodation sensorielle». Ce sont plutôt «les conditions que les résultats». Le *sensitif* n'est donc pas

1. XX, 712.
2. XI, 572.
3. XXV, 639.
4. XI, 340.
5. *Leçons sur l'architecture*, manuscrit inédit, 1943-1944, fonds P. Valéry, Bibliothèque Nationale.
6. PRADINES (P.), *La fonction perceptive*, Denoël-Gonthier, 1981, p. 33.
7. Ibid., p. 32.

assimilable au *sensoriel*, le premier est adaptatif, le second est une réponse.

Mais Valéry préfère se servir du mot *disposition*, qu'il trouve remarquable, parce qu'il désigne « à la fois un ordre et une préparation, une détermination *a priori* du mode des réactions – une prévision de l'état de la sensibilité – la sensibilité pressentant son propre degré et son propre sens (direction). Disposé = rangé de façon à réagir dans tel sens, avec telle intensité » [1]. Il a analysé en termes de « rythme » le concept d'automatisme perceptif. En effet, le rythme se crée si « une suite d'impressions ou sensations, dont chacune agit sensiblement sur la précédente et modifie la probabilité ressentie de la suivante, construit ou organise un mécanisme moteur capable de reproduire cette suite (par action volontaire), ou produire une suite de mêmes nombres et de mêmes intensités correspondantes »[2]. Finalement, le rythme est une « relation simple entre le percevoir et le produire ». Sa structure est constituée « par un système de réflexes mentaux et physiques, qui assure la réponse la plus exacte par le plus court » [3].

L'analyse de la fonction sensitive et perceptive est, dans l'œuvre de Valéry comme dans celle de Pradines, l'occasion de distinguer et de hiérarchiser trois plans de développement de l'esprit qui fondent une philosophie de l'action. Ces plans se situent, d'une part au niveau de l'automatisme ou rythme, d'autre part, au niveau de la mémoire et de l'expérience acquise. La pensée se manifeste alors comme l'expression de la synthèse de ces trois degrés, auxquels correspondent trois types de comportement dissemblables. Soit le comportement réflexe, qui est une riposte instantanée à un excitant. Puis le comportement perceptif, qui s'avère être une parade à une excitation stimulante. Dénué d'affectivité, il est en outre, inagissant. C'est un signe purement sensoriel, qui permet cependant d'anticiper et de prévoir. Enfin, le comportement rationnel, qui est le résultat de la conscience des insuffisances et des problèmes soulevés par la précédente expérience.

Ce type de pensée développe une connaissance par les causes efficaces, une psycho-philosophie de la mutation, une esthétique, dans la mesure où l'individu, instruit des lois coutumières de la nature, va au devant d'elles, cherche à connaître les choses dans leur secret pour les produire. La diversité des sens ne fractionne pas le monde en de mul-

1. IV, 348.
2. XIV, 282.
3. XIV, 290.

tiples canaux séparés les uns des autres. Au contraire, il existe plusieurs niveaux de compréhension, dans lesquels se résout la multiplicité des points de vue du sujet.

L'entendement ne pouvant plus effectuer la synthèse des phénomènes, seuls les symboles font transparaître dans le donné la trace de ce qui ne l'est pas. Par conséquent, *le dedans* du monde est présent à l'esprit, dans la mesure où celui-ci engendre des formes inaccessibles à l'intuition: «on appelle Esprit ce qui a la propriété de tout évaluer ou saisir ou représenter, restituer – en fonction *d'actes*. Ainsi je substitue au mouvement perçu de ce corps un acte (mien) à sa forme ou figure d'un système d'actes» [1]. Mais la réalité n'apparaît que dans la mesure où elle est représentée. Elle désigne le processus de l'inférence médiatisée par des signes, dans lequel l'entendement se constitue. Valéry appelle cette forme construction, soit « une suite d'opérations parmi laquelle peuvent se trouver des relations symboliques, et qui satisfait à certaines conditions ou termes identiquement répétés jusqu'à ce qu'ils ne puissent plus l'être» [2].

Ce sont les mots qui éduquent l'homme, puis l'homme et les mots s'éduquent mutuellement. «Toute combinaison est symbolique, et n'emprunte que ce qui suffit» [3], car «la compréhension de l'esprit objectif n'est pas une connaissance psychologique. Elle est le retour à partir d'une structure et d'une régularité, à la forme de l'esprit qui leur correspond» [4].

Valéry a eu le sentiment que toute expérience vécue est structurée par des ensembles symboliques. Comme plus tard Cassirer, il accomplira la transition de la critique transcendantale de la conscience à la critique du langage. Une expérience vécue n'est pas la prise de conscience subjective des états organiques qui sont à l'origine de cette expérience. Elle se rapporte à des intentions, toujours médiatisées par un acte de compréhension visant le sens.

Toute expérience vécue est nécessairement *architecto-poïétique*, si l'on entend par *poïésis* la création d'un sens, c'est-à-dire le processus de production dans lequel l'esprit s'objective lui-même, dans la mesure où «le moi est ce qui voit plusieurs mondes/systèmes (indépendants) et aussi: ce qui voit le général» [5].

1. V, 648.
2. I, 166. Dans le même passage, Valéry définit le mot «opération» comme une suite de relations rationnelles.
3. VI, 371.
4. HABERMAS (J.), *Connaissance et intérêt*, trad. G. Clémençon, Gallimard, 1979, p. 182.
5. IV, 100.

CHAPITRE VII

LA CONSTRUCTION DU MOI ET LA DIFFICILE EXPÉRIENCE DE L'EXPRIMABLE

> « Jamais le moi ne se regarde comme un effet. Et voilà la grande nouveauté – de le considérer comme tel »[1].

Si « Moi naît de moi »[2], et si notre esprit est fait d'un ordre et d'un besoin de mettre en ordre[3], le Moi et le Je sont créateurs de sens.

D'autre part, dans la mesure où la mémoire capitalise les informations fournies par la sensibilité tout en garantissant l'équilibre de celles-ci, la perception d'un édifice sera pour l'observateur l'occasion de se retrouver dans sa totalité d'être[4]. Mais, comment le Moi permet-il de passer de la puissance à l'acte, de la matière à la forme en plein épanouissement ? Comment d'une physiologie et d'une psychologie du corps et du moi dégager une philosophie de l'art ?

Le solipsisme vécu.

> « Que de choses entassées dans le moment du Moi ! La quantité sonore, désordre qualitatif des bruits et leur distribution en espace ou volume, leurs intensités et causes suggérées, etc… Le fragment visuel : mo-

1. IX, 675. Chez Valéry, on note que le pronom moi est écrit tantôt avec, tantôt sans la majuscule. Selon J. Robinson (*L'analyse de l'esprit dans les Cahiers*, op. cit., p. 93) le « Moi » ou « Moi pur », à partir de 1920, désigne l'invariant suprême du groupe de transformations mentales le plus général possible. Cf. également XV, 319 : « Réveil – dialogue du Moi et du moi. Je se réveillant plus universel. Trouve comme cas particulier ce qu'il (le moi) est, ses projets » et XXVII, 526 : « Moi central, origine et terminus des actes ». Sur ce point, cf. *Valéry et le Moi d'après les Cahiers*, N. Celeyrette-Piétri, Service de reproduction des thèses, Lille III, 1978.

2. XII, 542.

3. XIII, 653.

4. Cf. « L'observateur voit la chose en tant que l'une de ses propriétés », (X, 124).

> saïque, lignes de délimitations, aller et retour, figures et discontinuités. Le système des pressions et réactions du corps et des solides sur lequel il s'appuie »[1].

Le corps, dirigé par la conscience, modifie ses rapports au monde, pour que le monde change ses qualités. Ces deux éléments sont en interdépendance. Mais, alors que le monde est indispensable au sujet, celui-ci n'est pas indispensable au monde qui existe indépendamment du sujet. Avec le Moi, comme il l'a fait pour le corps, Valéry recherche une notation dont le chiffre ne va pas sans l'apparition de quelques difficultés, puisque le mélange, c'est l'esprit, et qu'un esprit « n'est que ce mélange duquel à chaque instant se démêle le Moi »[2].

Même s'il existe un cogito valéryen, il se démarque de celui de Descartes. En effet, « le cogito cartésien ne doit pas être analysé en lui-même. Ce n'est pas un raisonnement qui suffise – et pris en soi il ne signifie rien. C'est un magnifique cri, un mot de drame, un mouvement psychologique, un mouvement littéraire (...). Il marque la soudure de l'homme au philosophe – et le passage de l'adolescence imitative à la virilité directement pensante »[3].

Le cogito Valéryen n'est pas le résultat d'une expérience solitaire, mais plutôt celui d'une conscience individuelle et déterminante plus proche de la philosophie kantienne, dans la mesure où le « que peut un homme ? »[4] semble faire écho au « qu'est-ce que l'homme ? » Cette question fondamentale de la philosophie kantienne, représente la dimension du savoir dans le système valéryen, qui est plus particulièrement une tentative de délimiter des pouvoirs.

Toutes les idées, tous les actes, sont, pour Valéry, la combinaison d'un nombre infini de virtualités dont le Moi est le rythme commun, ou monotone, qui impose les fonctions vitales à la durée vécue. Le pronom moi, substitue à une image ordinaire une situation, « un mode de connexité »[5]. Dans ce cas, l'égocentrisme valéryen désignerait à la fois l'absence de conscience de soi et l'absence d'objectivité. Après la prise de possession de l'objet comme tel, le Moi se synthétise en imago.

1. XXIII, 316.
2. *Œ. I, Mélange,* p. 286.
3. V, 144.
4. XVI, 240. Les questions valéryennes sont essentiellement orientées vers le vouloir et le pouvoir : « Ego – c'est en me posant ces questions : qu'est ce que je peux ? et qu'est ce que je puis vouloir ? – et qu'est ce que je puis ? (ces questions comparées constituent le fondement de ma sagesse) que j'ai orienté depuis 92, ma 'vie spirituelle' (...) », (XXIII, 221).
5. IV, 181.

La possession de l'objet va de pair avec la prise de conscience de soi[1]. Valéry oppose la conscience, intentionnellement conscience d'autre chose que de soi, au moi, qui ne peut se connaître que comme un objet, aussi transcendant à la conscience que le monde même.

Le Moi n'est pas propriétaire de la conscience, il en est l'objet. Ainsi s'ouvre l'accès à ce que Heidegger nommait le *dasein*, à savoir l'individu libéré de sa psychologie pour assumer sa fonction quant à l'être. Le Moi devient « ce qui entend et comprend la parole intérieure, le seul spectateur des visions »[2]. Ce Moi transcendantal, a-t-il l'âme de l'humoriste lukácsien, soit celui qui a soif « d'une substantialité plus vraie que celle qu'il est en droit d'attendre de la vie », mais dont la « subjectivité (qui) prétend tout façonner (...) ne réussit à (n'en) refléter qu'un fragment »[3] ? A l'opposé de ce dernier, le Moi valéryen peut être entièrement nouveau et multiple, posséder plusieurs existences, plusieurs dimensions, plusieurs histoires[4]. Il est plutôt le démiurge de soi.

Le solipsisme vécu, ou « Moi pur », désigne, dans le vocabulaire valéryen, l'absolu de la conscience. Soit une opération unique et uniforme qui se dégage automatiquement de tout, et, dans ce tout, figure « notre personne même, avec son histoire, ses singularités, ses puissances diverses et ses complaisances propres »[5]. Le Moi se construit en construisant. Il est « le noyau de l'atome homme »[6], la sensibilité propre de l'« organe de la sensibilité »[7].

Avec le Moi ou le Je, « simple condition de pensée, origine au sens géométrique, échelle de la pensée impliquée dans chaque détermination », qu'il faut commencer à mettre partout puisque « quoi qu'on fasse il est contenu »[8], Valéry veut poser un chiffre pour faciliter la combinaison des phénomènes mentaux. Le Moi est le nom brut de tous les intermédiaires enfouis dans le vécu organique et produit par l'unité

1. Cf. V, 13 : « Ce que j'appelle 'Moi' et ce que j'appelle 'Monde' – ces deux déterminations symétriques, opposées – qui ne pourraient jamais coïncider, qui ne peuvent jamais se séparer l'une de l'autre, qui sont indivisibles et irréductibles. Et qui échangent perpétuellement d'étranges électrons et ions – qui sont par ce dégagement ».

2. II, 645.

3. LUKÁCS (G.), *La théorie du roman*, trad. Jean Claire-Voye, Denoël-Gonthier, 1979, p. 46.

4. IV, 181.

5. *Œ. II*, *Notes*, *Mauvaises pensées et autres*, p. 1506 ; Lettre-Préface à l'*Introduction à la pensée de Paul Valéry* d'E. Radeau, Desclée de Brouwer, 1944.

6. XXII, 881.

7. XXVIII, 664.

8. I, 691.

de la conscience. C'est, également, le signe d'une circularité infernale entre le Moi et les choses, car à tout système correspond un Moi et « tout système est borné par un moi. Tout Moi est borné par un système »[1].

Le Je, ce « jeu »[2] « équidistant de toutes choses (...), vrai état philosophique – qui consiste non dans une connaissance, mais dans une disposition de »[3], assure la synthèse et la permanence du Moi, mais aussi l'unité de la conscience, la condition subjective de toute connaissance. Le Je, en tant que symbole de cette unité de la conscience, accompagne toutes les représentations. Sans cette liaison, le représenté ne pourrait être pensé. La chose représentée n'aurait pas d'existence pour le sujet qui pense. Ce problème a déjà été posé par Kant dans l'*Analytique transcendantale*. En effet, si le Je n'assurait pas la liaison entre ce qui est pensé et ce qui est représenté, « il y aurait en moi quelque chose de représenté qui ne pourrait pas être pensé, ce qui revient à dire ou que la représentation serait impossible, ou, du moins qu'elle ne serait rien pour moi »[4]. Cette aperception pure ou aperception originaire compose l'unité de la conscience. Elle est nécessairement analytique puisque je pense tout ce que je pense. L'unité inconnue du Moi est reflétée dans le langage par le Je[5].

Vers 1940, Valéry dote le Je de deux nouvelles valeurs. La première se laisse aller à toutes sortes de fabrications de la pensée : le Je est conscient de lui-même dans son acte empirique, sans avoir besoin de faire l'objet d'un constat ni de se devancer par un concept. La seconde possède une fonction de contrôle. Elle peut, le cas échéant, rétablir ce qui fait défaut[6]. Le Je, pour Valéry comme pour Kant, rétablit l'acte qui détermine l'existence. Celle-ci est déjà donnée, mais non la manière dont le sujet la détermine. Pour cela, il faut avoir l'intuition de soi-même, dont le fondement est une forme *a priori*, à savoir que le temps est sensible et appartient à la réceptivité de ce qui est déterminé.

Kant distingue trois modalités d'être du Je. D'une part, le déterminant qui est le Je ; d'autre part, l'acte de déterminer qui est la pensée, enfin le déterminable qui est le divers donné par le sens interne, soit le

1. XIV, 526.
2. IV, 741.
3. XIV, 890.
4. KANT (E.), *Critique de la Raison pure*, op. cit., « Analytique transcendantale », p. 110.
5. II, 892.
6. *Œ. I*, *Introduction biographique*, p. 67 (concerne la Leçon prononcée le 9 novembre 1940 au Collège de France).

moi empirique. Le *Je pense* kantien, comme le *Je qui contrôle* valéryen, devient un chiffre commun qui définit la pensée en tant que spontanéité, et non comme celle d'un être doué de celle-ci. La pensée, ainsi reconstituée, dévoile la présence de la réceptivité à l'intuition du divers empirique. L'existence est proche d'être conçue, pour Valéry comme c'est le cas pour Kant, à titre de phénomène, dans la mesure où la conscience pure ne contiendrait que la pensée du Je[1]. La représentation du Moi rend possible l'unité des autres, « toute connaissance repose nécessairement sur le rapport à cette aperception comme à un pouvoir »[2].

Le Moi : une certaine construction ou le Moi et ses déterminations.

> « Rien ne peut exister pour le sujet s'il n'a été refondu par son schéma »[3].
>
> « Nous sommes où nous ne sommes pas »[4].

Si le Moi est d'abord une prise de conscience narcissique puis un acte réfléchi, le secret « du maximum de connaissances ne git-il pas dans l'observation de soi ? »[5]. Dans cette errance, le « Moi est une certaine construction dans un système, (l'univers), dont rien n'est connu. Ou, *ad libitum*, impliquant un système (l'univers) tout connu »[6].

1. Cf. par exemple XV, 134 : « On se retrouve – Re – on se fait, je (...) ainsi le réel du jour se construit (...). Le retour, la reprise, fait essentiel... propriété du présent – Coïncidence d'une perception – Mémoire avec une perception – sensations qui donnent par leur réunion un rapprochement et composition complexe, le système Moi présent ». Le Moi est « au maximum de l'hétérogénéité de la conscience ce que le point est à la variété géométriquement représentée », (XI, 629) revient à exprimer, en langage kantien, que j'ai conscience d'un moi identique relativement au divers des représentations qui me sont données dans une intuition, parce que j'appelle miennes toutes les représentations qui n'en forment qu'une. J'ai donc conscience *a priori* d'une synthèse nécessaire de ces représentations, laquelle s'appelle l'unité synthétique originaire de l'aperception, sous laquelle se tiennent toutes les représentations qui me sont données, mais à laquelle aussi elles doivent être ramenées par une synthèse.

2. KANT (E.), *Critique de la Raison Pure*, op. cit., « Déduction des concepts de l'entendement », p. 131.

3. LUKÁCS (G.), *Philosophie de l'art*, op. cit., p. 133.

4. JOUVE (P.-J.), *Lyrique*, p. 59, cité par BACHELARD (G.), *La poétique de l'espace*, P. U. F., 1981, p. 191

5. II, 237.

6. V, 3.

Dans les *Cahiers*, Valéry fait un usage épistémologique du soi. Dans celui-ci se tisse la perspective imaginaire et symbolique de la construction spatiale et temporelle du Moi. Le sentiment individualise ce dernier par l'évaluation des choses ou des situations, lui donne pouvoir sur l'énergie et sur les productions imaginatives.

Si le Moi valéryen est proche de celui de la philosophie transcendantale, il n'en est pas moins vrai qu'il est aussi l'une des pièces fondamentales de la personnalité. Valéry distingue un « Moi Pur » et un « Moi émetteur ». Le premier est assimilable à « un fait toujours instantané comme le centre de masses. La conscience est comparable à l'égalité d'action et de réaction »[1]. Le second se dévoile par un acte gratuit, une production par et pour lui-même. Il est dépourvu de toute finalité.

Dans la mesure où le concept de pureté désigne un protocole « de conventions explicites et construit selon un point de vue », Valéry se rapproche de Fichte qui, dans les *Principes de la doctrine de la science*, pose pour premiere loi générale, le *Moi absolu*, fondé par et dans l'intuition intellectuelle. La philosophie valéryenne découle-t-elle aussi des concepts de l'idéalisme absolu, dans la mesure où le monde est ramené au Moi, puisque seul le Moi existe absolument pour le Moi ?

Si le fondement ultime de toute réalité pour le Moi est, selon les idées émises dans *La théorie de la Science*[2], une relation originaire d'action réciproque entre le Moi et quelque chose qui lui est extérieur, cet être extérieur au Moi le met en mouvement, l'amène à l'action, et, puisque pour le Moi agir signifie exister, à l'existence. La tentative fichtéenne vise l'établissement d'une doctrine qui justifiera l'existence du monde à partir de la conscience. Le philosophe constate que celle-ci dépend du Non-Moi.

Kant montre le chemin à suivre pour rétablir l'unité entre le monde sensible et le monde du Non-Moi. En effet, la conscience se rend compte qu'elle dépend de quelque chose qu'elle n'a pas créé, mais qu'elle doit accepter. Elle se situe dans la limite du Non-Moi. Elle ne le subit pas mais l'influence. Le Moi détermine le Non-Moi. Le Moi qui se saisit lui-même dans son pouvoir créateur, supprime ainsi la tyrannie du monde extérieur. Si le Moi Pur valéryen ou « négation fondamentale »[3], exprime l'acte qui crée le fait, alors le Moi est obligé de saisir la réalité. Ainsi, il se pense lui-même dans son pouvoir

1. XVI, 240.

2. FICHTE (J.-G.), *La théorie de la science*, (exposé de 1804), trad. D. Julia, Aubier-Montaigne, 1967.

3. XXVII, 918.

créateur, efface le caractère contraignant qui lui est extérieur. Selon Valéry, le Moi est « négation-perception par refus, recul (...) tendance à éliminer dans le passé par le passé (le passé = l'éliminé), de ce quoi le Moi s'est dégagé »[1].

Par ailleurs, la synthèse quintuple de Fichte, qui permet à l'esprit d'accéder à l'intelligence des rapports véritables qui existent entre le Moi et le Non-Moi, trouve un écho dans le *Cahier XXVII*[2]. Plus précocement, les aphorismes contenus dans les *Cahiers IV et V* esquissent un double mouvement qui est celui de la philosophie idéaliste .

En effet, d'une part le Moi pose le Non-Moi comme limité par le Moi, car « je ne puis pas me connaître dans une figure finie. Et Moi s'enfuit toujours de ma personne, que cependant, il dessine ou imprime en la fuyant »[3]. D'autre part, le Moi est, lui-même, comme limité par le Non-Moi, puisque c'est « ce que je porte d'inconnu à moi-même qui me fait Moi »[4]. Les problèmes qui se posent, bien sûr, concernent le transfert du Moi vers le Non-Moi. Est-ce dans cet échange que le Moi opère avec lui-même, liant thétiquement, antithétiquement puis synthétiquement la conscience de soi et la conscience de l'objet, que se déploie ainsi l'horizon du temps ? La construction du Moi est-elle relative à sa formation et à sa richesse[5] ? Le Moi ne se substitue-t-il pas à un symbole métaphysique puisqu'il est « rencontre du particulier (...) avec le centre universel »[6] ?

En France, le courant de philosophie réflexive s'est efforcé d'approfondir les déterminations du Moi tout en produisant une analyse métaphysique, et d'en dégager, à partir d'un fait de conscience individuel, une signification universelle.

Bergson, dans son *Essai sur les données immédiates de la conscience*[7], concevait également un parcours obligé du « Moi psychologique », ou « Moi social », au « Moi métaphysique », au « Moi profond », identique à l'expérience de la durée. Le bergsonisme recher-

1. XII, 542.
2. XXIII, 309-310 : « Il est fonctionnel que ce que je pense, ou sens, ou fais, devienne chose pensée, sentie ou faite, et à titre de chose, Non-Moi provoquant réponse de (...) Moi ».
3. IV, 392.
4. V, 23.
5. Cf. IV, 607 : « chacun a un mode où seul il voit ».
6. IV, 187.
7. BERGSON (H.), *Essai sur les données immédiates de la conscience*, P.U.F., 1974.

chait l'esprit comme libéré du corps et il est, en cela, conforme au spiritualisme traditionnel.

Dans la philosophie valéryenne qui s'en démarque, le Moi est une invention « du cerveau »[1]. Nous ne le connaissons que par « centrifugation »[2]. Tout se passe comme « si l'être vivant centrifugeait quelque chose qui soit son univers »[3]. Le Moi constitue la conscience, tout en participant à la construction de celle-ci : « le moi est une pièce double. A la fois dans le jeu et hors du jeu »[4], il s'apparente parfois aux découvertes qui contribueront au succès de la psychanalyse. Mais, ici, le subconscient et l'inconscient ne sont pas des valeurs abstraites. Ce sont plutôt des systèmes de rapports, des combinaisons de différents éléments à l'intérieur d'une seule et identique structure mentale, et « si les théories de Freud ont une valeur thérapeutique – c'est une grande probabilité qu'elles n'ont point de valeur scientifique »[5].

Le Moi valéryen détermine un « pour-soi ». Cette terminologie employée par Fichte puis Hegel, est devenue, chez Sartre, une notion qui s'identifie avec le non-être, parce que le caractère de l'homme est d'agir et qu'agir consiste à savoir que l'on agit, et par là-même à ne plus être ce que l'on est. Cette inquiétude incessante a été analysée par Valéry. Il a identifié la négativité, le Non-Moi, à la conscience de la liberté, rejoignant, ainsi, une tradition qui remonte aux philosophes stoïciens. La possibilité pour la réalité humaine de sécréter un néant qui l'insularise, Descartes, après les stoïciens, l'a nommée : la liberté. Cette première forme de la pensée existentielle, qui montre l'importance de la crise de l'individualisme occidental, se résume chez Valéry en une formule lapidaire : « mon système, c'est Moi »[6]. Elle renoue avec la conscience transcendantale kantienne tout en faisant du Moi, le chiffre de la subjectivité incarnée qui ne vise plus que la facticité humaine et temporelle du vécu individuel, soit un « centre instantané axe »[7], un « résidu d'une suite de substitutions »[8].

Si le Moi valéryen n'est pas sans rappeler le « Moi-contracture (…) affublé de grandes oeillères (moi égocentrique) »[9], tel que l'a défini

1. V, 522.
2. VII, 842.
3. Ibid.
4. VIII, 531.
5. XI, 476.
6. XXVI, 438.
7. IX, 675.
8. XI, 243.
9. KLEE (P.), *Théorie de l'art moderne,* trad. P.-H. Gonthier, Denoël-Gonthier, 1980, p. 14.

Klee dans sa *Théorie de l'art moderne*, il n'est en aucune façon « un moi sans oeillères, (moi divin) »[1]. Dans l'une de ces contractures, la mémoire assure la fonction de catalyseur.

La mémoire et la difficulté de signifier l'expérience vécue.

> « Le moi invariant universel – pourrait se représenter par telle infinité de substitutions. Infinité triple, tri-dimentionnelle C.E.M. »[2].

Valéry distingue une mémoire fonctionnelle ou fondamentale, et une mémoire chronologique ou ordinaire. En effet, « la vie mentale exige la conservation d'éléments (de divers ordres) »[3]. Ceux-ci sont nécessairement conservés. D'ailleurs, la conservation est l'essence de cette activité. « Le nom le plus connu de cette essence est Moi, invariant universel. La mémoire fonctionnelle en est la manifestation continuelle. La mémoire chronologique en est la spécialisation occasionnelle – La première est désordre nécessaire »[4].

En général, la mémoire n'emmagasine pas les éléments. Elle est plutôt de la nature d'un acte, tout événement y est actuel[5]. Le mode fonctionnel, ou fondamental, de celle-ci est réductible au « Moi pur ». Ce n'est pas un état de conscience, il est comparable à un fait toujours instantané, « comme le centre de masses (...), la plus nette image (...) de l'acte qui définit le moi – le réflexe central qui repousse quoi que ce soit »[6]. D'ailleurs, l'esprit n'est possible que par le désordre de la mémoire. Grâce à celui-ci et à la rupture du lien chronologique qui s'en suit, « de nouvelles distributions sont possibles chez l'homme »[7]. La mémoire conserve un ordre et des correspondances qui ont été institués dans le vécu et organisés par la sensibilité qui a assuré la jonction du sensible vers l'ordre[8]. La mémoire fait partie, comme dans la terminologie de Locke, d'une faculté plus générale appelée « réten-

1. Ibid.
2. XXVIII, 569.
3. XVIII, 656.
4. XVIII, 656.
5. VIII, 402.
6. XX, 73.
7. XI, 73.
8. IV, 91. Cf. également, XIX, 145 : « La mémoire est d'essence corporelle (en tant que corps et organisation) car elle est liée à la forme ».

tion», soit, une faculté par laquelle «l'esprit conserve les idées simples qu'il a reçues par la sensation ou la réflexion»[1].

Mais, dans la mesure où la mémoire possède «d'un côté propriétés comme tonicité, élasticité, irritabilité – de l'autre stock»[2], il semblerait qu'il existe pour Valéry, comme pour Bergson, deux fonctions de la mémoire: l'une qui imagine, l'autre qui répète. «La mémoire est (...) tantôt favorable, tantôt obstacle aux formations – suivant qu'elle est productive ou re-productive»[3].

Dans *Matière et mémoire*[4], Bergson définit la «mémoire-habitude», qui ressemble à l'acquisition d'un mécanisme, puis il s'interroge sur ses composantes et note l'existence d'une mémoire représentation qui ne serait pas assujettie à un quelconque apprentissage, mais qui, en revanche, résiderait dans une nature immédiate et originelle datée pour toujours. Entre ces deux types de mémoire, Bergson crée une antinomie, comme si cette mémoire régressive était contrariée par l'autre mémoire, plus naturelle, dont le mouvement nous porte à agir et à vivre. Au terme de l'ouvrage, Bergson considère la mémoire comme l'essentiel de la durée. La mémoire est vivante, souple, élastique. Elle change de rythme suivant que la conscience est vigile, ou qu'elle doit s'adapter à l'action ou encore qu'elle suit les sinuosités du rêve. Au cours des années 1906-1907, Valéry remarque que l'on «apprend à se souvenir, comme on apprend à marcher, la naissance ne donnant que la motilité non coordonnée – La mémoire fait un tout comme la marche (...) marcher, c'est se souvenir»[5]. Puis, en 1918, il note qu'en combinant des sensations «on ne reconstitue pas la mémoire (...). La mémoire est fondamentale (...). Le mouvement de la pensée qui invente, innove, s'avance en elle-même, porte entièrement sur la grandeur des éléments qu'elle combine, et elle les combine dans un autre ordre de grandeur»[6]. En dépit de similitudes certaines, Bergson «s'acharne à fluidifier» ce que Valéry souhaite «solidifier»[7]. En effet, ce dernier ne poursuit pas, à travers l'expérience du *Moi* et de la mémoire, la spatialisation de la durée. Il recherche ce qui,

1. LOCKE (J.), *Essai philosophique concernant l'entendement humain*, Vrin, 1972, pp. 103, 104.
2. V, 832.
3. XXI, 166.
4. BERGSON (H.), *Matière et Mémoire*, Alcan, 1960, pp. 75, 80.
5. IV, 76.
6. VI, 929.
7. XV, 599.

dans la mémoire, se rattache au construit, « à la propriété de construire ou reconstruire un tout au moyen de quelques parties »[1].

La fonction mémoire, dans la pensée valéryenne, indique le caractère du présent par lequel elle retient le passé immédiat et anticipe le futur immédiat. L'homme qui s'éveille apprend « à être ce qu'il fut et ce qu'il sera (...). Il franchit en quelques minutes de temps solaire, un intervalle d'état qui vaut des années de gestation, d'éducation, d'adaptation et d'exercices »[2]. La perception de l'intervalle du temps passé rend significative et signifiante la durée vécue. Celle-ci est en effet relative au temps écoulé[3]. Un échange se fait entre les domaines actuels et virtuels[4].

Par conséquent, la réalité existe en soi comme une somme d'éléments et de combinaisons potentielles. Elle existe, pour le sujet, comme une masse de corps en correspondances multiformes avec le Moi. Le corps et le moi ne peuvent ni se séparer de la masse des éléments, ni de leur complexité. La mémoire est fondamentale, elle joue le rôle de conscience et de transmission au sein de l'esprit.

Valéry a tenté de formuler une science de l'esprit, conçue de façon objective, sur une ontologie du factuel. Mach[5] a apporté une solution à cette tâche fixée par le positivisme, dans la mesure où elle démasque les fictions du monde vécu naturel et présente comme une erreur la réflexion qui s'y rattache. A l'aplanissement de la subjectivité, correspond la stratification de l'essence et du phénomène. Dans le réel, il n'y a que des faits. Ce sont, au sens emphatique, des sensations hypostasiées en autant d'éléments structurant le monde physique de la conscience, sensations dont l'univers est en fait rempli sans discontinuité.

Les sensations sont, en dernière instance, ce qui est donné de façon immédiate et certaine, et, en même temps ce qui est immuable et objectif. La facticité pure permet d'échapper à toutes les oppositions, dans la mesure où les faits sont élevés au statut d'essence : « un fait capital est décelé par l'étude de la mémoire. Les 'choses' peuvent devenir 'fonctions', prendre place au rang des réponses possibles »[6].

1. XIV, 630.
2. VI, 131.
3. Cf. IX, 175 : « si le temps semble aller plus vite, à mesure que nous avançons en âge, c'est que nous reconnaissons aussi plus de choses et en prévoyons toujours plus ».
4. X, 128.
5. MACH (E.), *La Connaissance et l'erreur*, trad. Dufour, Paris, 1919.
6. V, 283.

En utilisant le concept mathématique de fonction qui relie la variation d'un phénomène à celle d'un autre, Valéry met en évidence que le modèle emprunté à la science se passe du concept de causalité. Il établit une homologie entre la vie pensante et la vie perceptive, sans pour autant réduire l'une à l'autre. Dans l'art, il y a reprise de cette énigme fondamentale. L'imaginaire du corps émigre dans les moyens conceptuels de l'artiste comme dans les outils du discours. Ainsi délivré, il est confié à l'homme.

Cet homme nouveau, plus qu'une négativité qui vient au monde, est le signe que « l'absurde agit par l'homme et n'a que lui pour ressource »[1]. L'absurde est une loi[2], il est aussi « esprit que le juste et le superficiel ne l'est pas moins que le profond »[3]. S'il existe des expériences vécues difficilement exprimables, elles aspirent cependant à l'expression et y parviennent. Même si, « l'homme est absurde par ce qu'il cherche, (il est) grand par ce qu'il trouve »[4].

Valéry a recherché dans l'existence spontanée, les fondements du *Moi*, du *Monde* et du *Corps*, afin de mieux comprendre ceux de la création artistique. Il a décrit l'expérience conceptuelle avant son agencement, soit, selon la belle formule de Granel commentant et traduisant Heidegger, lorsqu'à « l'aube profonde du déploiement de son être, la pensée ne connaît pas le concept » mais connaît, en revanche, « le buisson, la montagne, la mer, la précipitation elle-même des choses – Visibles comme l'enjambée de l'être. Tout est un porche, tout ce qu'on voit passe sous un portique. Le bandeau pèse de nulle part sur la beauté du monde »[5].

1. XX, 184.
2. Cf. IV, 724 : « Tous ces gens qui marchent sont tirés par l'absurde. Ils marchent, ils sont et respirent dans lui… ».
3. XXIII, 166.
4. *Œ. II*, *« Mon Faust », Lust*, p. 316.
5. *Introduction* de G. GRANEL in *Qu'appelle-t-on penser* ?, op. cit., p. 8.

CHAPITRE VIII

L'ARCHITECTURE DE L'ÉPHÉMÈRE OU L'ÉPHÉMÈRE COMME CHAMP D'EXPÉRIENCES

> « Enseigner que tout ne tient que par un concert extraordinaire de conditions, d'ajustements, que les maisons reposent sur un sol, que la vie tient à x circonstances simultanées » [1].

« Ce qu'il y a de plus frappant dans la vie, c'est la consommation continuelle, la transformation permanente » [2], dont la mort est une interruption définitive [3].

Dans cette architectonique de l'éphémère, la veille, ainsi que les diverses phases qui l'accompagnent, deviennent le territoire privilégié d'expériences diverses. Si, à l'état naissant, tout est rêve, la recherche du solide, de la continuité et de la résistance, se fera *a contrario* à partir du sommeil, « origine et zéro » [4].

Par ailleurs, la lumière, dans laquelle le sujet comme les choses baignent, paraît tisser le lien entre eux [5]. L'édifice, comme « l'angle que fait cette arête de meuble avec le plan de la vitre, (il faut) le reprendre au quelconque, au visible non vu » [6], pour enfin le voir.

1. X, 595.
2. XII, 552.
3. XXIX, 765.
4. VIII, 518.
5. *Œ. I*, *Variété*, *Essais quasi politiques*, p. 1095 : « le soleil introduit (...) l'idée d'ordre et d'unité générale de la nature ».
6. XXIII, 480.

Le sommeil et l'attention. La préparation à l'action.

> « On le voit très bien au réveil. Quoi que ce soit est comme supporté par une construction de fonctions – et ces fonctions toujours en action »[1].

« Si on prend l'état zéro, on a le sens du véritable édifice »[2] de tout ce qui existe. Durant le sommeil, tout l'être est ramené « à l'état où se trouve pendant la veille sa partie végétative »[3]. Le sommeil et le rêve illustrent la modification de l'énergie. Dans ce cas, on est loin du « bousillage » dont parlait Nietzsche à propos du rêve, qu'il assimilait à un gaspillage d'énergie[4].

Le dormeur transforme une phase solide en une liquide. Il voit progressivement s'amollir « les solides qui servaient de mètres »[5]. Dans le rêve, comme c'est aussi le cas dans la vision extatique, la grandeur, la distance ne revêtent aucune importance. Dans sa phase liquide, il entraîne une modification des paramètres initiaux. Les « relations nouvelles avec les images et les accroissements dus à l'accommodation, sont comme illimités »[6].

Quant au sommeil, qui abaisse le nombre des équations simultanées de l'état de veille, il se trouve compensé dans la phase onirique par des développements. Puis, l'éveil transforme cet état. Cette fois-ci, il s'agit d'un « changement de coordinations »[7].

Pour le dormeur, le monde extérieur est vague[8]. Dans le rêve, tout y est également solide ou liquide[9]. Ses qualités sont celles de la *conscience captive*, selon la terminologie sartrienne. Cette conscience productrice de l'image est radicalement fausse. Elle réalise comme phénomène subjectif, sur le plan de la perception par le sujet, ce qui n'est en fait qu'une intention vide de sens. Le rêve est, alors, une conscience imageante. Le dormeur enregistre les données, les transforme, mais elles ne sont en aucune façon actives.

1. X, 629.
2. XI, 189.
3. IX, 857.
4. NIETZSCHE (F.), *Le voyageur et son ombre*, trad. H. Albert, Denoël-Gonthier, 1975, p. 117.
5. VIII, 416.
6. IV, 125.
7. II, 509.
8. IX, 569.
9. II, 583.

Le même phénomène s'observe, également, aux approches du sommeil, lorsque « les idées se rapprochent de la sensibilité. Les lois de la sensibilité élémentaires prennent le dessus : une idée se fait semblable à une sensation en tant que présence, durée, mélanges. Il en résulte que les idées prennent une réalité, mais que cette réalité résistante est instable – inachevable »[1].

Toutefois la conscience captive est dépourvue de toutes facultés de représentation. Ce pouvoir incombe à la veille, qui édifie de nouveaux éléments[2]. Quant à l'éveil, il peut être défini comme un « coup de mémoire général qui rappelle presque instantanément le système à ses devoirs, l'être à ses pouvoirs, le tas de matériaux à l'édifice, le néant à la capacité d'agir, le désordre à l'utilisable »[3].

Le sommeil, le rêve sont des états absolus. Si leurs qualités sont inopérantes dans le réel intramondain, ils démontrent, *a contrario*, l'activité de l'esprit. Cependant, dans le rêve, le « possible n'existe pas »[4]. Or, selon Valéry, la possibilité est liée intrinsèquement à l'objectivité. En effet, le possible ne prend pas sa valeur à partir du donné immédiat, mais se révèle au contraire dans une authentique objectivité potentielle, apparaissant du même coup comme la dimension véritable de celle-ci.

Si le rêve est une illusion de la fonction imageante, qu'il fait fonctionner à vide, il n'appartient pas au domaine de la pure vacuité, il « nous montre plus ou moins aveuglement, et à chaque instant, les données par les constructions »[5]. C'est l'esprit qui est la possibilité même du possible, les possibles sont des pensées[6]. Le possible, par le jeu des potentialités qu'il produit, est ainsi réductible à la valeur de « combinatoire »[7].

C'est donc à l'esprit incarné, qui dans la veille est caractérisé par la promptitude potentielle des actions, que revient le pouvoir et la capacité de provoquer celles-ci. Le possible est « présence »[8]. Un travail incessant se produit, qui n'a de cesse que la disparition même d'un possible, soit la mort biologique qui entraîne une transformation

1. IV, 552.
2. IV, 583.
3. VI, 131.
4. XXII, 223.
5. VII, 245.
6. V, 99.
7. IX, 100.
8. « Présence du possible, d'ailleurs ces deux mots sont inséparables, et l'un tient à l'autre (…).Toute chose donnée détermine quantité d'actions imaginables (…). Le fameux *Esse* du philosophe ne se contient pas dans l'*ens* », (XIX, 917).

irréversible. Ce travail, perpétuel mouvement, entretient même pendant le rêve, des rapports existentiels avec le monde, dans une sorte d'espace hodologique du non-dit.

Par ailleurs, le phénomène de l'attention[1] appartient, dans la systématique valéryenne, à la série des fonctions actives, et ce au même titre que la veille. Elle n'est pas relative à une série, produite par association d'images, et constitue, plutôt, un objet nouveau. A ce titre, les œuvres sont le meilleur exemple d'imitation de l'attention[2].

L'attention se rattache à tout ce qui, dans le monde animé, lutte contre le principe de Carnot[3]. Elle est parfois synonyme de «durée»[4] ou de «polarisation de la sensibilité»[5]. Dans tous les cas, «elle sert à illuminer la nature de la perception, et de la connaissance»[6]. Mais si l'attention participe au perçu des conventions culturelles, a-t-elle la même solidité que celle des choses naturelles, dans la mesure où la perception reconstitue les choses par l'illumination de l'attention?

Ce redoublement signifie, pour Valéry, que le monde s'offre comme antérieur à la perception et que le sujet ne se borne pas à le voir, mais qu'il désire l'engendrer. Ainsi, avec l'étude du phénomène de l'attention, il envisage les fondements de l'architecture perceptive et sort des ornières où les philosophes intellectualistes s'étaient engagés. En effet, il recense les infrastructures psychiques puis les superstructures spirituelles. La psychologie de la perception tient une place importante dans son œuvre, toutes les disciplines étant concernées par cette science fondamentale.

Néanmoins, dans la mesure où la phénoménologie, au sens husserlien du terme, est une description de l'expérience dans laquelle est mise en œuvre la nature de la conscience de pouvoir se saisir elle-même et de pouvoir saisir ses objets dans une évidence apodictique, dont la preuve scientifique n'est en rien évidente, Valéry semble contourner cet écueil en ayant recours à une psycho-philosophie de la mutation.

Le sommeil, la veille, l'attention, mais aussi les mécanismes de l'accommodation visuelle, sont autant de vecteurs qui participent à la

1. *Œ. I*, *Introduction biographique*, p. 29. En 1904, Valéry s'est particulièrement intéressé à cette fonction dans le cadre d'un mémoire pour l'Académie des Sciences Morales.

2. III, 213.

3. XIII, 174.

4. XII, 446.

5. II, 593.

6. V, 18.

stabilisation d'une forme. « Toute œuvre résulte d'un acte (...) tous les sens sont en jeu (...) les trois lois sont là en pleine lumière »[1], c'est-à-dire « le fonctionnel, le significatif et l'accidentel »[2]. Une fois réalisé, l'acte[3] se produit en tant que réponse à la recherche d'un fondement. Il en est ainsi des faits de culture. La connaissance est la réponse à l'événement par tout ce qu'il faut pour le causer, dans une organisation dont le corps et les actes du corps sont les moyens. Désormais, la compréhension est le corollaire de la capacité à faire, à agir. Tous ces éléments sont activés par la volonté et l'effort.

La méthode dialectique employée par Valéry n'est en rien réductrice. Les termes de la contradiction dépassée ne peuvent rendre compte ni du dépassement lui-même, ni de la synthèse ultérieure. C'est celle-ci, au contraire, qui les éclaire et qui permet de les comprendre.

La volonté et l'effort chez l'homme et dans la nature.

La lecture du *Monde comme volonté et représentation*, semble avoir eu une influence considérable sur l'esprit de Valéry. Notamment, en ce qui concerne le seul principe de tout mouvement : la volonté. Si l'action impose les lois de causalité et d'effet, la volonté est dépendante de ceux-ci, mais l'est-elle à nouveau si les ordres de grandeur se modifient[4] ?

La volonté s'apparente à un déplacement d'énergie, dont il est nécessaire d'établir « le groupe de transformations qui unit, rend solidaire des phénomènes extérieurs, et ces événements à existence subjective »[5]. Si Valéry a quelque peu nuancé le monisme schopenhauerien en soulignant, que le système n'est jamais « mono-variant »[6], il lui empruntera, tout de même, « le monde est ma représentation »[7]. Il doit sans doute aussi au philosophe, d'avoir lié le problème du rapport entre l'idée et le réel, c'est-à-dire entre le monde intérieur et le monde extérieur, dont finalement, sera tributaire toute la pensée de la fin du XIXe siècle.

1. XXIII, 29.
2. XVII, 186.
3. Dans le vocabulaire valéryen, un acte est « une modification qui a demandé un montage », (IV, 493).
4. XIV, 109.
5. VII, 860.
6. VIII, 697.
7. V, 199.

Cette liaison entre la pensée et le réel, le philosophique et le psychologique, «qui définit le présent grossièrement, est observable»[1]. En effet, la volonté préparée dans les labyrinthes du corps, assure dans un rapport d'embrassement, la liaison entre la conscience et le réel. Elle fait coïncider le monde et la représentation élaborée par le sujet. En tant qu'«ensemble du réel (imaginé) par nous»[2], la chose inhumaine n'est pas signifiante. D'ailleurs, «le monde extérieur ne se borne pas à exciter la vie philosophique, mais il est en partie dans la veille. Il entre en composition»[3], tout comme un système dans les parties duquel s'opèrent des échanges.

Cette volonté est tragique dans la mesure où elle est dépassement de soi, «ipséité»[4]. Elle prend sa source dans une étroite conscience existentielle inscrite dans le corps, ses mouvements, ses actes. Par la conscience de la mort, le sujet comprend ce qui lui appartient en propre et en prend connaissance. La force de celui qui accède, par sa volonté, à cette dimension, confère à toute chose la consécration de pouvoir être élevée à un destin. D'ailleurs, l'édifice contient la présence de cette «volonté affirmée»[5], signe que l'homme «n'est quelque chose que par son effet contre ce qu'il est»[6]. Ponge, citant Valéry, remarque l'extrême difficulté de l'obtention de cet équilibre: en matière de volonté et d'effort, «il faut vouloir (...) et ne pas excessivement vouloir»[7].

La conscience de l'effort se mesure par «une différence ressentie entre les moyens et les fins, les causes et les effets»[8]. Elle est tout autant physique qu'intellectuelle. Dans ce cas, le créateur tend «l'arc de la pensée»[9]. D'ailleurs, tout ce qui relève de l'esprit s'élabore selon le modèle du « simultané sensoriel instantané à la reconstruction du corps entier agissant»[10].

Ainsi, la relation se crée dans l'activité ludique déclenchée par une image et l'énergie utilisable. Il est des images amorces « qui

1. V, 231.
2. Ibid.
3. IV, 510.
4. XIX, 385.
5. *Leçons sur l'architecture*, manuscrit inédit, 1943-1944, fonds P. Valéry, Bibliothèque Nationale.
6. IX, 694.
7. PONGE (F.), *Proêmes*, op.cit., « Page bis », p. 190.
8. XII, 37.
9. IV, 452.
10. XII, 211.

décrochent toute une énergie (...). Le (fait) est très important car il porte directement sur le cas de la figure avec l'énergie »[1]. Par conséquent, la volonté s'exhibe dans l'énergie utilisable, mise en jeu par le désir. Ainsi, se crée une relation entre celle-ci et l'image. Le monde intérieur et le monde extérieur se trouvent en parfaite réciprocité et de leur amalgame se déploie la volonté créatrice. La volonté et la potentialité sont « les deux coordonnées des actions conscientes de l'homme »[2].

D'autre part, si l'homme est un « système qui se transforme »[3], il possède, aussi, une partie instrumentale. A propos de sa main qui trace des mots sur le papier, Valéry remarque que cet acte est devenu instrumental : « tout a été appris (...) oublié pour que l'opération soit ce qu'elle est, si on regarde la pensée il en est de même, il y a une partie instrumentale »[4]. Dans ce cas, l'automatisme se substitue à un régulateur d'énergie. Si, dans la pensée et la conscience, il existe une partie instrumentale, il ne faut pas se méprendre sur la relation corps-instrument et pensée-instrument. De la première on ne déduit pas nécessairement la seconde, ni *vice versa*. La sphère du psychobiologique n'est pas forcément rationnelle. Valéry a remarqué que la plupart des phénomènes psychologiques et surtout psycho-physiologiques, en dépit d'une apparence régulière et mécanique, sont dus à de véritables hasards[5].

Il n'en est pas de l'homme comme de la machine. En 1910, Charles[6], en établissant un test pour calculer l'habitude, remarquait que si l'on répète un certain nombre de fois le même acte, le temps pour l'accomplir va diminuant quand le nombre des répétitions augmente, et ce jusqu'à un temps limite à partir duquel la durée ne change plus. S'il est certain que l'habitude entraîne un accroissement de rendement, du moins dans un premier temps, il est vrai également que l'accroissement du rendement n'exclut pas le phénomène de néguentropie observé en physique. L'instrument recherché par *Monsieur Teste*, afin d'obtenir une meilleure utilisation de soi-même, est le fruit de l'éducation et de l'habitude « qui ont supprimé le sentiment de ce qui

1. X, 624.
2. XV, 176.
3. II, 896.
4. XX, 379.
5. IV, 13. Pour Valéry, le hasard est synonyme de « faire », (XXI, 338). Le hasard est du à la superposition d'événements dirigés horizontalement et qui se croisent avec une autre série à un moment donné.
6. CHARLES (H.), *Sensation et énergie*, Paris, 1906.

est intermédiaire entre le vouloir et l'agir»[1]. Paradoxalement, l'habitude n'engendre ni gain de temps, ni perfectionnement. Bien au contraire, dans la phase de dégradation[2] elle est la source d'une perte. Le tropisme mondain pousse le multiple sensoriel à se rassembler dans un acte qui est une «œuvre d'art»[3]. Est-ce la beauté de celui-ci, qui «fait construire en quelqu'un»[4] ? Si le beau résulte de l'harmonie des lois dans le domaine de l'esprit, en est-il de même dans la nature?

Valéry observe que, dans la nature, les formules de composition ne permettent pas de construire, elles ne sont pas des représentations d'actes[5]. L'acte est le résultat d'une opération qui englobe tout. Par exemple, l'architecture du temple grec démontre, par le rythme de la façade, la composition d'éléments qui se répondent[6]. Pourtant, même la sensation d'une croissance végétale n'est en rien le signe d'un modèle emprunté à la nature[7]. En effet, seul l'homme conserve la possibilité de refaire[8], alors que «tout ce que fait l'arbre le modifie sans retour»[9]. A la différence de l'humain, la nature ne se détache pas de son œuvre, « pas d'axes tournant librement»[10].

Ponge a eu la même intuition. Dans *Faune et flore*, il a remarqué que «le végétal est une analyse en acte, une dialectique originale dans l'espace»[11]. L'étude des lois de la nature ne fournit pas le concept de forme mais celui de force[12], pourtant «un petit morceau d'ambre fait voir une chose qui est de toute la nature, et qui ne se voit que par lui»[13]. La forme prend corps dans un univers concret, qui est celui des mains de l'homme. La nature n'utilise pas les matériaux comme le fait

1. XII, 713.
2. XXIV, 476.
3. IX, 397.
4. XVII, 52.
5. XXIII, 522.
6. IV, 594.
7. Exception faite, toutefois, pour «l'architecture dite gothique, la seule dans laquelle matière, structure et ornement soient (si souvent) du même accord. Même chez les grecs, il y a intervention. La gothique est du produire autant que le faire puisse imiter le produire. Elle est végétale», (XXV, 610).
8. Ibid.
9. Ibid.
10. V, 354. Cf. également: «L'arbre expulse ses forces (...). L'arbre est une pression qui s'organise. Le possible de l'arbre est espace», (XXV, 118).
11. PONGE (F.), op. cit., *Le parti pris des choses*, p. 84.
12. «La plante est un système de forces», (XI, 40). Cf. également, *Œ. II, Dialogues, Dialogue de l'Arbre*, p. 188.
13. VIII, 70.

celui-ci. Elle « opère, agit et ne calcule pas, n'en a pas les moyens »[1]. Le véritable artiste crée comme la nature[2] contre la nature, l'art conçu comme une imitation de la nature étant une niaiserie[3]. La forme qui se projette en organisant la matière est implicitement contenue dans notre structure[4].

L'homme valéryen trouve, dans le monde matériel, le sentiment emphatique de la force, non celui de la forme : « l'artiste doit chercher la 'nature' dans son travail mais en tant que lois et non en tant que miroir »[5]. Alors la lumière naturelle, combinée avec la persistance des impressions, « engendre toute notre idée d'univers »[6].

La lumière.

« Cathédrale – orgues pour la lumière »[7].

La lumière, réciproque du regard, intervient de façon particulière dans l'œuvre de Valéry, comme d'ailleurs dans celle de Camus. Dans le dernier essai de *L'envers et l'endroit*[8], elle prend une connotation métaphysique, en devenant *media* pour le sujet qui, ainsi, accède concomitamment aux choses et à lui-même.

Dans l'*Œuvre* et les *Cahiers*, se trouve présente une même préoccupation, celle du regard, de la lumière. Elle tisse le lien entre le monde et l'homme, en composant le décor[9], et surtout « commence

1. XII, 295.

2. « Donner à une voix la forme d'une plante croissante (…), ou l'activité d'un oiseau dans l'espace », (XIII, 776).

3. Selon Valéry, plutôt qu'imitation directe de la nature, il serait plus juste de dire : « imitation différentielle de la nature vivante – pour obtenir le grand effet de continuité dans le produit – mais continuité non géométrique mais génératrice », (XVIII, 716).

4. IX, 168.

5. II, 679.

6. XIV, 660.

7. XI, 711.

8. CAMUS (A.), op. cit., p. 48. « Qui suis-je et que puis-je faire, sinon entrer dans ce jeu des feuillages et de la lumière (…). Si j'essaie de m'atteindre, c'est tout au fond de cette lumière. Et si je tente de comprendre et de savourer cette délicate saveur qui livre le secret du monde, c'est moi-même que je trouve au fond de l'univers ».

9. « Gênes, Marseille, ou Naples transfigurées, l'architecture du décor, les profils de la terre, la perspective des eaux, se composant, comme la scène d'un théâtre où ne viendrait agir, chanter, mourir parfois, qu'un seul personnage : la lumière », *Œ. I*, *Variété*, *Inspirations méditérranéennes*, p. 1085.

quelque chose»[1]. Cette puissance extérieure indispensable[2] éveille une volonté. Elle fait surgir «un commencement, d'un fait qui est le possible apparu comme fait»[3]. La terminologie valéryenne désigne un véritable embrasement, commencé loin dans les profondeurs du corps, puis terminé dans les labyrinthes de l'esprit. C'est le corps qui se lève vers le monde et distribue des valeurs aux choses alentours, et ce, à tel point que «je suis mu par la vue»[4]. Le corps sans regard ni lumière, est un incapable qui ne peut rien prévoir, «chaque pas est une invention spéciale de l'œil et de l'instant»[5]. Si la lumière agit, cette action agit sur la motricité. Le corps possède lui aussi une lumière, «le regard est une lumière»[6], et chaque sens oriente la motricité[7].

Tout le sensible est, pour Valéry, essentiellement kinesthésique. La sensibilité et la motricité constituent l'acte en même temps que le tracé de l'espace. Cet espace n'est pas celui analysé dans *La Dioptrique* de Descartes. Il ne fonde pas un réseau de relations entre objets, le sujet n'en est pas le spectateur. C'est un espace dans lequel le sujet pénètre et qui se calcule à partir de celui-ci, alors point de départ de la spatialité. L'espace est autour du sujet, non devant lui.

La perception du mouvement est antérieure à celle des objets. Il ne s'agit plus de contempler l'espace ou de s'émerveiller de la lumière qui se répand sur les choses naturelles, mais il s'agit d'animer, d'exprimer, l'espace et la lumière qui sont présents. A la façon de «l'architecte antique (qui) partait de la lumière (...) et ne se dirigeait pas vers un édifice que l'on puisse construire n'importe où»[8].

L'espace s'élabore à partir des valeurs de ce qu'il est convenu de nommer la *corporalité*: «espace occulo-moteur, espace produit par le mouvement de la tête, espace tactile (...), l'espace est constitué par les mouvements du corps humain qui se déplace. L'espace est le nom de la valeur de transformations possibles d'un système de sens – motrices (sic) »[9].

1. VIII, 818.
2. XXIX, 784.
3. XXVIII, 783.
4. *Œ. II*, *Dialogues*, *Eupalinos*, p. 110.
5. *Œ. II*, *Tel Quel*, *Autres Rhumbs*, p. 666.
6. XVII, 807.
7. XXIV, 811.
8. XXIV, 832.
9. XXII, 23.

Cependant, Valéry a avoué un conflit dans son esprit entre « les racines motrices de l'espace et l'idée des ensembles de points »[1]. Relier deux points est impossible, comme chez Zénon d'Elée. « Vous croyez les joindre – l'objet que nous voyons est déjà impossible à voir (...). La table des catégories peut être considérée comme non encore réalisée (...). Le déplacement d'un corps est équivalent à une pluralité de corps placés dans un espace »[2]. Lorsqu'il analyse le mouvement provoqué par la lumière, Valéry élabore une phénoménologie de la sensibilité kinesthésique. Cette sensibilité, qui est activité, ne produit cependant pas d'intentions objectivantes. Le sujet est mobile, il ne se tient plus dans la grande immobilité propre à l'idéalisme.

L'œil qui regarde, la main qui saisit, « la conscience (...), bouche qui écoute »[3], ne se bornent plus à une activité inconsciente d'elle-même, bien que centrée sur soi. Le sujet les conçoit comme des choses, parmi les choses qui entretiennent avec l'univers des rapports d'interdépendance. Il est bien évident que les schèmes, d'implicatifs se muent en explicatifs. Leur cohérence va de pair avec la constitution d'un univers d'objets et de nouvelles relations spatio-temporelles, qui assurent la permanence et la solidité de l'univers. Le déplacement vers l'édifice en est l'illustration[4].

La *volonté*, le *pouvoir*, le *voir*, s'érigent en valeur épistémologique, en devenant par synergie autant de fonctions de la connaissance objective. « Le voir (...) tient de l'acte »[5]. Quant à la notion capitale du pouvoir, elle résulte « peut-être de la sensibilité musculaire »[6] par intentionnalité.

Le thème de l'intentionnalité est ici conçu comme « volonté créatrice ». Il permet d'entrevoir une nouvelle dimension, à la croisée des chemins de la psychologie, de la philosophie et de la cybernétique. L'intentionnalité fonde alors une théorie générale de la représentation. Valéry a voulu démontrer comment l'individu impose un sens à des valeurs qui intrinsèquement en sont dépourvues, et comment la lumière agit sur l'organisme humain comme tropisme. « Le rôle de la

1. XXI, 99.
2. VI, 285.
3. « Et là aussi, voir, être vu, ce qui est vu voit, ce qui voit est vu », (VIII, 378).
4. « La motilité et le mouvement – fonctions d'objets *extérieurs* – à distance – exerçant une injonction sur des sens et correspondant à des injonctions *intérieures* », (XVII, 485).
5. XXII, 167.
6. XX, 822.

lumière (...) doit être, dans la conscience, joué par l'énergie excitante de provenance extérieure»[1]. L'originalité de la démarche consiste à démontrer que l'intentionnalité sous toutes ses formes, ne fonctionne que sur le fond d'un arrière-plan de capacités non représentatives: «il y a plus de possibilités motrices et de possibilités sensorielles qu'il n'y a de besoins»[2]. Un réseau de valeurs se crée entre formes mentales et formes créatrices de l'intentionnalité, par l'utilisation de l'énergie musculaire[3].

L'éphémère comme terrain d'expériences, organise un espace hodologique. Les rapports de la veille, du sommeil et de sa production imageante, prouvent que l'univers mental, comme d'ailleurs celui du corporel, est un réseau de connexions multiples et adaptatives. Cependant, l'acte habituel n'accroit pas forcément le rendement. Celui-ci peut aussi bien décroître. Dans le cas de l'expérience esthétique de l'objet, la perception qui s'émousse ne le saisit plus comme tel. C'est pour cela qu'il faut toujours tenir compte de la lumière, dans la mesure où elle peut fournir de nouveaux points de vue sur les choses. Alors, seulement, la conscience acquiert toute acuité dans le temps et l'espace puisqu'elle est «liée au sentiment spatial orienté – équilibré»[4].

1. XXIX, 784.
2. XVII, 485.
3. «Pouvoir – et choses de cette espèce – c'est le constituant 'musculaire' de nous, en tant qu'il est ressenti, qui est peut-être le sens le plus important. Celui dont les propriétés sont racines de nos 'temps, espace, pouvoir, etc...' toutes choses que je vois sous le nom général d'Action (...). Notre idée de présent, passé, futur, est fondée à l'état élémentaire sur l'action – Laquelle est propriété musculaire», (XVIII, 445).
4. XII, 249.

CHAPITRE IX

LE TEMPS SPATIALISÉ ET L'ESPACE TEMPORALISÉ

> « La continuité combine toujours l'espace et le temps » [1].
>
> « Evénements architecturaux – Rencontres des dimensions » [2].

L'espace et le temps sont les produits de sensations qui ne prennent leur sens qu'à partir du *Moi-corps*. Alors, « l'être projette autour de soi une enceinte fermée – dont la clôture n'est que la réciproque de l'extériorité de ses sens, figurée par une surface ou lieu de cette portée. C'est la topologie de la perception – et topologie qui embrasse le temps » [3].

Si, pour Valéry, « le temps, l'espace, sont des mots (et qu'il) n'y a que des corps, ou du moins des sensations » [4], il n'en demeure pas moins vrai qu'une « vie humaine » est « construction d'une personnalité dont les réactions successives aux événements quelconques font peu à peu une figure, un quelqu'un (par soi et pour autrui). Telles sont les figures du temps » [5].

Pas plus que le sujet ne peut s'abstraire de la temporalité, il ne peut le faire de l'espace. L'espace et le temps sont des données fondamentales de l'expérience. Si le temps, comme l'espace, constitue un tout dont le sujet est dépositaire, comment le sujet parvient-il à les dominer ? L'espace et le temps ne sont pas des absolus, ni des formes universelles de la pensée. Ils sont plutôt relatifs aux axes de références de chaque observateur, et de la position que celui-ci occupe dans l'univers par rapport à ce qu'il observe. Ainsi, l'édifice devient l'un des modèles privilégiés de la perception spatio-temporelle.

1. *Œ. I*, *Mélange*, *Mer*, p. 289.
2. XI, 7.
3. XVIII, 792.
4. VI, 448.
5. XIV, 301.

LA PERMANENCE DES CONDITIONS RATIONNELLES ET ESTHÉTIQUES OU LE TEMPS SPATIALISÉ

> « Il faut traiter le temps comme on a traité l'espace »[1].

L'homme vit dans le changement, « l'égalité des temps (dont nous avons l'intuition) » étant « la chose du monde la plus incompréhensible »[2], et il est le spectateur d'une universelle transformation avant même d'en avoir connaissance. Pourquoi, s'interroge Valéry, « la vie n'est-elle pas une incessante danse? Et comment pouvons-nous agir sans une perpétuelle harmonie entre nos actes et leur durée? Ne sommes-nous point une chaîne de nos figures successives qui se dégagent l'une de l'autre, et qui se répondent comme elles s'opposent ? »[3].

Le changement.

Par la mémoire, le sujet peut reconstituer ce changement, « en découvrir les lois, en prévoir les successions »[4]. L'homme « transporte son passé avec lui – comme il transporte son énergie, son foie, sa logique, ses étalons de mesure de temps, d'espace, etc... »[5]. Ainsi, le sujet peut apprendre à utiliser le devenir au lieu seulement de le subir. D'ailleurs, l'expérience de la succession des changements continus et discontinus, explique la naissance de l'idée de temps. Celui-ci « résulte de la perception de l'état de division ou de contraste en ces trois ordres de substitutions (...): le monde extérieur, le mon-corps, l'esprit »[6]. L'individu ne se crée, et ne se trouve, qu'en se séparant d'avec sa propre limite temporelle. Il se crée *ex nihilo*. « On ne perçoit le temps même que lorsqu'il y a quelque désaccord – dans l'attente – la douleur – la presse – le vouloir... »[7]. La création gidienne de l'instant et la

1. II, 589.
2. XXVI, 65.
3. *Œ. I, Notes, Danse,* p. 1721. A propos de la danse, art de l'espace et du mouvement par excellence, cf. IV, 691 : « la danse n'a pas pour objet de me transporter d'ici là ; ni le vers, ni le chant pur. Mais ils sont pour me rendre plus présent à moi-même, plus entièrement livré à moi-même ».
4. XII, 22.
5. VII, 591.
6. XX, 665, 666.
7. IV, 73.

création valéryenne du temps sont des pensées de la création continue, « création continûment discontinuée »[1].

Comme le supposaient les théories de Leibnitz, avec le *principe de l'harmonie préétablie* qui donnait droit à l'intérieur de chaque monade à « une véritable continuité réalisée par l'action d'un temps universel et absolu au long duquel s'illustrait la parfaite concordance de toutes les monades »[2], ou bien l'espace euclidien à trois dimensions et le temps newtonien, où Kant avait vu des formes *a priori*, immédiates, nécessaires et universelles de la perception, l'idée d'un temps absolu n'est pas concevable dans le système valéryen. Il ne peut exister de temps qui s'imposerait *du dehors* à la pensée. La thermodynamique « est une théorie implicite du temps qui a porté le premier coup à l'idée de temps absolu – et pur »[3]. Les théories classiques sont, en réalité, le résultat de constructions scientifiques.

Pour concevoir la relativité de l'idée de temps en thermodynamique, il faut se reporter au *Deuxième Principe* ou *Loi de Clausius-Carnot*, qui indique que l'énergie se dégrade progressivement en passant des formes à haute tension aux formes à basse tension, dont la dernière est la chaleur rayonnante. Cette loi de dégradation de l'énergie, de l'augmentation de l'entropie, est associée nécessairement au vecteur temps[4].

La notion de temps, dérivée des expériences de la thermodynamique, s'applique aux différents stades mentaux du développement d'un individu. Sur ce modèle, dans le système valéryen, l'aspect énergétique du temps se capitalise tout en étant soumis à des modifications intrinsèques. Puisqu'il « y a des instants, il y a des états – il y a des âges – Temps appréciés par le corps et par le temps de l'esprit »[5], eux-mêmes étant soumis à des modulations. Il existe donc des temps « proventuels », des temps qui permettent de cerner « le

1. POULET (G.), *Le temps humain*, éd. du Rocher, 1976, p. 46. La citation de Gide qui est peut-être la plus significative à cet égard, se trouve dans *Les nourritures terrestres*, Gallimard, 1972, p. 73 : « Nous ne sommes rien que dans l'instantané de la vie, tout le passé s'y meut avant que rien d'avenir y soit né (...), instants ».

2. BACHELARD (G.), *L'intuition de l'instant*, Denoël-Gonthier, 1979, p. 60.

3. XIX, 49. « Le principe de Carnot supprime le temps homogène », (XIV, 838).

4. « Appareils intellectuels prodigieux de ce siècle – les lignes de forces de Faraday. L'énergie, le potentiel de Clausius. Kelvin consiste à pousser aussi loin que possible l'équation entre le phénomène donné et le phénomène construit », (I, 235).

5. IX, 565.

temps réel» qui «se réduit à ces sentiments de possible et d'impossible»[1] advenus dans l'histoire du vécu. Ce temps cristallise notre actualité. C'est ce que Nietzsche appelait l'Inactuel ou l'Intempestif, ce qui est *in actu*.

Dans la perception architecturale, la connaissance du temps, soutenue par la conscience, donne toute sa dimension au modèle de la thermodynamique ainsi qu'à l'actualité du sujet. En tant que durée, la conscience fluctue, dans les sciences comme dans le vécu corporel des hommes, modelée par de nouvelles techniques, de nouveaux mouvements, soit en tant que «présent achevé»[2] qui n'est vraiment perceptible que dans la «veille»[3]. On assiste alors à une transformation de l'énergie. Dans le vécu du sujet, «ce qui était en train passe comme à travers ce qui l'arrête. Ce qui existait passe au travers de ce qui vient exister, et va se réformer au-delà, se rapporte après. Il y a comme un transport du passé sans séjour dans le présent»[4].

Si, comme l'a remarqué Bachelard, «la conscience du temps est (...) une conscience de l'utilisation des instants, (...) toujours active, jamais passive, (si) la conscience de notre durée est la conscience d'un progrès de notre être intime, que ce progrès soit d'ailleurs effectif ou mimé ou encore simplement rêvé»[5], alors le temps «vrai» n'a de valeur qu'au titre de complément de l'instant, «c'est-à-dire avec autre chose: il n'est pas isolable»[6]. Le rêve et la veille peuvent être considérés comme deux phases différentes du même système thermodynamique[7]. Le rêve correspond à la phase liquide du système, à la différence de la veille qui est assimilable à la phase solide. Par conséquent, «ce que nous percevons de la durée, c'est son prix»[8]. La conscience apparaît d'essence temporelle dans la mesure où l'esprit, dans son entreprise de connaissance, se présente comme une série d'instants nettement séparés, à laquelle il répond par «une tentative

1. Ibid.
2. XI, 264.
3. XI, 40.
4. VIII, 674.
5. BACHELARD (G.), *L'intuition de l'instant*, Denoël-Gonthier, 1979, p. 88.
6. VIII, 855.
7. En effet, «il n'y a de temps que dans les périodes où la sensation paraît nettement dans la connaissance. La veille contient des lois de correspondances. Le rêve ne contient que des lois de succession et dans le rêve le significatif et le formel coïncident», (II, 528-529).
8. VIII, 855.

continuelle d'unification et de décentralisation ou simplification, à la diversité incohérente et fluctuante de l'instant»[1] dans l'actuel.

L'esprit, en tant que «système de correspondances et de travail sur ce système»[2], fournit le lien à la durée. Néanmoins, «au fond de nous-mêmes, (...) nous ne saisissons pas la causalité qui donnerait une force à la durée et c'est un problème savant et indirect de chercher des causes dans un esprit où ne naissent que des idées»[3]. Il est donc nécessaire de transposer les paramètres temporels dans le domaine spatial pour être en mesure de le dominer. Ce problème de la réduction du temps à l'espace est d'une importance particulière en philosophie.

La mesure du temps se traduit scientifiquement non seulement par la mesure d'un espace parcouru par un mobile, mais aussi «par des sensations de désir, d'attente, de gain ou de perte (...) et par des altérations locales. D'où (...) l'idée d'altération générale – puis sa 'mesure' par quelques altérations locales périodiques. Cette périodicité suggérant le compte – et la notion de coïncidence, qui rejoint l'espace (le solide)»[4].

La durée.

A propos de la durée, l'analyse bergsonienne avait montré que «par l'intermédiaire du mouvement, (...) la durée prend la forme d'un milieu homogène, et que le temps se projette dans l'espace»[5]. Cependant, le milieu dit homogène, est le siège d'une vie psychologique superficielle qui s'oppose au Moi fondamental, lieu de la véritable durée. Bergson distingue «deux formes de la multiplicité», qui sont autant d'aspects de la vie consciente: «au-dessous de la durée homogène, symbole exclusif de la durée vraie, une psychologie très attentive démêle une durée dont les moments hétérogènes se pénètrent; au-dessous de la multiplicité des états de conscience, une multiplicité numérique des états conscients, une multiplicité qualitative; au-dessous du moi aux états bien définis, un moi où succession implique fusion et organisation»[6].

1. XXI, 553.
2. I, 655.
3. BACHELARD (G.), *L'intuition de l'instant*, op.cit., p. 19.
4. XXV, 448.
5. BERGSON (H.), *Essai sur les données immédiates de la conscience*, P.U.F., 1961, p. 93.
6. BERGSON (H.), ibid., p. 95.

Or Valéry construit ce que Bergson déconstruit. Dans le *Cahier* XV d'ailleurs, il écrit n'avoir jamais compris « si la fameuse durée » de Bergson se classait « dans les sensations, dans les perceptions – dans les symboles ou notions introduites pour exprimer – ou dans les métaphores – Si pas de définition précise, pas d'utilité d'échelle »[1]. Pour Valéry comme pour Bachelard, la sensation est variée, et c'est la mémoire qui uniformise. L'un comme l'autre utilisent la même méthode, ce qui les oppose à Bergson. En effet, comme le note Bachelard[2], Bergson « prend le temps plein d'événements au niveau même de la conscience des événements, puis il efface peu à peu les événements, ou la conscience des événements. Il atteindrait alors, croit-il, le temps sans événements, ou de la durée pure ». *A contrario*, Valéry, comme Bachelard, perçoit le temps en multipliant les instants conscients.

La durée est d'abord saisie dans la conscience de l'instant à la merci duquel elle est. C'est la conscience d'une pluralité successive, discontinue, désordonnée, anonyme. Elle commence par le néant de la conscience. « La fameuse durée que chaque être consume par soi n'est pas du tout un continu, mais elle doit se figurer par la dégradation et la reconstitution incessante d'un présent achevé, 'équation d'équilibre' »[3].

La durée en soi n'existe pas, elle se cristallise essentiellement dans un acte créateur. D'une part, « les vivants construisent pour durer – durée est construction – vie est construction – reconstruction »[4]. D'autre part, en architecture, « même dans les pièces les plus légères, il faut songer à la durée, c'est-à-dire à la mémoire, comme les constructeurs de flèches et de tours songent à la structure »[5].

Le concept de la durée chez Valéry anticipe celui du *même* heideggerien, soit « ce qui rassemble espace et temps en leur déploiement, (et qui) peut s'appeler : l'espace (de) jeu (du) temps, (le) der zeit – speil – raum »[6]. Dans la durée, le présent est le « rassemblement » de la dépendance des « fonctions d'action et d'adaptation »[7], avec nos représentations mais aussi « coexistence, réciprocité, (...) additivité,

1. XV, 287.
2. BACHELARD (G.), *L'intuition de l'instant*, op.cit., p. 88.
3. XI, 264.
4. IX, 150.
5. *Œ. II*, *Pièces sur l'art, Histoire d'Amphion*, pp. 1278-1279.
6. HEIDEGGER (M.), *Acheminement vers la parole*, traduction J. Beaufret, Gallimard, 1981, p. 200.
7. III, 854.

équations de continuité (de la quantité de différences perçues), équations d'action et de réaction »[1].

L'avènement de la temporalité est solidaire du mouvement de la conscience, qui ne cesse de se réitérer pour se soutenir et fonder en même temps que sa continuité, le flux intentionnel. D'ailleurs, « la question du temps est double (...). Il y a un temps perçu – qui est un contenu, et des temps fonctionnels non perçus mais qui agissent sur les contenus, les subissent, les modifient et en sont modifiés »[2]. La notion de « temps – quantité ou durée (...) se ramène à la sensation de gêne et de résistance. Soit que j'oppose une résistance, soit que je la subisse ». Et Valéry de conclure, « nous ne sommes qu'attente et détente »[3].

En effet, si le temps n'était qu'une fuite infinie d'instants qui se succèdent et se font place les uns aux autres sans laisser aucune trace derrière eux, il ne pourrait pas prétendre à l'objectivité. Descartes, dans sa *Troisième Méditation*, pensait trouver dans l'expérience intérieure l'origine de l'idée de temps, qu'il ne distingue d'ailleurs pas de celle de durée. Ce temps cartésien n'est pas la temporalité originaire que vit la conscience valéryenne. Car la conscience ne dure qu'en dépassant ses perspectives et en les reliant entre elles, dans la continuité d'une synthèse.

Kant, qui a élaboré sa théorie de la connaissance à partir de l'espace et du temps, paramètres de la sensibilité, a démontré que notre idée de temps n'est pas une copie des choses, mais une manière de les considérer. Il a fait du temps une forme de la sensibilité. L'unité du temps est réalisée par la façon dont l'esprit lie la diversité des sensations. Valéry le rejoint lorsqu'il écrit « le temps est une propriété de la sensibilité ». Cependant, il ne devient « catégorie, forme, etc (...) que quand on essaie de le décrire »[4].

Le mouvement dans lequel la conscience se reprend et surmonte l'éparpillement infini et sans traces des instants, dans l'unité mélodique[5] des horizons temporels qu'elle déploie autour d'elle, ne peut aboutir que si le monde ne s'évanouit pas, mais offre symétriquement,

1. XIV, 440.

2. XII, 555. « Temps que l'on fait, temps que l'on subit – temps que l'on ne fait ni ne subit et qu'on ne perçoit pas – étant sur le même mobile – ayant la même vitesse que lui », (VI, 894).

3. V, 288.

4. XXV, 387.

5. « La mélodie comme relation rationnelle à plusieurs solutions », (II, 276).

en revanche, des cristallisations[1] qui assument le perspectivisme des points de vue et permettent à la conscience de se maintenir comme durée.

Ce dépassement des points de vue dans un noyau dur et permanent d'être, indifférent à l'angle sous lequel l'individu le perçoit, c'est précisément l'*édifice* ou l'*objet*. L'architecture « tend à constituer des corps solides qui satisfassent à certaines conditions. Effaçons un instant de ces conditions celles qui distinguent l'architecture d'un art purement pour l'agrément, celles de commodité. C'est-à-dire, réduisons-la à la construction de corps d'une grandeur dont l'unité d'échelle soit un arbre moyen – et dont l'objet unique sera d'intéresser l'œil – l'œil non assujetti à un seul point de vue »[2].

Cette architecture qui dure, dans laquelle il y a cristallisation, est soutenue par la conscience dans une sorte de pérennité : « un édifice accompli nous remontre dans un seul regard une somme des intentions, des inventions, des connaissances et des forces que son existence implique – Il manifeste à la lumière l'œuvre combinée du vouloir, du savoir et du pouvoir de l'homme »[3]. Si « l'art tient de l'esprit, de cet esprit dont la durée est tissée d'actes sans matière, l'art le plus proche de l'esprit est donc celui qui nous restitue le maximum de nos impressions ou de nos intentions par le minimum de moyens sensibles »[4]. En effet, « l'art a pour objet de produire une attention de structure particulière. Complète en soi »[5]. Par exemple, l'art musical montre qu'en « attaquant un sens, en produisant les sensations d'un seul genre et non spatial, dans un certain ordre, on me fait produire des mouvements, on me fait développer l'espace à trois ou quatre dimensions, on me communique des impressions quasi-abstraites d'équilibre (...), on me donne l'intuition du continu, des extrêmes, des moyennes, des émotions – même de la matière – du désordre interne du hasard intime chimique »[6].

1. Dans le *Cahier* XII, p. 318, on trouve un fragment copié et commenté de *La symétrie dans les phénomènes physiques*, « d'après Curie ». Valéry semble en avoir assimilé les principales notions : « La théorie prévoit pour la structure interne des corps cristallisés 230 types de symétries distincts. Si tous ces types se trouvent réalisés dans la nature, c'est pour les physiciens une véritable richesse car ils ont alors à leur disposition 230 milieux doués de symétries différentes ».

2. VI, 158.

3. *Œ. II, Pièces sur l'art, Histoire d'Amphion*, p.1277.

4. *Œ. II, Pièces sur l'art, Petit discours aux peintres graveurs*, p. 1301.

5. XVII, 483.

6. V, 224.

La musique fixe-t-elle les changements? Une réponse affirmative à cette question, consisterait à faire bon marché de la valeur véritable du temps qui sonde les consciences. L'élucidation de type architectural montre que la conscience est débordée par la transcendance du monde et d'un temps [1] qui ne semble plus lui appartenir en propre, mais être du domaine de tous. Ainsi, si la musique est un art «qui fixe les changements» [2], faire l'expérience de ceux-ci s'avère difficile. Le sujet valéryen reste enfermé dans sa subjectivité et dans son temps. Pourtant, «il n'y a pas de temps général, il n'y a que des temps de systèmes» [3].

Aspect hybride du temps.

Le temps qui s'écoule, est repris puis saisi dans le présent de celui qui perçoit, il est «réciproque d'une perception». Ce double état participe à la stabilité et à l'identité du vécu dans le temps objectif, par le truchement de la durée. L'intuition de la durée bergsonienne n'est pas soutenable selon Valéry, puisqu'«on y voit apparaître un espace du dedans, une extension qui est le monde où Achille marche» [4], alors qu'il n'existe point de durée de quoi que ce soit sans ce qui «arc-boute» [5]. Le temps «est inextricablement, corrélativement, lié à l'être» [6]. La durée est une création de l'esprit qui mobilise toutes ses ressources et sa vigilance. Comme l'a écrit Heidegger: «le temps se temporalise seulement du fait que l'homme est» [7].

La temporalité est une oscillation de soi, puisque «la durée vivante est une récupération d'une partie d'énergie utilisable par un détour» [8]. A maintes reprises, Valéry souligne l'importance du présent dans la compréhension du temps. La temporisation de l'univers ne s'analyse qu'à partir de celui-ci : «l'idée de présent indique que tout ne change pas – et complète celle de temps qui indique que rien d'assignable, nul

1. Cf. VII, 159 : «Un édifice (...) d'un coup d'œil présente d'une façon foudroyante, les longueurs des architectes et des maçons – Et même l'action des siècles, les usures – et de plus les contrastes de civilisation, de goûts accumulés depuis sa fondation».

2. III, 43.

3. XVII, 96.

4. IV, 351.

5. XI, 802.

6. VIII, 328.

7. HEIDEGGER (M.), *Introduction à la métaphysique*, traduction G. Kahn, Gallimard, 1980, p. 93.

8. XV, 802.

objet n'est ne devant jamais changer – On a donc l'immobilité du changement»[1].

Quoique la manière d'exister de l'homme soit elliptique et éphémère, il y a dans celle-ci encore plus de virtualités et de potentialités que de positivités. La réalité valéryenne n'est plus, comme dans le devenir aristotélicien, la chose achevée, mais le processus génétique lui-même par lequel la cause engendre les effets. La génération devient le principe premier de la durée. Hors durée, il n'y a que pensée négative.

Le temps, dans son ordonnancement, est de nature hybride. Dans l'instant, dans l'actuel, nous sommes dans le virtuel. Exister consiste à être dans le virtuel du monde. Alors que pour Bergson, la véritable nature du temps se situe dans la durée, et que l'instant n'est qu'une abstraction dépourvue de réalité, selon Valéry, la durée trouve sa propre limite en elle-même. En effet, «l'objet de tous les êtres est un état futur qui se dérobe incessamment à eux, car, ou bien ils ne peuvent l'atteindre, ou bien, il se dépense une fois atteint, et engendre un autre appel. Cet état est (celui) même de l'énergie qui, toujours ou déficiente ou surabondante, fait exiger une modification vers la recette ou vers la dépense. Il y a instabilité organique, essentielle – qui limite la durée de… la durée»[2].

Aspect protéiforme du temps.

Les considérations valéryennes sur le *temps*, le *monde*, le *moi*, une fois rapportées à la dimension originelle d'individuation ontologique, permettent de mieux appréhender la nature et la portée de l'intersubjectivité. Elles font apparaître qu'il existe un temps unique, commun à tous, un «temps général» qui nous présente le sort commun de tout ce qui n'est pas nous, véritable membrure transversale du monde à laquelle se rapportent les durées particulières. Il s'agit de savoir, en premier lieu, comment celles-ci s'entrelacent, tout en demeurant des édifices inviolables de la subjectivité. S'il est bien évident que la vision appartient au sujet comme une propriété, il est impossible de prétendre qu'elle clôt le sujet sur lui-même et sur ses sensations. D'autre part, affirmer que l'espace et le temps sont sécables, relève de l'illusion. On ne divise pas l'espace. L'espace n'est rien en soi, il n'est ni visible ni définissable. Quand on y fait allusion, on met en évidence la distri-

1. V, 757.
2. XI, 43.

bution des sensations et des transformations[1], l'espace étant lié à l'imagination motrice[2].

Valéry a ramené les dimensions temporelles à des modes d'existence[3], et non à des êtres comme l'a fait Sartre dans *l'Etre et le néant*. Il a retenu la leçon de l'Ecole Symboliste, puisqu'« un son ou une odeur sont sensations spatiales (...). Tout système de sensations ainsi transformable par son mouvement est espace »[4]. Le monde est un agencement de couleurs, de lumière et de sonorités. Les dynamiques perceptives et motrices sont indissociables. Valéry rompt avec les théories de Zénon d'Elée, pour lequel n'envisager le mouvement qu'à partir de l'espace parcouru, c'est s'interdire de le comprendre, comme le montrent ses paradoxes[5]. Le mouvement qui accompagne le déplacement, vers l'édifice architectural, exprime au mieux l'expérience de la spatialité, puisque « les formes et les figures sont le langage de l'espace; on ne le connaît que par elles, et ce qu'elles ne disent pas, il ne le contient pas. Le temps parle par événement »[6]. La spatialité ne possède pas de réalité en soi. Seul l'art établit une connection entre les faits et les intentions, ce qui les rend spatio-temporels. Il transforme les moyens et les change en fins[7]. Par exemple, la danse qui tente de traduire le temps en symboles spatiaux et moteurs, modifie singulièrement les catégories temporelles. « Le danseur ne va nulle part. Le but, la cause, l'être, l'acte, l'effet sont ici unis et enchaînés »[8].

Dans l'expérience de l'édifice, chaque organe des sens interroge l'objet selon une dimension. Dans l'acte perceptif s'entrelacent le temps réel et le temps général. « Les temps réels sont corporels et énergétiques – les durées (perception d'une permanence) mesure d'une permanence par le changement – (...). Le temps général (est une) perception de notre permanence par contraste avec l'ensemble des changements »[9].

1. IV, 895.
2. XXVI, 175.
3. « Des temps vrais – de diverse espèce. C'est le va-et-vient qui est l'idée fondamentale de cette analyse – l'acte de conscience défini par un aller-retour, qui est reconnaissance », (XVIII, 206).
4. VII, 17.
5. Valéry critique ces arguments dans le *Cahier* IV, 894-895. Cf. également VI, 622 : « L'examen seul des arguments de Zénon d'Elée montre qu'il s'agit d'un problème de mots ».
6. VIII, 250.
7. VII, 208.
8. VI, 101.
9. X, 772.

Le signe esthétique condense la mutation du temps en espace, il fait *voir* l'espace. Par la suite, les situations sensori-motrices cèdent le pas à des situations optiques et sonores pures, qui sont autant de catégories du réalisme valéryen.

La spatio-temporalité de l'édifice ne s'accompagne pas pour autant d'une suppression du caractère moteur de l'espace. Elle ne fait qu'en inverser le rapport de subordination. Au lieu que le temps soit le nombre ou la mesure du mouvement, celui-ci effectue la « présentation directe du temps »[1]. Par ce biais, l'édifice rompt avec la succession empirique des faits et avec la mémoire psychologique, pour s'élever vers un pur ordre du temps. La durée est, ainsi, le premier phénomène du principe de raison suffisante pour la liaison des instants. Autrement dit, il n'y a dans les forces du monde qu'un principe de continuité. Il s'agit de la permanence des conditions rationnelles, des conditions de succès moral et esthétique.

L'ESPACE TEMPORALISÉ

L'espace temporalisé apparaît comme un centre de rayonnement. Le temps se réduit à un effet de perspective. Dans la multiplicité des espaces, il résulte de figures engendrées par celui-ci et le mouvement.

En ce qui concerne la perception de l'édifice, le sujet renoue avec sa loi intime et la domination qu'elle exerce sur les choses. Cependant, si selon les théories d'Einstein, l'espace et le temps sont associés dans une structure mathématique à quatre dimensions, que devient l'œil humain ?

L'observateur.

Que l'on conçoive, avec Meyerson, la causalité comme une identité avec le temps ou, par exemple, avec Brunschvicg et la tradition kantienne, comme une application analogique du rapport de raison au principe de conséquence des séries temporelles, dans tous les cas la

1. Cf. XXV, 16 : « La fonction motrice devrait être étudiée sur le type de la thermodynamique. Car elle s'analyse en cycles de transformation et s'intercale dans le fonctionnement vital sensible, réalisant la relation des formes et des variables de cette vie. Images, impulsions, sensations, perceptions, actions ».

cause est conçue comme antérieure à l'effet. Valéry, dans une certaine mesure comme Poincaré, a soutenu que le temps précède l'espace, puisque la notion de déplacement suppose « l'avant et l'après ». « Le temps est une véritable dimension de l'espace dans toute pensée de causation »[1].

La pensée scientifique à laquelle se réfère Valéry, induit que tout rapport de causalité suppose une relation temporelle. Ce développement du temps, parallèle à celui de l'espace, de l'objet et de la causalité, provient d'un égocentrisme pratique initial, dont les événements sont ordonnés selon une action immobilisée dans un présent continuel d'une objectivation telle, qu'ils se lient en un ordre qui finit par englober la durée propre et les souvenirs en tant que *moments particuliers* d'une histoire véritable.

Ainsi, « c'est une malheureuse expression que parler d'une division du temps – Il faut au contraire parler d'édification et parfois de construction »[2]. D'ailleurs, pour les expériences de perception complexe, comme *voir un monument*, il existerait « une analyse sens par sens, et dans la conception de l'artiste, un examen par attentions successives de son dessein – pour chercher comment le projet satisfait aux désirs différents de chacun des ordres de sensibilité qui seront excités par l'ouvrage et intéressés à lui – Ainsi le mot construction prend son sens »[3].

Or, pour Bergson, « un moi qui ne change pas ne dure pas (...). On aura beau (...) aligner ces états les uns à côtés des autres sur le 'Moi' qui les soutient, jamais ces solides enfilés sur du solide ne feront de la durée qui coule »[4]. En effet, dans la mesure où nous juxtaposons nos états de conscience de façon à les saisir simultanément, nous projetons le temporel dans le domaine du spatial. Ainsi les moments s'aligneraient sans jamais s'interpénétrer. Par conséquent, la pensée bergsonnienne récuse l'osmose du temps en espace, à la différence de l'espace

1. XIII, 596.

2. XVIII, 83. Cependant dans le *Cahier* IV, 488, Valéry notait : « en somme la notion capitale d'opération, qui permet de faire l'espace, de pouvoir absolu en quelque sorte, du temps, implique le temps et ne peut donc le construire – L'addition des actes ». Cf. également IX, 170. « Qui sait si le temps ne peut-être considéré comme Faraday et Maxwell ont considéré l'espace? »

3. XVIII, 223.

4. BERGSON (H.), *L'évolution créatrice*, P.U.F., 1981, p. 4. Dans une *Lettre au R. Père Gillet du 30 janvier 1927*, Valéry écrit : « J'ai lu, il y a deux ou trois ans, *L'évolution créatrice*, et vous avoue qu'en dépit de la grande valeur de cet ouvrage, il ne correspond pas du tout à mon exigence propre, une théorie de l'élan vital ne convient pas du tout à mon genre d'esprit. Cela est métaphysique au premier chef », *Œ. II*, *Notes*, *Mauvaises pensées et autres*, p. 1496.

esthétique valéryen dans lequel se déploient et s'ordonnent plusieurs niveaux de signification.

L'architecture devient « une peinture des propriétés dynamiques et statiques »[1] de l'espace. En tant « qu'instrument de transformation », elle a pour « caractère unique, commun, de comprendre » dans son cycle l'état « d'infini esthétique », « état de résonance » qui possède « deux types » : « le type stationnaire ou statique – régime – Le type exponentiel – type à seuil, à décharge ». L'architecture appartient « au premier en tant que décor (c'est-à-dire spectacle vu d'un point et réciproque d'un seul point de vue) – Au deuxième en tant que solide ayant une infinité d'aspects par déplacements »[2].

Valéry, comme les historiens de l'art et les psychologues de ces dernières décennies, a pris en compte le rôle de l'observateur dans l'illusion spatiale. Entre l'artiste et l'objet artistique qu'il crée, vient s'insérer le *regard* de l'observateur. L'affirmation selon laquelle « la proportio (sic) (en étant) la rencontre/trouvaille d'un état de la sensation qui dégage 'l'infini esthétique' (tel) que le regard ne puisse fuir le donné, et soit donc contraint de le parcourir »[3], définit la perspective non en tant qu'objet mathématique, mais comme le moyen de créer de nouvelles images. Son étude fournira de nouvelles données à la psychologie de la perception. En effet, « la forme d'un objet peut ou doit être regardée comme une réduction d'un groupe d'opérations qui engendrerait l'ensemble des formes possibles – Ensemble qui est espace »[4].

Or, « le sens du mot espace est celui du possible – et il est un système de mesures de possibles »[5]. Si « l'espace est l'ensemble de mes actes en tant que je puis l'imaginer – et imaginer leurs relations entre eux et avec les perceptions qui les accompagnent »[6], comment le sujet peut-il, en prenant pour support un espace entièrement axé sur l'activité propre, parvenir à se situer dans un milieu *ordonné* qui le comprend personnellement à titre d'élément et dans lequel les choses sont ?

1. I, 17.
2. XVII, 144.
3. XX, 698.
4. XXI, 100.
5. X, 16.
6. XXVI, 175.

La constitution du solide.

> « Tout à coup je suis envahi par une idée extraordinaire de l'art égyptien (...), précis et fait de rigueur, basalte, pierre gravée, contours si nets (...). Ils ont l'air de savoir ce que nous ignorons et de constituer un monde idéal complet – et dans le solide »[1].

Pour que l'édifice se dévoile à l'observateur, il est nécessaire de distinguer deux processus. D'une part, la structuration des « géodésiques » de l'instant, soit « l'association immédiate (...), la perception des environs sensibles (...), les substitutions par similitude, par contrastes ou complémentaires », sans « changement de phases »[2]. D'autre part, « l'espace vrai » qui « est l'ensemble des liaisons de sensations quelconques avec les sensations d'actions (mouvements et pressions ou tensions), et cet ensemble se résume dans la formule de production ou de suppression de sensations quelconques »[3]. On assiste, avec ces deux notions, à une tentative de structuration du champ spatial, et à une « désubjectivation » ou consolidation des éléments qui s'y trouvent. Dans la mesure où l'espace « résulte de la comparaison et de la combinaison de l'ensemble de mes pouvoirs ou actes possibles – en tant que distincts »[4], il apparaît comme le centre même de l'activité de l'intelligence.

L'espace réel, l'espace géométrique, l'espace mental sont autant de strates de la spatialité. Dans l'espace mental, la grandeur dépend du moment, mais dans l'espace réel, celui des yeux et des sensations qui n'est pas euclidien, ni à courbure constante[5], elle dépend de la position. Dans l'espace géométrique, la grandeur dépend de l'unité[6]. Cette tripartition de l'espace ne le réduit pas, mais, au contraire, l'augmente d'autant de « manières de voir ». Dans l'*Introduction à la méthode de Léonard de Vinci*[7], Valéry note que « l'espace de la pratique ordinaire n'est pas tout à fait celui du physicien qui n'est pas tout à fait celui du géomètre. Car ce ne sont pas toutes les mêmes expériences ou opéra-

1. XV, 504.

2. XIX, 230. « La phase est la notion de possibilité d'échanges (entre éléments) qui n'altèrent pas le nombre des variables fonctionnelles en présence », (XVIII, 231). « Ces phases – je veux dire ces états », (VIII, 809).

3. XIV, 624.

4. II, 249.

5. I, 75.

6. II, 18.

7. *Œ. I*, *Variété*, *Introduction à la méthode de Léonard de Vinci*, (ajout marginal), p. 1191.

tions qui les définissent». Puisque «ce sont les opérations possibles qui distinguent les divers espaces», la construction des relations spatiales atteste le primat de l'activité intellectuelle sur les structures toutes faites: «la construction est dans l'esprit, non sur le papier»[1]. Il remarque, à propos de Poincaré, que celui-ci distingue «l'espace géométrique qui est (...) continu, infini, à trois dimensions, homogène et isotrope (...) de l'espace visuel moteur, etc... ou espace représentatif. Il oublie peut-être que ces espaces se mêlent dans la pensée»[2].

Le sujet construit dans le temps comme dans l'espace. Le principe des formes qui apparaissent découle des conditions mêmes de «l'organisme (qui) en vivant fait voir et sentir le temps vrai»[3]. L'équilibre progressif de cette assimilation, et l'accommodation des schèmes moteurs à la multiplicité des choses, définissent la formation des structures. L'espace apparaît comme le produit d'une interaction entre l'organisme et le milieu, dans laquelle on ne peut dissocier l'organisation de l'univers perçu de celle de l'activité propre. Cette façon d'analyser, toute valéryenne, présente l'amalgame des choses et de l'esprit en tant qu'antérieure au milieu et aux processus biologiques héréditaires, quoique, bien sûr, aucune analyse formelle ne puisse en rendre compte. L'espace réel contient en puissance l'espace vrai[4].

Valéry a démontré que l'espace n'est pas un milieu «logique». «L'espace n'est pas un phénomène – surtout pas un phénomène physique (...). Kant l'invente. L'espace est une idée confuse en soi»[5]. Il aurait souhaité «qu'on lui fasse» un «traité de l'espace qui ne serait pas la géométrie mais l'exposé, sans démonstrations, des figures et des propriétés, des résultats de la géométrie dans l'ordre des expériences»[6]. L'idéal spatial valéryen est «potentiel»[7]. L'espace est ce par quoi la présentation de l'objet devient possible. Ce n'est pas un éther dans lequel baignent les choses, mais plutôt la puissance universelle de leur connexion.

1. XX, 299.
2. I, 73.
3. VIII, 328.
4. « L'espace réel comprend trois parties + une : *a)* le lieu perceptif imaginaire où la vision et l'audition nettes se forment et où leurs sensations motrices dépendent les unes des autres. *b)* la surface de la peau et des éphitéliums qui la continuent, lieu tactile, gustatif, objectif - thermique avec des caractéristiques motrices. *y)* l'intérieur du corps. *y'*) le lieu des actes psychiques - auditions, visions, actions, événements de l'esprit (...) plus précisément les lignes sont d'origine motrice, les surfaces d'origine rétinienne, tactile, etc... », (XV, 788).
5. XI, 71.
6. V, 792.
7. V, 236.

Seule l'idée mathématique des «réseaux» permet de penser l'espace, puisque ce sont «des figures qui peuvent emplir un espace»[1]. Ces relations ont, bien sûr, besoin d'un sujet qui les pense et les décrive. S'il n'y a pas de sujet explorateur et constructeur, l'espace est négativité. De la répétition, de l'habitude, naît l'impression de continuité. «L'espace est l'ensemble de mes actes en tant que je puis l'imaginer – et imaginer leurs relations entre eux et avec les perceptions qui les accompagnent. Ainsi, je vais d'un lieu (perceptions visuelles) à un autre, et je reviens au même lieu ou système de perceptions. (Ces lieux seront représentés par un 'point'). Ceci me semble plus clair – donc plus vrai – que la forme de la sensibilité»[2].

Espace, *motricité* et *imagination* sont à tel point interdépendants que plus loin, dans ce même passage, Valéry affirmera: «pas d'espace sans imagination motrice. Une ligne est une imagination»[3]. Lorsque le sujet pense l'espace, il le construit à partir d'informations visuelles et sensorielles. «Nihil est in spatio quod pius (sic) non fuerit in visu»[4].

La spatialisation de la causalité ou les axiomes de l'espace.

Le sujet imagine la position des objets dans l'espace, selon des caractéristiques inhérentes à l'espace spontané. Cet espace s'offre naturellement au sujet, par embrassement visuel. Les directions qui apparaissent, sont celles de l'espace euclidien qualifiées de «dimensions esthétiques». Cependant, elles «ne sont pas homogènes»[5]. La description de l'espace appelle des dimensions substituables, celles de l'espace géométrique. Valéry rend hommage à Descartes, qui «a eu le génie de voir l'importance infinie d'une classification uniforme»[6].

Valéry entend par «axiomes de l'espace», «la spatialisation de la causalité». En effet, «quels que soient les objets ou perceptions quelconques compris dans un domaine visuel/tactile instantané, il existe

1. IV, 540.
2. XXVI, 175.
3. Ibid.
4. II, 249.
5. XXI, 75.
6. XI, 211. «Le génie de Descartes a été de donner le moyen de créer une infinité de définitions. C'est-à-dire de constructions aboutissant toujours à un être mathématique. Là où il y a construction uniforme, il y a existence mathématique, coordination de variations. En dehors, les formes naturelles sont choses au géomètre. Il les appelle fonctions non analytiques. Une figure analytique est l'ensemble des lignes droites de construction identique. Un espace analytique est l'ensemble de toutes les constructions uniformes possibles», (III, 89).

entre eux des relations motrices inverses (en puissance). Si des perceptions tactiles ou visuelles donnent naissance à des mouvements conservatifs – des mouvements analogues (engendreront) des intuitions visuelles tactiles correspondantes »[1].

Tout d'abord relation simple entre l'*agi* de l'action propre et le « phénoménisme » de l'expérience immédiate, la causalité « s'objective » et se « spatialise » peu à peu, pour relier, cette fois-ci, non plus exclusivement des impressions musculaires à des « réseaux » sensoriels extérieurs, mais à des déplacements objectifs. « L'enfant qui essaie de marcher – et qui vient de réussir à faire quelques pas (...) fait une expérience capitale – qui va servir toute sa vie – C'est une œuvre – Il atteint un but – Il apprend ce qu'est un but »[2]. Une telle transformation va de pair avec l'élimination d'un univers solipsiste, au profit d'un système de séries temporelles spatiales et objectives. La causalité[3] suppose, à tous les degrés, une interaction entre le *moi* et les *choses*. Elle consiste en une organisation de l'univers, relative à l'ensemble des rapports établis par l'action puis par la représentation entre les objets, ainsi qu'au lien entre l'objet et le sujet. C'est pour cela que Valéry peut écrire, sans verser dans le paradoxe, que « le géomètre s'avance dans un étrange espace à la fois préexistant et arbitraire, nécessaire et produit, inventé et découvert »[4]. Le rapport de causalité « n'est qu'une possibilité de construction »[5].

De l'espace géométrique à l'espace esthétique.

L'espace géométrique est nécessairement un « espace construit », alors que l'espace dans sa réalité immédiate, est co-extensif à la vision et à nos déplacements. Il est toujours, nécessairement, « mise en perspective », lieu de jonction du dedans et du dehors. La connaissance spatiale immédiate se fait par l'expérience tactile et visuelle. L'espace est le lieu même du possible, puisque le sujet qui « le porte » en fait l'expérience à travers le déplacement. « L'espace est un organe qui se fait en nous à partir de la naissance, plus ou moins fort et plus ou moins docile (...). Cet organe relie la sensibilité générale et la motilité dans

1. XVI, 350.
2. XXI, 892.
3. Cf. XVIII, 875 : « Le principe de causalité est bizarrement anthropomorphique. L'effet réclame une cause (dans/par/l'esprit des hommes). Et la cause fait, agit ».
4. XXIX, 75.
5. *Œ. II, Notes, Mauvaises pensées et autres*, p. 1465.

leur représentation. Il fournit comme un langage commun (...). Un point de l'espace n'est autre chose que la coexistence nette de sensations (parmi lesquelles il en faut de motrices) (...). Cette coexistence se représente par une petite marque visuelle»[1]. Si l'espace n'existait pas «le corps serait immobile» est une formule réversible. Ou la géométrie n'est, en définitive, qu'une question d'optique et de point de vue. Les géométries non-euclidiennes, comme l'euclidienne, sont autant de manières d'envisager le monde, et de représenter certains des rapports infiniment variés qu'il est possible de découvrir entre les éléments qui le composent. Mais, alors que «l'espace mathématique ne retient que les actes moteurs, les physiciens essaient de construire un espace plus réel, plus complexe, où les autres sensations tiendraient leur place»[2]. D'ailleurs, «à l'aide de ces conceptions, (il s'agit des façons différentes (dont) l'espace est occupé), nous pouvons circuler sans discontinuité à travers les domaines apparemment si distincts de l'artiste et du savant»[3].

Le sujet est face à une alternative: soit il perçoit des choses dans l'espace, soit, s'il réfléchit, il pense cet espace comme le système indivisible des actes de liaison qu'accomplissent les créateurs. Mais dans la mesure où l'espace ne peut être compris ni par la considération directe des contenus, ni par une activité de liaison pure, une troisième forme de spatialité apparaît donc, qui n'est pas celle des choses de l'espace, ni de l'espace spatialisant, tout en étant spatialisée par elles. Ce type d'espace fonde l'expérience originaire par la distinction de la forme et du contenu. Il s'agit de l'*espace esthétique*, tel qu'il se donne dans l'expérience immédiate. L'édifice dévoile que le corps n'est «pas spatialité de position», car il deviendrait objet, mais spatialité de situation[4]. En effet, «'notion', 'catégories'(...) ont achevé leur carrière – Tout 'temps' est (selon l'observation) localisé – Nous sentons où est le changeant, où est le rentrant. Cette différence est 'simultanée'. Et tout espace est parcouru – Sauf le 'point' qui n'est pas 'espace' mais arrêt – et qui est détermination réciproque – . (Il faudrait) substituer aux

1. III, 770.

2. IX, 6.

3. *Œ. I, Variété, Introduction à la méthode de Léonard de Vinci*, pp. 1191, 1192.

4. «Esthétique, science de la construction spontanée, des formations par le récepteur – Des créations par le besoin – du passage du besoin à la satisfaction – moindre effort – maximum de rendement (œil)», (IX, 37).

catégories, les fonctions simples, qui ne dérivent pas du langage et dont l'acte est finalement le résultat – l'acte – et non le 'jugement' »[1].

L'espace est un milieu homogène et indéfini, dans lequel sont situés des objets sensibles. Celui donné par l'expérience de l'édifice est plastique. Il est à multiples dimensions, alors que l'étendue est une surface puisqu'elle n'en comprend que deux. Si Leibnitz et Kant ont considéré l'espace comme le fait d'une intuition indivisible, tandis que l'étendue correspond à une surface matérielle indéfiniment divisible, il s'avère que « l'étendue est un désordre de tous les mouvements sécables, l'espace est leur coordination »[2]. Par conséquent, la notion d'espace est quantitative, elle n'est pas compréhensible intellectuellement comme l'étendue, qui est divisible et qui se définit par les rapports des objets entre eux.

Le *temple* contracte les modes d'être spatio-temporels dans « une classification uniforme ». En effet, « un temple, joint à ses abords, ou bien l'intérieur de ce temple, forme pour nous une sorte de grandeur complète dans laquelle nous vivons (...). Nous sommes, nous nous mouvons, nous vivons alors dans l'œuvre de l'homme. Il n'est de partie de cette triple étendue qui ne fut étudiée et réfléchie »[3]. La perception qui va « de l'espace au temps, et dans un deuxième temps revient vers l'espace, cette fois organisé »[4], dévoile dans leur globalité d'être des objets, qui une fois construits, apparaissent comme le fondement de toutes les expériences possibles.

L'objet est nécessairement souverain, par rapport au perspectivisme auquel notre architecture corporelle nous astreint. C'est *l'objet* qui combine, dans son omniprésence spatiale, tous les points de vue qu'il est possible de prendre de lui en s'approchant, en fermant les yeux puis en les ouvrant, en le contournant, en le regardant dans toutes les postures possibles. La mobilité du corps dans l'espace, n'affecte en rien l'identité de l'objet avec lui-même.

Traditionnellement, le bruissement souterrain de la vie organique et sensorielle, cette « machinerie » en activité, indispensable à l'opération perceptive, est passé sous silence dans le résultat omnipotent de la représentation de l'objet, de sa permanence dans le temps, et des perspectives que l'on peut saisir. Or cette omnipotence de l'édifice, se

1. XVII, 689. D'ailleurs dans le *Cahier* XII, p. 819, Valéry constate que « tous les progrès de la physique convergent vers un problème inéluctable qui est celui des perceptions et des images ».

2. XI, 258.

3. *Œ. II*, *Dialogues*, *Eupalinos*, p. 101.

4. XVI, 295.

manifeste spatialement et temporellement. Elle est une contraction du temps, dans lequel s'abolit nécessairement la perspective temporelle humaine. Dans le vécu de l'architecte, le présent, passé, futur, ne sont jamais scindés, mais dynamisés. Dans le projet et la mise en œuvre des matériaux constitutifs de l'édifice, il y a une promesse de *voir*.

Ce n'est plus de la durée de l'observateur, ni d'un certain point de vue, ni encore du lieu occupé par celui-ci, qu'apparaît le mouvement qu'il contemple. Dans son altérité temporelle, l'édifice renferme tous les points de vue que les spectateurs saisissent. Mais alors l'édifice n'est qu'un leurre. Il n'est pas à cerner, ni à comprendre dans sa supériorité temporelle, car en réalité, en tant qu'objet, il ne cesse de se nourrir des vécus intentionnels des consciences qui l'animent. L'objet apparaît parce qu'il est posé par les consciences. C'est en lui que se construit et se polarise toute l'organisation de la connaissance perceptive, toujours sous un certain angle, et d'un certain lieu.

Cependant, l'édifice est pourtant le lieu idéal de toute source de connaissance. L'illusion qu'il pose, au détriment du vécu, va servir progressivement de modèle canonique à toutes les branches du savoir. De cette façon se forme la pensée objective qui nous fait perdre, et en même temps nous rappelle, le contact originel avec les choses. Toute la vie de la conscience tend à poser des objets, pourtant la position absolue d'un seul objet signifie la « mort » de la conscience[1].

Ainsi, Valéry semble avoir évité l'échec initial, dont ont souffert toutes les approches behavioristes qui ont été tentées aussi bien par le matérialisme que par l'intellectualisme. Ni l'un, ni l'autre de ces courants de pensée, ne semble vouloir admettre que le comportement puisse être traité autrement que comme un objet. Or, le comportement est surtout un mode d'existence qui, par sa nature même, ne se livre jamais totalement. Il se cache dans un réseau complexe d'ouvertures et d'intentions toujours inachevées, de reprises incessantes, dont le flux temporel est voué à ne jamais se clore. Valéry n'a pas, non plus, succombé à la tentation objectiviste des gestaltistes, qui ont fini par replacer le comportement dans le système nerveux. Ici, l'existence pratique une sorte d'ouverture dans le tissu horizontal du monde, en le dotant d'un espace-temps dynamisé[2].

1. « Un atome de certitude objective détruit un monde de certitude subjective », (IV, 736).

2. « L'édifice architectural interprète l'espace et conduit à des hypothèses sur sa nature, d'une manière toute particulière, car il est à la fois un équilibre de matériaux par rapport à la gravitation, un ensemble statique visible et, dans chacun

La réaction circulaire.

Cependant, les paradigmes de la pensée architecturale demeurent pré-scientifiques, et son épistémologie reste à faire. L'espace n'est, en aucune façon, conçu par la perception d'un contenant, mais plutôt par celle des contenus, soit des corps eux-mêmes. L'espace et le temps sont des possibles, « des images de substitutions réelles de perceptions, auxquelles s'emploient les fonctions – actes – virtuels »[1]. Si l'espace se substitue à la fonction de contenir, celle-ci existe dans la mesure où les relations qui constituent l'objectivation de ces corps parviennent à se rassembler entre elles, jusqu'à construire un tout uniformisé par une réaction circulaire. La notion d'espace se compose des objets qui s'y construisent, et de la régularité de l'équilibre qui s'y crée.

Par conséquent, il semblerait qu'il existe dans l'espace, des groupes pratiques antérieurs à toute conscience ou perception quelle qu'elle soit. Ceux-ci attestent que toute organisation constitue un système fermé sur lui-même. Tout autorise à centrer la description de la genèse de l'espace autour de celle de groupe[2]. D'ailleurs, les efforts et les succès de l'esprit consistent dans une tentative d'apercevoir, puis de voir effectivement, des groupes au lieu de choses, des domaines au lieu de points[3].

Géométriquement, la notion de groupe apparaît comme un *a priori* nécessaire à l'interprétation des déplacements. Psychologiquement, elle exprime des processus d'identification et de réversibilité propres aux phénomènes fondamentaux du mécanisme intellectuel, et, en particulier, de la fonction dite d'*assimilation* ou *réaction circulaire*. L'espace, dans sa dimension plastique, apparaît donc comme pensé à l'avance, mesuré et unifié par l'échelle de la classification uniforme tant préconisée par Descartes.

Par le truchement de la réaction circulaire, la liaison de ces espaces fait coïncider entre elles les parties de l'édifice. L'espace architectural

de ces matériaux, un autre équilibre moléculaire est mal connu. Celui qui compose un monument se représente d'abord la pesanteur et pénètre aussitôt après dans l'obscur royaume atomique. Il se heurte au problème de la structure : savoir quelles combinaisons doivent s'imaginer pour satisfaire aux conditions de résistance, d'élasticité, etc… s'exerçant dans un espace donné », *Œ. I, Variété, Introduction à la méthode de Léonard de Vinci*, p. 1190.

1. XVII, 63.

2. Cf. XI, 161, « En somme le moindre acte implique une pyramide de conditions, de ces conditions simples que j'appelle ' jonctions ' et que je voudrais caractériser par un groupe ».

3. III, 133. Cf. également : « Tout mon système repose sur groupes », (XI, 338).

est un espace dont la structure interne s'explicite par les nécessités et les modalités de l'*a priori* du concept de groupe, qui le transforme en espace calculable. L'espace déployé par l'édifice, contient tous les édifices possibles dans la pénombre du pouvoir du sujet[1]. Quant aux autres variantes de l'espace, ce sont autant d'espaces structurés, mais qui ne renvoient qu'épisodiquement aux multiples données spatiales et temporelles, uniformisées, de l'édifice. Ils ne sont que des fragments structurels de l'espace architectural.

L'espace fait de l'architecture une substance, et la pensée fait de l'espace architectural une présentation de l'espace et du temps. « L'architecture est une ode de l'espace à lui-même – Elle doit faire voir des propriétés de l'espace et en particulier son hétérogénéité quant à l'homme et son homogénéité quant à l'opération de l'esprit – aux mouvements virtuels »[2]. L'homme se meut dans un « tri-monde », où s'entrelacent l'être, la non-latence et l'apparence, mais l'espace qui s'ouvre « dans l'entrelacs de l'être, de la non-latence » comme a pu l'écrire Heidegger[3], fait-il place au domaine de l'errance, ou plus simplement à une nouvelle dimension spatiale ?

L'homme vit dans un univers spatial qui possède trois dimensions. Il en contrôle certaines, qu'il sait représenter. Si, selon les idées d'Einstein, nous en ajoutons une quatrième, alors les choses se compliquent. En dépit des recherches menées par les cubistes, il paraît impossible d'obtenir des images à quatre dimensions. Or, dans sa *Théorie générale de la relativité,* Einstein soutient que la géométrie de l'univers est une géométrie à quatre dimensions, déterminée par la matière et par l'énergie que celui-ci contient. L'espace et le temps sont étroitement reliés en une structure mathématique à quatre dimensions que l'on peut définir comme *espace/temps.*

Néanmoins, Einstein « a créé un point de vue, mais il n'y a pas d'œil humain qui puisse s'y placer. Il n'y a pas d'œil qui puisse voir à la fois la face et le profil d'un homme d'un seul tenant. Peut-on créer un point de vue analogue (Formel) pour l'inter et l'extra ? Pour le physique et le psycho-affectif ? »[4].

1. XXII, 31.
2. VII, 268.
3. HEIDEGGER (M.), *Introduction à la métaphysique,* op. cit., « La limite de l'être », p. 117.
4. X, 562.

L'espace-temps.

> « Nous fûmes réveillés de nos songes dogmatiques par la critique einsteinienne de la durée objective. Il nous apparût très rapidement évident que cette critique détruit l'absolu de ce qui dure, tout en gardant (...) l'absolu de ce qui est, c'est-à-dire l'absolu de l'instant »[1].
>
> « (Einstein) (...) développe son incertitude et sa foi fondées sur l'architecture (ou beauté) des formes (...). (Il) peut procéder comme j'aurais voulu procéder par voies des formes »[2].

Bachelard a remarqué avec raison, que ce qui analyserait le mieux la psychologie de la volonté, de l'évidence, de l'attention, c'est le point de l'espace-temps, tout en déplorant que « pour que cette analyse devienne claire et probante, il faudrait que le langage philosophique, ou même le langage commun, ait assimilé les doctrines de la relativité. On sent déjà que cette assimilation est commencée, mais elle est loin d'être achevée »[3].

L'espace et le temps ne sont pas des absolus, ni des formes universelles de la pensée. Ils sont plutôt relatifs aux domaines de références de chaque observateur, et de la disposition qu'il occupe dans l'univers par rapport à ce qu'il observe. C'est pourquoi l'édifice devient l'un des modèles privilégiés de la vision de l'espace.

Valéry défendra jusqu'au bout les théories d'Einstein – qu'il considérait comme le successeur de Descartes – contre elles-mêmes, et Bergson fera de même dans *Durée et simultanéité*. L'intérêt de la théorie de la relativité, dont semblent dépendre, pour une part non négligeable, les idées philosophiques de Valéry[4], fait s'effondrer le verrou des absolus de l'esprit. Le temps et l'espace cessent d'être des formes *a priori* de la sensibilité. Cependant, avec la prise en consi-

1. BACHELARD (G.), *L'intuition de l'instant*, op. cit., p. 29.
2. XIV, 107.
3. BACHELARD (G.), ibid., p. 37.
4. Cf. J. Robinson, *L'analyse de l'esprit dans les Cahiers*, op. cit., p. 41, note 18 : « Valéry avait une intelligence remarquable de la relativité. A la différence de beaucoup de profanes, il était très conscient du rôle qu'ont joué dans l'élaboration de la théorie, des hommes autres qu'Einstein notamment Michelson et Morley, Fitzgerald, Lorentz et Poincaré, ainsi que des géomètres non-euclidiens comme Riemann, Gauss et plus tard Minkowski (...). Aux tomes VII et VIII des *Cahiers* (1918-1922), nous le voyons en train de s'aventurer dans le domaine difficile de la géométrie relativiste, et vers 1925, il commence, non sans une certaine timidité, à travailler le calcul tensoriel (...). Il a souvent parlé de la relativité avec son ami Langevin ».

dération des temps locaux, ne revient-on pas, en fait, à la théorie des qualités secondes, et, par elles aux données fondamentales de la conscience perceptive ?[1]

Problème et intérêt de la théorie de la relativité.

Valéry ne va pas jusqu'au bout des implications qu'il a dégagées, puisqu'il met en évidence l'incapacité pratique du modèle scientifique, dans le domaine de l'application[2]. Il demande à l'art le pouvoir que le modèle de la science n'a pas donné, tout en conservant l'idée force de la relativité, qui consiste à toujours mettre en lumière le point de vue auquel correspond la chose ou le problème envisagé[3]. En effet, en s'installant délibérément du point de vue de l'observateur[4], et en tenant compte de celui-ci dans l'appréciation scientifique de l'espace et du temps, la relativité inaugure une nouvelle façon de représenter l'armature ontologique de l'univers.

Les principes de *la théorie de la relativité* ne pouvaient que satisfaire Valéry[5]. En effet, elle clôt la conception dualiste de l'uni-

1. Cf. par exemple, VI, 157 : « Constituer le monde et l'homme comme la musique a été constituée à partir des bruits. Tendre vers la reconstitution des impressions primitives et fermer le cercle. Mais on aura, pendant la route, émis des choses nouvelles ».

2. « On sait aujourd'hui – que les lois s'évanouissent avec la perception des choses – qu'il n'y a plus même d'espace ni temps au-dessous de telle grandeur » (XIII, 650). Cf. également *Œ. II*, *Dialogues*, *L'idée fixe ou deux hommes à la mer*, p. 264. Valéry fut conscient que le progrès de la science est lié au changement d'échelle de valeur : « où nous cessons de voir, et même de concevoir le visible – nous pouvons encore », (XXII, 495).

3. IV, 709. Cf. également IX, 385 : « Si l'on tient compte de tout, il n'y a que l'observation même qui se conserve, même pas l'observateur ».

4. « 'Relativité' – C'est comprendre que ce qui se passe est toujours relation entre le phénomène (que l'on tend toujours à regarder comme en soi et indépendant) et l'observateur. Supprimer naïvement l'observateur c'est lui en substituer un autre (...). Qu'est-ce que l'observateur ? », (VIII, 414).

5. Le 26 avril 1925, dans une lettre adressée au physicien Charles Henry, Valéry exprime l'intérêt qu'il porte à cette théorie dans l'application de ses propres recherches. Cf. *Œ. I*, *Introduction biographique*, p. 48 : « Vous avez senti l'aiguillon de la relativité et entrepris de pousser la volonté de rendre entièrement réciproques toutes les données, non seulement physiques, mais sensorielles et psychiques jusqu'à la limite. Rien ne pouvait m'attacher davantage, car la pensée de toute ma vie fut d'essayer de me représenter cette relation symétrique générale, et d'en tirer les conséquences applicables à la culture et même à l'art ». D'autre part, « s'il existait une vraie 'philosophie' ce serait un des problèmes de cette occupation que de faire une théorie des points de vue (...). Les choses sont des invariants de points de vue. Les personnes sont des lois de points de vue ». Cf. également, XII,

vers, qui veut qu'un monde tout fait, plein et parfaitement achevé, se trouve face à un sujet qui le pense, mais ne se compromet pas avec lui. Le sujet situé expérimentalement, est un maillon indispensable de l'univers. Valéry concrétise l'union indissoluble de l'esprit et de la nature, qui ne doit pas être rompue sous peine de céder à l'illusion d'une ontologie objectiviste, et ramener ainsi des vues ou des représentations de l'*En-soi* sous les particules étranges de la microphysique. « Toute théorie de la relativité pourrait se réduire à ceci : il n'existe pas de variables indépendantes »[1].

L'ambiguïté du système valéryen réside dans la mondanité de l'esprit, en tant qu'il participe de l'étoffe de la *physis* des grecs anciens. Cet horizon de l'esprit est tissé de l'être même de la nature. Par son aspect cosmique, l'esprit ne cesse d'être à l'être de la réalité mondaine qui se mue dans l'idéalité de l'esprit. Dans cette instabilité de l'être, la science réussit à élaborer le langage commun de son édifice. Elle parvient à refaire à son niveau, et selon un autre langage qui contient le précédent, ce que l'instauration perceptive réussit du premier coup en accordant au même monde les vues différentes et singulières que les individus en prennent[2]. « Dans les systèmes réels – le temps et l'espace sont indivisibles de l'observation ou des choses observées. Et d'ailleurs temps et espace sont, ici, des perceptions »[3]. Les références spatiales et temporelles s'agglutinent jusqu'à composer « des points de vue d'architecture »[4]. Elles construisent le panorama, le relief, l'ornement.

A la différence du sujet kantien, qui pose un monde sans avoir à se mêler aux événements, l'existence incarnée telle que Valéry l'a décrite, est prégnante d'une multitude de lieux et de temps, dont elle ne détient pas elle-même la règle géométrique, puisqu'en effet, « nous ne concevons pas les volumes. Mais seulement les surfaces – Nous ne percevons pas que telle chambre a le même volume que l'obélisque »[5]. Chaque geste, chaque perception, chaque mouvement, se situe par rapport à mille coordonnées virtuelles, la réalité n'étant en son fond que « ce qui est capable d'une infinité de rôles, d'interprétations, de

563 : « Mon problème essentiel fut, demeure, d'instituer une science des manières de voir ».

1. XII, 688.
2. « Se faire source de ce que l'on reçoit », (X, 375).
3. XVI, 868.
4. *Œ. II*, *Dialogues, L'idée fixe ou deux hommes à la mer*, p. 264.
5. IX, 829.

points de vue»[1]. De même, nos habitudes, nos apprentissages, sont faits d'un empilement d'expériences et de temps qui se sont sédimentés dans l'épaisseur de nos muscles. Ces synthèses sont, bien sûr, provisoires et fragmentaires puisqu'elles laissent échapper, par leur nature même, davantage qu'elles ne retiennent. D'expériences en expériences, il est possible de remonter, par un mouvement régressif, vers l'activité constituante du sujet. Toute activité se tasse forcément, et s'amortit sur un fond commun d'être spatialisé qui l'imbrique, la précède, puis commande ses tracés et ses orientations, lorsqu'elle se déploie vers le monde. De même, si le regard est survol, il est inhérent à quelque chose d'autre et antérieur à lui, dans lequel il pratique une brèche.

Quant à l'expérience de la profondeur, elle n'est pas réductible à de pures propriétés géométriques. Le sujet qui perçoit un paysage n'est pas maître du spectacle qui s'offre à sa vue. Alors, la géométrie de Descartes, et celle de ses épigones, rejoint le domaine du mythe. L'existant se présente comme la structure stabilisée d'un immense procès qui le déborde en le déployant.

Au-delà de l'idée d'observateur exprimée par la relativité, les conséquences de cette théorie sont fondamentales pour Valéry. Cela le conduira, comme nous le verrons plus loin, à envisager un autre type de solution. En effet, la relativité conduit «à essayer de démêler dans les observations ce qui appartient à l'observateur – Or, ceci étant impossible en général - il faut rechercher ce qui se conserverait dans toutes les conditions d'observations possibles – Mais, (cela) entraîne des conséquences capitales»[2].

La topologie.

Les espaces textuels du signe et le visible discursif des signifiants architecturaux, sont des symboles géométriques, et le second sans doute à l'aide du premier. En effet, possèdent ces qualités, «celles des figures qui sont traces de ces mouvements que nous pouvons exprimer en peu de paroles»[3]. Le champ visuel s'organise par le moyen de la méthode. Celle-ci implique une maîtrise certaine de l'espace, qui culmine dans sa géométrisation. Cette médiation s'effectue dans un espace brut, que Valéry qualifie de *topologique*.

1. V, 260.
2. XV, 322.
3. *Œ. II*, *Dialogues, Eupalinos*, p. 109.

Poincaré avait noté la remarquable souplesse du procédé mathématique de *l'analysis situs*, qui est tout à fait approprié aux demandes conceptuelles des sciences du vivant. Valéry en retiendra les notions de *déformation* et de *continuité*, qu'il appliquera à l'homme[1] et à la connaissance[2]. Avec l'architecture, et de façon générale avec ce qui prend naissance au carrefour d'au moins deux possibilités de condition, il veut faire voir de l'espace et non plus l'occuper, faire entendre le temps et non plus le faire passer, affirmant ainsi une philosophie de l'espace et de la consécration du continu dans le discontinu. Désormais, les lignes et les masses prennent un sens, les éléments libérés profitent de leur mobilité, et se composent entre eux. On assiste alors, comme dans un tableau de Cézanne, à une déflagration, puis à une stratification instable.

Dans l'univers valéryen, les temps vacillent, « l'instable a son rôle, son temps, sa magie. Mais il faut l'employer sans ignorer ceci : ses limites »[3]. Le réel est réduit à un nombre déterminé de visions dont l'imagination effectue la synthèse, puisqu'en somme « l'observateur voit la chose (comme) l'une de ses propriétés – celle qui l'intéresse essentiellement – mais la chose a d'autres qualités par lesquelles elle est partie du monde »[4]. L'architecture se déploie dans un espace qui est la synthèse d'une infinité de possibilités, le temps se spatialise, l'espace se temporalise. « Comme la matière d'Einstein n'est qu'un plissement de l'Espace-temps, ainsi l'œuvre dans l'univers de l'esprit »[5], l'architecture comme nul autre art, rassemble cette vision multiple des choses. Elle intéresse l'esprit autant que l'œil, elle lie le calcul et l'imagination. L'édifice fait éprouver ses rythmes et ses équilibres, il les offre à l'intégralité de notre sensibilité et de notre intelligence.

Le complexe *espace-temps-architecture* relève d'un atomisme à triple essence. Ce sont autant de monades affirmées en communication avec les choses, et elles-mêmes spéculation sur le fini[6].

Le savant ne crée pas l'espace mais sa représentation, soit la vision que les hommes ont du monde a un moment donné. Valéry adopte une solution, qui consiste « à phénoménaliser le psychisme et à rechercher (….) la réponse (…) (qui) est un système fermé (…) compris entre des

1. IX, 646.
2. III, 820.
3. XVI, 488.
4. X, 124.
5. XXIII, 299.
6. X, 645.

'sensations', des actions élimination et un fonctionnement (...) de la masse vitale»[1]. Il choisit le modèle de la théorie de l'énergie, qui consiste à «penser à toutes les conditions, circonstances d'un phénomène et à corriger *a priori* une partie des inconvénients de l'abstraction»[2].

L'architecture est un modèle de cycle fermé. Elle peuple «la liberté du regard d'objets qui lui imposent les actes virtuels bien enchaînés qui lui répondent. Elle excite de quoi répondre aux questions qu'elle vient d'exciter»[3]. Elle illustre avec bonheur «l'idée de relativisme et de relativité (qui) n'est que l'idée d'égalité généralisée – c'est le mutuum – »[4], en même temps que celle de l'existence conçue comme une œuvre d'art.

1. XX, 383.
2. II, 663.
3. XVII, 139.
4. X, 842.

TROISIÈME PARTIE

L'ARCHITECTUROLOGIE OU LA PENSÉE ARTISTE «CONSTRUCTION ET EXÉCUTION»[1]

> « Si le monde était homogène, on n'aurait pas besoin de l'art (...). On n'aurait pas besoin de philosophie »[2].
>
> « Faire œuvre d'art – C'est donner de quoi vivre à un dessein – comme c'est aussi trouver dans ce qui vit ou est offert par la vie, ce qui ressemble à, ou forme un dessein, une unité »[3].
>
> « Il ne s'agit pas de regarder ou d'écouter avec force pour que l'absolu se déclare, au bout de nos errements. Ici, dans cette promesse est donc le lieu »[4].
>
> « Il nous faut résolument parcourir le cercle. Ce n'est ni un pis aller, ni une indigence. S'engager sur un tel chemin est la force, y rester est la fête de la pensée, étant admis que pensée soit un métier »[5].

1. I, 558.
2. LUKÁCS (G.), *Correspondance de jeunesse* (1908-1917), trad. E. Fekete et E. Karadi, Maspero, p. 138.
3. IX, 397.
4. BONNEFOY (Y.), *L'arrière-pays*, Flammarion, 1982, p. 8.
5. HEIDEGGER (M.), *Chemins qui ne mènent nulle part,* trad. W. Brokmeier, Gallimard, 1980, p. 15.

L'analyse des problèmes inhérents à l'art architectural, dans cette dernière partie, devrait permettre de saisir l'homologie entre la vie perceptive et la vie pensante, sans toutefois réduire la seconde à la première, et surtout, faire apparaître une *philosophie de l'art* en même temps qu'une *architecturologie*.

Pas de regard sur le monde sans que la lecture des formes, des volumes, des couleurs, des lumières, n'ait son siège dans le mouvement des yeux, sur les points de la rétine et dans une aire du cortex cérébral. Le corps voit, touche, construit, entraîné par une intentionnalité hors de lui-même, dans un mouvement vers le monde, où il se dépasse.

Dans le discours sur l'architecture, Valéry reprend cette énigme fondamentale. L'imaginaire du corps émigre dans les moyens d'expression de l'artiste, qui fixe par essence l'instable. Délivré, il est désormais confié à l'individu.

Alors, l'architecture s'affirme par l'analyse et la lyse, en tant que structure double, horizontalité et verticalité d'un même phénomène d'être, à l'intersection duquel elle devient chose du monde et modèle des choses. L'esprit, qui se trouve à son origine, « ne fait aucun effort pour passer de l'architecture cristalline à celle de pierre et de fer »[1].

1. *Œ. I, Variété, Introduction à la Méthode de Léonard de Vinci*, p. 1196.

CHAPITRE X

LA VISION ARTISTE

> « L'architecture, art de la vue »[1].
>
> « La merveille de l'œil, c'est l'image nette. A une ligne tactile correspond une seule ligne motrice – ou trajectoire et une ligne rétinienne ou de séparation – par analogie l'esprit »[2].

Les problèmes posés par l'interprétation de l'architecture apparaissent sous l'effet de contradictions, « le plus difficile problème de l'architecture comme art (étant) la prévision de ces aspects indéfiniment variés »[3]. En effet, si l'architecture est une tentative vers l'unique, elle s'affirme également comme un tout, comme un absolu, et, en même temps, elle appartient à un système de relations multiples.

L'architecture relève certes d'une imagination libre, mais aussi convergent en elle les énergies des civilisations. Enfin, si elle est matière, elle est aussi esprit, forme et contenu. La pensée artiste consiste en un apprentissage visuel de celle-ci, car elle est d'abord agencée par la vue. Ainsi l'architecture n'est pas elle-même, malgré la nécessité de sa présence autoritaire, le signe de son achèvement.

A l'acte de construire, s'ajoute un événement supplémentaire qui est décisif. Cet événement est l'apparition du regard dans l'organisation particulière d'un système. Mais le regard n'est pas une propriété. Il n'est ni objectif, ni subjectif, ni de l'ordre de l'objet, ni de celui du sujet. Il est le contenu de la relation, la relation elle-même, le sens. « Le réel est dans l'action mutuelle, (...) liaison cachée de choses qui peuvent être séparément connues. Ainsi, le lien couleur-forme »[4].

1. *Leçons sur l'architecture*, manuscrit inédit, 1943-1944, fonds P. Valéry, Bibliothèque Nationale.

2. III, 83.

3. *Œ. I*, *Variété*, *Introduction à la méthode de Léonard de Vinci*, (ajout marginal), p. 1189.

4. V, 380.

La construction par la vision.

> « L'œil non libre – et sollicité par les choses de construire – construire sans effort et sans tentation – de construire autre chose (...). Art, c'est donner précisément à faire ce qu'on offre de tout fait – du même coup »[1].
>
> « A l'aurore. Ce cyprès offre. Cette maison dorée apparaît (...). Elle se construit à chaque instant (...) sous la lumière naissante tout chante »[2].
>
> « La réflexion et l'analogie de la vue (m'ont) toujours donné beaucoup d'idées – C'est-à-dire de modèles »[3].

Il existe une sorte de possession du toucher, par une puissance du sensible qui en guide les mouvements. Cette même puissance s'active dans le processus de la vision. Elle commande au mouvement des yeux, ainsi qu'à leur déplacement dans la cavité orbitale, pour les amener à prendre les choses selon la façon dont elles doivent être saisies pour être vues comme choses, et non pas n'importe comment, comme un chaos, sans coordination des parties du champ visuel entre elles[4]. Alors, « regarder relie »[5], et le sujet qui regarde *construit*. Cet acte est une « opération singulière », dont « l'architecture comme art est l'art de donner au regard de quoi construire un système de figures conforme à sa nature de regard »[6].

En matière d'architecture, « le premier moment c'est la vue ». Le plaisir que donne l'architecture est d'abord visuel, puis il s'élargit à celui « du tact, du mouvement, du rythme, des surprises – de l'idée de la matière »[7]. Cependant, il paraît difficile de préciser le statut de la puissance qui se trouve dans ce regard, puisqu'elle n'est ni dans les choses, ni dans une conscience qui *habiterait* le corps. Elle surgit plutôt à l'entrecroisement et au recoupement du monde et du corps, puisque « l'homme est inégalisé par la vue qui est asymétrie des directions. Il

1. XI, 7.
2. XII, 189.
3. XXIX, 189.
4. Cf. V, 901 : « La vie proprement dite n'est pas instantanée. Ce que nous voyons (...) est le résultat d'une organisation autre qu'optique. L'action rétinienne forme un circuit dont les contacts sont multiples et à la fois plus d'un pour chaque élément de rétine et à la fois un par des groupes de ces éléments (mouvements virtuels – forme) ».
5. XVI, 373.
6. *Esquisses, dessin, architecture,* manuscrit inédit, fonds P. Valéry, Bibliothèque Nationale.
7. XIV, 664.

voit devant et non derrière – chaque sens oriente la motilité, et son activité excitée attire»[1].

L'œuvre architecturale est unique, «c'est un objet qui provoque une exploration par le regard (...). Cette exploration s'accompagne et se complète par des déplacements autour de l'édifice puis l'entrée. Pendant, cette phase, une fenêtre n'est pas encore fonctionnelle, ni une porte, ni un escalier»[2]. Ponge, dans *Les plaisirs de la porte*, constate «le bonheur d'empoigner au ventre par son nœud de porcelaine l'un de ces hauts obstacles d'une pièce. Ce corps à corps rapide par lequel, un instant la marche retenue, l'œil s'ouvre et le corps tout entier s'accommode à son nouvel appartement»[3]. Il décrit, comme Valéry le fait, la double relation qui s'instaure entre le bouger du corps et l'œil dans la perception de la chose. Si le regard prend possession des choses, c'est aussi le signe, comme les sciences contemporaines l'ont enseigné, qu'il est nécessaire de tenir compte de la position de l'observateur dans la détermination des phénomènes. «Des formes nées du mouvement, il y a passage vers les mouvements que deviennent les formes, à l'aide d'une simple variation de la durée»[4]. Ce sont les langages qui font «qu'une jetée s'allonge (...), qu'une statue se dresse». Puis, «sans détruire la notion acquise, on instaure une conception abstraite» qui est celle «des ordres de grandeur»[5].

A propos de l'art pictural, Klee écrivait que «l'œil doit 'brouter' la surface, l'absorber partie après partie, et remettre celle-ci au cerveau qui emmagasine les impressions et les constitue en un tout»[6]. Cet artiste, tout comme Valéry, savait qu'entre les taches de couleurs et les idées, «il y a du temps» et qu'on voit «tout le reste comme réponse (...). Réponse qui va se superposer aux taches – demandes, et les absorber, les recouvrir, les englober enfin dans les actes»[7].

Dans la perception, il en va de même. L'édifice «donne» au regard de quoi construire conformément à sa nature de regard. En effet, par le déplacement autour de l'édifice et le «clignement des yeux», chaque élément n'existe que par son contraire. Les séries visuelles apparaissent et disparaissent, le contenant devient le contenu,

1. XXIV, 811.

2. *Leçons sur l'architecture*, manuscrit inédit, 1943-1944, fonds P. Valéry, Bibliothèque Nationale.

3. PONGE (F.), *Proêmes*, op.cit., p. 44.

4. *Œ. I, Variété, Introduction à la méthode de Léonard de Vinci*, p. 1169.

5. Ibid.

6. KLEE (P.), *Théorie de l'art moderne*, op. cit., « Esquisses pédagogiques », p. 96.

7. VII, 877-878.

la gauche se confond avec la droite, le va-et-vient des formes niant toute mesure. « L'œil suit les chemins qui lui ont été ménagés dans l'œuvre » [1], jusqu'au vertige, afin que l'observateur « perde pied », ne se sente plus spectateur devant une œuvre, mais plutôt participant immergé dans une atmosphère colorée, sans référence, sans milieu, sans horizon.

La *sensation d'architecture,* soit « le travail de l'œil sur l'objet » [2], signifie qu'en architecture les dimensions du proche, du lointain, et l'horizon forment un système. De leur rapport dans le champ total naît une vérité perceptive.

Si, comme l'écrit Merleau-Ponty, *la Dioptrique* de Descartes est « le bréviaire d'une pensée qui ne veut plus hanter le visible et décide de le reconstruire selon le modèle qu'elle s'en donne », s'il est vrai que cet essai « fut un échec » parce que « le modèle cartésien de la vision c'est le toucher » [3], cette philosophie qui est à faire, à l'instant où la vision de l'artiste se fait geste, n'est-elle pas « l'optique à actes » dont nous entretient Valéry ?

L'optique à actes.

> « Un tableau naît-il jamais d'une seule fois ? Non pas ! Il se monte pièce par pièce, point autrement qu'une maison » [4].
>
> « L'artiste se cherche une *optique à actes*, une manière de voir, de faire, de tirer de soi (...) de son opération – et (qui) imprimée dans sa matière, puisse composer par addition ou par imposition : l'ensemble, un système matériel ou énergético qui *s'explique* par ce qu'il exige (du partenaire semi-passif) l'œuvre d'art » [5].

Le regard et le geste sont deux outils de l'instrumentation humaine. La dynamique et la force du geste sont relatives, non seulement à l'activité neurologique qui les a précédées, mais aussi à la situation affective qui les accompagne [6]. L'activité visuelle est analysée par Valéry, pour utiliser des termes modernes, en schèmes explorateurs et

1. KLEE (P.), ibid.
2. *Leçons sur l'architecture*, manuscrit inédit, 1943-1944, fonds P. Valéry, Bibliothèque Nationale.
3. MERLEAU-PONTY (M.), *L'œil et l'esprit*, op. cit., p. 36.
4. KLEE (P.), ibid., p. 36.
5. XVII, 245.
6. « Polyphée regardait et touchait Néere comme s'il eut été dans l'acte de la construire », (XV, 515).

en schèmes analyseurs[1], et ce, aussi bien dans l'organisation du champ visuel, soit la ou les relations entre les objets, que dans les formes conçues comme objets, par leurs contours, valeurs et couleurs.

Ainsi, « l'homme regarde (...) de ces formes sur quoi la main de l'œil passe et qu'elle éprouve selon le rugueux, le poli (...). Que faire ? C'est-à-dire en quoi les changer ? dessiner – peindre – parcourir – faire abstraction – évaluer en mots »[2]. De la polysémie des formes tracées et pensées qui apparaissent dans le temps et l'espace, des divergences et des décentrements possibles de leur lecture[3], peuvent émerger, par la posture du geste et du regard, des formes nouvelles, liées étroitement à la perception du tracé et à la réception du message que drainent les figures et non le figuré. Tout ornement est « un retard, un conducteur »[4], qui fait basculer la perception du détail vers l'ensemble et *vice versa*, la « réaction naturelle de nos sens en présence d'un espace nu, sur lequel ils tendent à mettre ce qui satisfait le mieux leur fonction de recevoir »[5].

Si l'œuvre apparaît comme un événement continu, elle est aussi, et surtout, un ensemble d'opérations : « nous avons la notion d'une maison, et cependant nous ne la connaissons réellement que par fragments (visuels), par *M* projections et contacts, nous (...) formons cette possibilité de déduire des aspects non vus »[6]. L'étude du contenu de l'œuvre permet de reconstituer les processus de production, et d'analyser dans leur unité finale, les traces laissées par la culture, ses formes, ses figures et leur lois de composition, toutes choses étant « à la fois un possible (acte) quant à la faculté composée de construire et percevoir – en série, un indice ou signal quant au groupe du monde. Un incident qui a sa durée »[7].

1. Cf. XXIII, 409 : « Le regard pourrait être analysé comme une propriété vectorielle – Ce qui est d'ailleurs vrai de toute attention en tant qu'elle est une direction (...). Le regard est en somme une opération – dans un système de variables ». Cf. également XI, 471 : « L'architecture et l'œil (...), l'ornement, la forme sont choses de l'œil réduit à des rotations et mis en communication avec les totaliseurs et descripteurs de mouvements d'espace ».

2. XXI, 164.

3. Cf. VII, 877 : « Si on trouble les conditions de superposition – Comme en regardant tête renversée (...) les temps sont très allongés – Puis accoutumance ».

4. *Leçons sur l'architecture*, manuscrit inédit, 1943-1944, fonds P. Valéry, Bibliothèque Nationale.

5. *Œ. II*, *Pièces sur l'art, Autour de Corot*, p. 1319.

6. VII, 580.

7. XII, 296.

Les données de l'optique à actes, comme celles du construire, mettent en évidence la création par « principes séparés »[1]. Du contrôle de l'ordonnance des actes successifs se dégage l'idée d'un travail[2]. Dans la mesure où le contenu de l'objet est décomposable et analysable par une succession d'actes, l'exécution de l'œuvre conçue en tant qu'acte devient elle-même une œuvre d'art[3]. Néanmoins, il existe un point où cette analyse s'arrête, autrement celle-ci progresserait à l'infini : « on dit alors que ce qui reste est la matière de l'œuvre »[4].

La fabrication de l'œuvre est solidaire de celle d'un acte composé. « Elle est possible par l'additivité des modifications successives apportées à la matière »[5]. Mais, ni le procédé, ni la matière ne doit prévaloir, sinon « l'idée de *création,* le cède à celle de *transformation* par *actes* »[6]. A propos de Degas, Valéry analyse l'acte de peindre en mettant en évidence l'interaction du voir et du faire[7]. En peinture, comme en architecture, « tout est affaire du regard »[8] et du mouvement par lequel l'individu se lève vers le monde pour se joindre à lui dans une forme commune. La vue et le mouvement sont unis[9].

La théorie de l'*optique à actes* proclame que toute chose, dans sa phase d'instauration, est une juxtaposition d'actions. Les phénomènes

1. *Œ. II, Dialogues, Eupalinos,* p. 128.

2. XXIII, 646. Valéry accorde une grande importance à « l'analyse de l'acte de copier un modèle ». L'essentiel se situe dans « la chronolyse des opérations », « ici, apparaît aussi cette notion inexplorée qui est celle de *sommation d'actes.* La 'somme' est un but, et ce but est le *seul lien des actes les plus divers,* (...) c'est sur cette somme que peut agir l'acquisition d'habitude, d'adresse, de raccourcis ou d'économie d'opérations ». Cf. également, VI, 267. Valéry démontre que « l'art du dessin suggère toujours l'idée de travail » par « l'accumulation, le contrôle des temps successifs ».

3. *Œ. II, Pièces sur l'art, Mon buste,* p. 1363.

4. X, 155.

5. XVIII, 37.

6. XXI, 159.

7. « L'artiste avance, recule, se penche, cligne des yeux, se comporte de tout son corps comme un accessoire de son œil, devient tout entier organe de visée, de pointage, de réglage, de mise au point », *Œ. II, Pièces sur l'art, Degas, danse, dessin,* p. 1189. Cf. également les notations de R. Barthes dans *L'Obvie et l'Obtus,* Seuil, 1984, « Réquichot et son corps » : « Derrière la peinture, derrière sa superbe individualité historique (...) il y a autre chose : les mouvements de la griffe, de la glotte, des viscères, une projection du corps, et non seulement une maîtrise de l'œil ».

8. XXI, 725.

9. « Je suis mû par la vue. Je suis enrichi d'une image par le mouvement, et la même chose m'est donnée que je l'aborde par le temps, que je la trouve dans l'espace », *Œ. II, Dialogues, Eupalinos,* p. 110.

psychiques, comme les visuels, sont relatifs à des actes. Le contenu n'est jamais immanent à lui-même, il n'acquiert de consistance que par l'intentionnalité de l'acte même. Tout acte est dirigé vers un objet, constitue une formule réversible. D'ailleurs, Merleau-Ponty justifie la démarche valéryenne, lorsqu'il constate que le peintre renoue avec « le corps opérant et actuel, celui qui n'est pas un morceau d'espace, un faisceau de fonctions, qui est un entrelacs de vision et de mouvement »[1]. En architecture comme en peinture, « le *voir* et le *savoir* (ou le comprendre) se répondent et se régénérent l'un l'autre »[2].

Vision de la forme et forme de la vision.

Dans l'œuvre de Valéry, la vision n'est en rien assimilable à une vision en Dieu de type malebranchiste. Elle n'émane pas d'un pouvoir transcendant et insulaire, mais constitue le monde objectif et commun à tous. Alors toute vision correspond à une mise en forme, et toute forme devient le siège d'une vision, d'une gestalt. « Un objet est un système de perception qui forme un groupe. Un tout est une forme »[3]. Entre le voyant et le visible semble se produire un échange, une inversion de rôles. C'est pourquoi, comme l'a remarqué Merleau-Ponty, « tant de peintres ont dit que les choses les regardent, et André Marchand après Klee : dans une forêt, j'ai senti à plusieurs reprises que ce n'était pas moi qui regardais la forêt. J'ai senti certains jours que c'étaient les arbres qui me regardaient, qui me parlaient (...). Moi, j'étais là, écoutant (...). Je crois que le peintre doit être transpercé par l'univers et non vouloir le transpercer (...). J'attends d'être intérieurement submergé, enseveli. Je peins peut-être pour surgir »[4].

Merleau-Ponty recherche, dans l'art pictural, la révélation d'une « philosophie figurée » de la vision et comme son iconographie, alors que Valéry traque, à travers le modèle de l'architecture, une sorte de mécanisme objectif visuel mobile qui serait compatible avec la vision particulière des observateurs[5].

1. MERLEAU-PONTY (M.), *L'œil et l'esprit*, op. cit., p. 16.
2. XIX, 440.
3. IX, 901.
4. MERLEAU-PONTY (M.), *Le visible et l'invisible*, op. cit., p. 31.
5. La vision dont il s'agit, démontre que dans l'œuvre d'art, la forme n'est pas dissociable du contenu. Comme l'écrira plus tard Panofsky (*Les Essais d'iconologie*, Gallimard, 1967), dont la pensée est proche de celle de Valéry à bien des égards, l'œuvre « doit être comprise comme investie d'une signification plus que visuelle ». A ce titre cf. XVII, 46 : « L'emploi de l'huile coïncide avec une analyse plus fine des choses vues ».

Cependant, si « les choses nous regardent » et si le monde visible est bien un « excitant perpétuel », puisque « tout réveille ou nourrit l'instinct de s'approprier la figure ou le modelé de la chose que construit le regard » [1], seul l'objet modelé par l'homme est signifiant.

Valéry, en méditant sur la vision, a interprété le vu et le visible par le vécu. Ce sont les nécessités de la vie qui ont donné naissance à l'expression de formes pratiques et plastiques, sans pour autant que l'activité artistique soit née de l'activité pratique. En effet, deux points sont à souligner. D'une part, « tout le travail n'est pas créateur – Le moment *créateur* est celui où il y a excitation de deux facteurs – et comme confusion du *voir* – du *faire*, sens et acte, fond et forme » ; d'autre part, « la création est action-composée qui se fait simple » [2].

L'illusion visuelle.

> « Pourquoi ne pouvons-nous dominer ce qui est, comme du rebord d'une terrasse ? » [3]
>
> « L'homme ne comprend bien que ce qui est unitaire. Or, on ne commence à penser le réel que lorsqu'on pense à la fois simultané et complexe (...). La vision doit être panoramique, elle a un champ ; elle ne se limite pas à un point » [4].

Autrui, la chose et le monde sont au bout de mon regard, comme l'écrit Merleau-Ponty [5], et *je vois,* mais « voir – c'est croire voir et produire une substitution » [6]. La vision ne clôt pas la perception, mais bien au contraire, la commence. Cependant, « il reste à savoir comment nous pouvons avoir l'illusion de voir ce que nous ne voyons pas » [7]. D'autre part, s'il existe autant de mondes perçus et construits que d'individus [8], le monde ne devient-il pas une vraie fantasmagorie ?

1. *Œ. II, Pièces sur l'art. Degas, danse, dessin,* p. 1212.
2. XVIII, 778.
3. BONNEFOY (Y.), *L'arrière-Pays,* Flammarion, 1982, p. 10.
4. HUYGHE (R.), *De l'art à la philosophie*, Flammarion, 1980, p. 164.
5. MERLEAU-PONTY (M.), *Le visible et l'invisible*, op. cit., p. 21.
6. XXVIII, 295.
7. MERLEAU-PONTY (M.), ibid., p. 20.
8. « L'homme vit et se meut dans ce qu'il voit, mais il ne voit que ce qu'il songe. Au milieu d'une campagne, essayez divers personnages – un philosophe vaguement n'apercevra que phénomènes, un géologue des époques cristallisées (...). Mais tous, ils auront de commun de ne rien voir qui soit purement vue (...). Tous ils subissent un certain système de couleurs (...) chacun d'eux sur le champ les transforme en signes » *Œ. II, Pièces sur l'art, Berthe Morisot*, p. 1303.

Pour que la perception se construise, il faut une composition en deux temps : « La (composition) visuelle demande l'accord de la vibration ou fréquences, ou 'actes', des facteurs physiques de la 'lumière' avec la période de régénération rétinienne. Moyennant cet accord, l'objet existe visuellement et paraît une chose stable, indépendante du temps. Si la fréquence augmente ou diminue, ou si la régénération est ralentie, il y a trouble ou suppression de l'objet » [1]. Les mécanismes de perception semblent dynamisés [2] par la chose. Ceux-ci sont le résultat d'une « production provoqué » [3]. Les arts visuels sont susceptibles, par leur forme même, de « nous apprendre que nous n'avions pas vu ce que nous voyons » [4]. La perception est soit « générale » [5], soit « particulière » [6]. La première réduit les perceptions combinées en vue de l'utilité directe. Elle permet, également, de voir « comme d'un point de vue plus reculé ou élevé que celui de la vue quand elle embrasse l'ensemble du visible présent » [7]. La « particulière » fait régresser le sujet à un état brut, au chaos. Elle présente les choses abolies, « c'est-à-dire les sensations non corroborées par d'autres » [8].

Si chacun de nous possède un monde privé, en aucun cas ces mondes privés ne peuvent donner le monde. Leibnitz avait déjà défini la perception comme étant « l'état passager qui enveloppe et représente une multitude dans l'unité ou dans la substance simple (...), qu'on doit distinguer de l'aperception ou de la conscience » [9]. Ainsi, la réalité est-elle unique dans son apparence et multiple par son interprétation ? S'apparente-t-elle à un système de couleurs transformés en signes ?

1. XXV, 855.
2. « Pour qu'il y ait perception – non statique – il faut un facteur d'inégalité qui excite un développement », (XVIII, 230).
3. V, 572.
4. *Œ. I*, *Variété*, *Introduction à la méthode de Léonard de Vinci*, p. 1165.
5. XXVI, 542.
6. III, 123.
7. XXVI, 542.
8. III, 123.
9. LEIBNITZ (G.W.), *Monadologie*, « lemme 14 », trad. E. Boutroux, Delagrave, 1975, pp. 146, 147.

Le phénomène de la couleur et l'importance de la vision de l'esprit.

« Il faut bâtir le monde »[1].

Depuis Galilée, les physiciens avaient admis que les idées possédées par le sujet sont des qualités secondes. Celles-ci ne ressemblaient à rien de ce qui existe dans le monde matériel. Les sensations seraient donc relatives au sujet qui les perçoit, et les couleurs varieraient selon que le sujet a la jaunisse, une déformation visuelle, ou qu'il porte des verres teintés[2]. D'autre part, les choses n'auraient pas de couleur dans l'obscurité.

Valéry, à propos de la couleur, pousse la similitude entre celle-ci et la sensation, jusqu'à la nommer « sensation colorée »[3]. Alors, « l'observateur est pris dans une sphère qui ne brise jamais, où il y a des différences qui seront les mouvements et les objets, et dont la surface se conserve close, bien que toutes les portions s'en renouvellent et s'y déplacent. L'observateur n'est d'abord que la condition de cet espace fini : à chaque instant il est cet espace fini »[4].

Le monde naturel ne consisterait-il qu'en une flottante fantasmagorie de couleurs, de sons, de goûts, d'odeurs, hors d'un esprit qui les pense ? Si « la matière n'est que dans l'instant »[5], et si le monde se compose de ce qui est perçu, « de ce qui est imaginé, des abstractions »[6], les qualités sont-elles propriétés des choses ? En effet, « la plupart des gens (…) voient par l'intellect bien plus que par les yeux. Au lieu d'espaces colorés, ils prennent connaissance de concepts. Une forme cubique, blanchâtre, en hauteur, et tracée de reflets de vitres est immédiatement une maison pour eux : la maison ! Idée complexe, accord de qualités abstraites. S'ils se déplacent, le mouvement des files de fenêtres, la translation des surfaces qui défigure continûment leur sensation leur échappent – car le concept ne change pas. Ils perçoivent plutôt selon un lexique que d'après leur rétine, ils approchent si mal les objets »[7].

1. LUKÁCS (G.), *Correspondance de jeunesse*, *Lettre 49* adressée à L. Popper, op. cit., p. 140.

2. Cf. XI, 65 : « Visite à Monet (...) raconte ses yeux. Au moment où on lui enlevait le cristallin un cercle bleu lui apparaît. Il ne voyait plus que du jaune (...). Quand il a revu – il a retrouvé un tableau fait avant et qui est une cacophonie de tons – Il prenait le jaune pour du blanc ».

3. XVII, 329.

4. *Œ. I*, *Variété*, *Introduction à la méthode de Léonard de Vinci*, p. 1167.

5. IX, 20.

6. I, 54.

7. *Œ. I*, *Variété*, *Introduction à la méthode de Léonard de Vinci*, p. 1165.

L'univers de la couleur induit une philosophie, qui, pour être connue dans sa totalité, demande à être observée à partir de multiples points de vue. Comme l'a écrit Klee, « la couleur est premièrement qualité, elle est ensuite densité (...), elle est enfin mesure, car elle a aussi ses limites, son contour, son étendue »[1]. Dans les recherches sur la couleur, il est aisé de constater que de nombreuses élaborations scientifiques sont dues à des artistes. Un grand nombre d'incidences artistiques sont inhérentes aux découvertes scientifiques, ou bien attribuables au mérite de certains savants.

L'époque dans laquelle Valéry se trouve impliqué, a vu l'art de la couleur s'affirmer avec l'impressionnisme et le néo-impressionnisme, en s'unissant aux nouveaux problèmes de l'espace et du mouvement. Si les recherches qu'il a poursuivi, peuvent parfois faire penser à celles menées par les impressionnistes[2], en aucun cas le résultat pictural obtenu par ces derniers ne semble le satisfaire.

Valéry le considère comme un « affaiblissement »[3]. « Un certain impressionnisme ou simultanéisme n'est (...) que la traduction esthétique de (l')impuissance d'attention – qui coïncide (...) avec le système d'interruptions, de signaux, horaires, etc... dont la vie moderne est empoisonnée »[4]. Les descriptions de paysages que Valéry donne parfois dans ses Cahiers, font plutôt penser aux travaux des néo-impressionnistes qui utilisaient la division systématique du ton[5].

Il a mis en évidence la transformation du problème de la couleur qui, de la conception émotive et sensorielle encore dominante à la fin du siècle dernier et au début de notre siècle, passe au domaine cognitif. La couleur n'est pas ce moment de la lumière auquel invite le physicien qui la décompose et la détruit, mais le sens moteur du comportement humain : « il pourrait n'y avoir que deux couleurs – qui suffiraient

1. KLEE (P.), *Théorie de l'art moderne*, op. cit., p. 20.

2. « Deux couleurs sont complémentaires quand la vue de l'une provoque l'émission de l'autre (...) ce qui est une relation capitale, fondamentale des arts », (XIII, 595). A propos de Monet, il a pu écrire : « (le) thème de l'œil – pas plus que la 'matière' n'est ce que l'on croyait et sur quoi l'on raisonnait il y a 30 ans encore », (X, 836).

3. XII, 99. Exception faite toutefois pour Manet (XX, 361) et Degas (par exemple, XXVI, 865).

4. VI, 501.

5. « Le soleil fond et se liquéfie, se déverse sur les dômes et les tuiles, dans un marécage magnifique de toits abondants », (I, 722). « Gênes (...) collines coniques (...) vert sombre (...) hochets roses (...) cônes (...) couleur rosâtre », (IV, 464). « Lumière du soir (...) – décomposée, polarisée, (...) spectres », (XII, 402).

(pour) les besoins moteurs ou pour les choix »[1]. On passe alors d'une réponse physiologique à des stimulations physiques extérieures, objectives et objectuelles, puis à une conception mentale, cérébrale, subjective de l'homme comme sujet actif qui interprète, projette et construit la réalité[2]. Ainsi, il s'agit d'une vision relevant davantage de l'esprit que des yeux, et qui, de cette façon, fàit du problème *lumière – couleur* le problème-base d'une nouvelle science visuelle : « ce qui est rouge pourrait être bleu »[3].

A partir de ces constatations, on conçoit que la recherche artistique de notre siècle s'accorde avec celle de la science, qui est aussi de moins en moins physique et de plus en plus cognitive, cérébrale et basée sur la perception. D'ailleurs, parfois, il semble qu'elle l'anticipe et Valéry l'a compris : « forme et couleur (sont) en échange dans la perception ». Ainsi, il met en évidence les problèmes de la perception visuelle induits par les formes objectives externes, géométriques, physiques, d'où découle la vaste recherche de l'art que l'on appelle tour à tour « art cinéthico-programmé », « op-art », « art de la gestalt »[4].

Si, avant le XVIIe siècle, le système des couleurs participe, ainsi que tous les autres systèmes, à la définition, à la description et à la construction de l'unité du monde, il prend par la suite une certaine autonomie, développe sa propre logique et participe de façon dialectique au système du monde. Dans certains cas, on peut parler non pas de simples ressemblances, mais d'un aspect fongible des images. L'art et la science d'une époque sont, à la fois, complémentaires et liés. Quelques aquarelles de Klee représentent la vie vue au microscope. En d'autres termes, l'artiste moderne, à la recherche de nouveaux paysages, découvre l'univers de l'infiniment grand et de l'infiniment petit, et dilate sa propre imagination à l'intérieur de ces nouveaux espaces qu'il explore grâce aux appareils de la science. L'art n'est plus à la mesure de l'homme mais de son œil hypertrophié. Dans la

1. XIV, 20.

2. Cf. I, 334 : « Iris blanc (...) calme, fraîcheur » et V, 163 : « et ce bleu – le mot 'pur' ouvre mes lèvres ».

3. XVIII, 419.

4. Il est intéressant de noter que l'école américaine considère la couleur comme énergie et comme espace déterminant le milieu ambiant, soit une architecture faite de *lumière-couleur*. D'autre part, la couleur est conçue en tant que protagoniste de l'exploration de l'actuelle recherche artistique, constructiviste, expressive, symbolique, psychologique ou ayant trait à la matière. C'est avec les constructivistes, les néo-plasticiens, et l'art concret, cinétique et programmé, que nous est livrée la véritable abstraction. Celle-ci transforme le rapport dialectique de l'art en un message péremptoire qu'il ne s'agit plus d'interpréter mais d'accueillir ou de repousser.

modernité, « la recherche du fait est passée des sciences dans les arts, et comme un fait l'emporte sur toutes théories dans les sciences – on a peu à peu, sous leur 'influence', pris le goût de le guetter dans l'esprit »[1].

Alors que la *peinture représentation* visait la traduction des phénomènes[2], la peinture abstraite cherche à décrire des lois. C'est justement dans cette circonstance cruciale que se manifeste la correspondance entre l'art et la science de notre temps. Néanmoins, Valéry constate « l'incroyable décadence / état / de la peinture moderne – où il n'y a plus ni science, ni esprit, ni ensemble, ni détail (...). Art de la lenteur. Mais au fond, il n'y a peut-être plus rien à peindre. L'art moderne (est conçu) (...) en réactions courtes »[3].

On assiste alors à la dissolution de la logique occidentale par la vision alchimique. L'alchimiste et l'artiste possèdent en effet la même ambition : faire pour connaître, connaître pour transformer, « pouvoir du vide »[4]. Le phénomène optique n'est qu'un instrument froid, qui peut être réduit à des données algébriques, géométriques, et à un alphabet chromatique. Valéry a su en donner une vision artiste. Ce qui est plat semble en relief, ce qui est statique devient dynamique, pluridimensionnel[5]. Il a su, également, mettre en évidence l'aspect cognitivo-moteur de la couleur. La chose et l'homme sont indissociables, « la rétine émet le complément de ce qu'elle a reçu »[6].

Cette philosophie de l'art apparaît comme une réconciliation de l'homme et de son univers, par l'invention d'un nouvel ordre. Si le *sentir*, le *toucher*, et le *voir* sont des sens qui s'élaborent au sein, non pas d'une conscience éthérée, mais dans le sensible lui-même, leur acte de construction est contenu dans cette même puissance. Il ne peut qu'y avoir oscillations et correspondances réglées entre les deux. Bien qu'il y ait deux images rétiniennes, il n'y a pas deux visions. Il n'en existe qu'une seule, par laquelle le sujet construit un monde commun et unique, à l'aide d'un « certain regard qui rend toutes choses égales »[7].

1. XX, 688.
2. « Rembrandt éclairage de scène – peinture », (XII, 707).
3. XII, 851. Cf. également V, 319 : « Modernes – Les idées modernes de tachisme, 'harmonies', tout fonder sur des contrastes simultanés, négliger les suites (...) le dessin, se rapportent bien à l'état des idées. Cela revient à se borner à indiquer les commencements, l'état naissant (...). On demande à l'artiste, sensibilité avant tout. Il n'est plus question d'habileté ».
4. XVII, 178.
5. Cf. XVII, 769. « L'esprit toujours linéaire façonne des objets qui sont toujours pluridimensionnels. L'esprit, *toujours instantané*, façonne des objets qui sont toujours et durables et non instantanés ».
6. XII, 456.
7. XIV, 578.

CHAPITRE XI

L'HOMME : UN SYSTÈME QUI SE TRANSFORME

> « Le type 'acco' – mon modèle 1900 – Accommodation = acte réflexe par lequel le système visuel total se modifie de manière que la perception de l'œil soit 'nette' » [1].

A travers les *Cahiers*, Valéry a étudié les étapes par lesquelles l'homme parvient à construire une représentation du monde objectif et permanent, indépendant de cette représentation elle-même. Cette construction s'effectue par deux mouvements complémentaires, qui sont calqués sur le modèle de la vision : l'accommodation de la pensée aux choses et l'assimilation des données nouvelles par l'acquis antérieur. Elle substitue ainsi à la question kantienne de savoir comment la connaissance est possible, la question de savoir comment et pourquoi elle est toujours en progrès, dépassant ainsi l'opposition bergsonienne de l'intelligence et du vivant.

Le problème de la coordination, apparition de la notion de forme.

L'intelligence humaine est la forme la plus générale de la coordination des actions et des opérations. Valéry nous convie, en fin de compte, à une véritable ontologie génétique, puisque les structures ultérieures de la connaissance et de son progrès sont engendrées par leur fonctionnement même. La finalité apparente est, en fait, l'aspect de la causalité séquentielle interne, la fonction de la logique ne devenant plus que la représentation déductive de ce qui a été constaté empiriquement. Alors, la logique représenterait la forme même de la pensée rationnelle naturelle.

Cependant, la coordination n'est pas le fait fondamental sur lequel pourrait se construire le reste. Ce fait est au contraire second. Il apparaît plutôt comme un résultat, effet d'un phénomène de structure

1. XXVII, 156.

ou de forme: « ainsi toute connaissance se doit figurer par une coordination plus ou moins riche »[1]. Est-ce donc au niveau du fonctionnement nerveux, dans le tissu lui-même, que se trouve la forme ? Si celle-ci réalise la loi d'équilibre de l'appareil nerveux, et si elle est le modèle même de son fonctionnement, elle n'est pas à rechercher dans une transcendance quelconque. Par ailleurs, elle expliquerait la « formation des objets (par) l'adhésion des formes intuitives motrices aux lieux sensoriels »[2].

Il convient, dès lors, de considérer la notion de forme plutôt sous l'aspect d'un ensemble s'appliquant au système nerveux et à la recherche de son point d'équilibre. Valéry, et plus tard Merleau-Ponty, ont remarqué que « tout se passe comme si une loi de minimum réglait les mouvements de nos yeux, comme si à chaque moment ces mouvements étaient ce qu'ils doivent être pour réaliser certaines situations d'équilibre privilégiées vers lesquelles tendent les forces qui sont à l'œuvre dans le secteur sensible »[3]. Valéry avait d'ailleurs remarqué cette *Loi du minimum*, ou *Principe d'Hamilton*, à l'état d'ébauche chez Léonard de Vinci qui, le premier, a décrit le principe de moindre action en tant que loi cosmique, et l'a joint à celui de causalité[4].

Le travail du tissu nerveux semble soumis à cette loi. L'activité qui sert de substrat physiologique au réflexe oculaire, est, dans chacun des cas, le siège d'un champ de forces qui s'exercent sur elle, et sous la pression desquelles, elle travaille et s'organise, en vue d'atteindre le meilleur équilibre correspondant à la situation précédente. En revanche, l'apparition d'un point lumineux dans la nuit peut être considérée comme la rupture d'un équilibre sensori-moteur du système visuel. « Ce qui agit fort sur nous, ce n'est point l'événement en soi (...) c'est par exemple, l'écroulement des constructions plus ou moins cachées »[5], soit une modification par l'*effet de surprise*.

Köhler défendra cette notion, qui tend à réduire au maximum l'écart que l'on pourrait concevoir entre le fonctionnement nerveux et le travail dont les systèmes physiques sont le siège[6]. La partie qui

1. XI, 424.
2. XV, 388.
3. MERLEAU-PONTY (M.), *La structure du comportement*, P.U.F., 1977, p. 36. Cf. XVIII, 56 : « la sensation visuelle change avec la durée du même objet considéré – et avec le changement de cet objet ».
4. VI, 786.
5. VIII, 566.
6. KÖHLER (W.), *Psychologie de la forme,* trad. S. Bricianer, Gallimard, 1972.

concerne l'activité visuelle dans le cerveau, ainsi que les connexions nerveuses avec les muscles des globes oculaires dans le réflexe de la fixation, se comportent, en définitive, selon les lois qui gouvernent les forces d'un système physique. D'ailleurs, pour soutenir leur thèse, nombre de gestaltistes ne manquent pas d'avoir recours à la présentation de systèmes purement physiques, comme par exemple la distribution de charges électriques dans des conducteurs.

Bien que « l'œil ne voit pas des forces », Valéry cherche à en préciser la nature du sens potentiel, en se demandant « si ce sens ne réside pas dans toute gêne et résistance au fonctionnement des fonctions (sic) qui opèrent sans discontinuer la conservation et la fabrication de la vie »[1]. Cet exemple démontre, *intra et extra parte*, la correspondance et l'unité de tous les systèmes vécus et construits par l'homme. A partir de cette constatation, il est possible de s'étendre en vue générale sur l'idée de structure, tout en étant conscient que « la liaison organopsychique nous échappe à un certain point »[2]. Dès qu'il y a interposition de signes, la structure apparaît.

D'autre part, « le modèle est peut-être donné ou créé. Il peut être un système de conditions – un but ». Mais l'essentiel est d'en distinguer « chronolytiquement » les opérations. Ici apparaît aussi cette notion de *sommation d'actes*[3]. L'idée de forme résulte-t-elle de celle de *similitude*[4] ? Si tel était le cas, la construction humaine ne serait pas, en soi, différente de celles de la nature, et, la différence fondamentale se faisant alors dans le degré de complexité, à ce moment-là le modèle cybernétique, sans rien supposer d'autre que lui-même, permettrait d'en rendre compte.

L'idée de forme.

> « J'ai le sentiment que la forme est un besoin biologique (non pas dans le sens 'scientifique' courant mais en profondeur = elle doit être présente dans la totalité de la vie »[5].

Si l'introduction de la notion de forme dans les sciences psychologiques leur a fait accomplir un progrès remarquable, il n'en demeure

1. XI, 16.
2. XXIX, 489.
3. XXIII, 646.
4. XVII, 39.
5. LUKÁCS (G.), *Correspondance de jeunesse*, op. cit., lettre n° 35, Lukács à L. Popper, datée du 15 juin 1910, p. 103.

pas moins vrai que celle-ci est devenue équivoque. En effet, comme l'a écrit Merleau-Ponty, les gestaltistes n'ont pas réussi à « déjouer la ruse par laquelle (la perception) se laisse oublier comme fait et comme perception au profit de l'objet qu'elle nous livre et de la tradition rationnelle qu'elle fonde »[1].

De la sorte, la notion de forme se trouve annexée à des schémas substantialistes traditionnels. Dans les œuvres de Köhler, la forme redevient une substance, l'ontologie de l'*en-soi* n'est pas évacuée et la nature physique reste telle. La gestalt n'a pas produit un modèle qui permette de *penser* la forme jusqu'au bout. Celle-ci reste une chose qui existe en tant qu'elle est du ressort de la physique. Tenter de matérialiser les formes psychiques, en les rapprochant des modèles de la nature physique, conduit à donner de nouvelles bases aux formes physiques, « le but étant une représentation commode – conforme – réduite – La psychologie physique donne certaines indications figurées – mais en elle-même ne peut supporter toute la tâche – étant elle-même une représentation »[2].

En définitive, les psychologues ne gagnent rien à vouloir rapprocher, par paliers, les conduites qui font appel au fonctionnement nerveux des systèmes physiques, dans le but d'évacuer toute obscurité des formes du psychisme et de la vie, si ces formes sont elles-mêmes entraînées dans un processus de dématérialisation. Est-ce-que « des images précises ne serviraient pas mieux que des mots à se figurer ce mécanisme dont la loi est d'être troublé à chaque instant? Le rétablir est son faire »[3].

Sous une représentation qui est celle de la pratique savante, le recours à des modèles physiques n'a d'autre instigation que la subreptice présence, dans le travail des spécialistes, d'une philosophie de l'*en-soi* qui se nourrit des illusions du sens commun. En revanche, « l'œuvre formelle tient par soi-même et on peut toujours en tirer une 'forme' qui est déjà une œuvre par elle-même. Sa 'forme' est *non moins existante*, réelle, solide, et capable d'invention, etc... que son tout – On peut considérer, regarder sa 'forme' »[4].

S'il y a forme chaque fois que les propriétés d'un système se modifient pour un quelconque changement apporté à une de ses parties, et se conservent, en revanche, lorsqu'elles évoluent dans l'ensemble en

1. MERLEAU-PONTY (M.), *Phénoménologie de la perception*, op. cit., p. 69.
2. III, 250.
3. VIII, 494.
4. XVIII, 475.

préservant entre elles le même rapport, n'est-il pas difficile de considérer la forme comme un être réalisé dans la matière ?

Les éléments qu'elle unit entre eux, dans un rapport structural invariable, appartiennent en propre à la nature. Il n'est cependant pas possible de saisir comment le lien qui les organise pourrait relever du même rôle sans cesser de le remplir. En effet, si la forme existait dans l'espace, elle ne serait plus unique. Elle serait distribuée en événements locaux, et donc éparpillée en plusieurs lieux, ce qui ne peut aller de pair avec le désir intrinsèque de synthèse. Il est donc vain de penser, à la suite de Köhler, que la forme n'est qu'une façon d'exprimer cette sorte de connaissance dynamique, par laquelle tous les éléments du système possèdent la clef de l'ensemble et de tous les autres. Il existe ainsi une certaine transcendance de la forme. La force, le dynamisme, ne sont pas à saisir comme effets obturateurs du sens, mais soulignent en revanche l'irréductibilité de la forme. « Dans chaque cas particulier, il y a *matière, forme, forces, esprit,* (...). Ce qu'on a pris grossièrement pour des choses ne sont que les parties des moments – 'les points de vue', le tableau à chaque instant des actions et des changements de la connaissance – ses manières de subir ou d'accomplir une variation. Au lieu de ces vagues distinctions, si on déterminait des variables caractéristiques nettes, on verrait les phases de la connaissance à l'état pur – On verrait que la variable indépendante est changée comme spontanément (...). Ce qui était une forme devient matière »[1].

La forme ne saurait être considérée comme une simple réalité physique étendue dans la matière. Elle n'existe pas à la manière d'une chose. Les éléments font cependant partie intégrante de la nature, non la loi de structure qui les unit. Si, « dans l'œuvre humaine, la liaison de la matière et de la forme n'est pas définie et imposée par l'*une* de ces données – Il faut une intervention *extérieure*. C'est sa marque. C'est pourquoi elle n'est pas et cherche souvent à paraître 'nécessaire', non arbitraire »[2].

1. III, 2. C'est là aussi le sens de l'innovation. Cf. VII, 257 : « innover – ce n'est pas nécessairement introduire d'autres objets que ceux auxquels on était accoutumé. Mais parfois simplement (et plus magistralement) donner un autre ordre, un autre sens, une autre fonction aux choses familièrement connues ».

2. XIX, 325.

Du dualisme à la déstabilisation de la structure.

> « En science les contenus agissent sur nous, en art les formes. La science nous présente des faits et leurs enchaînements, l'art des âmes et leur destin »[1].
>
> « La vie des formes, sans cesse renouvelée, ne s'élabore pas selon des données fixes, constamment et universellement intelligibles, mais (...) elle engendre diverses géométries, à l'intérieur de la géométrie même, comme elle se créé les matières dont elle a besoin »[2].

Si la forme n'est pas exposée dans l'*en-soi* de la nature physique comme un être réel[3], n'aurait-elle pas pour support l'activité irréelle d'un sujet transcendantal qui structurerait l'univers des choses, et que la connaissance scientifique exprimerait en lois ? Serait-elle l'expression d'une création dans la création ?[4] Pendant tout les XIXe et XXe siècles, les sciences biologiques et les recherches psychologiques se sont développées selon la ligne d'une pensée strictement causale, au sens où la cause est considérée comme une opération productrice. La forme ne saurait donc être en soi un être de la nature. Elle ne peut être que pour un esprit et par un esprit. C'est là que réside l'attitude criticiste. Ce qui était auparavant accordé à la connaissance sensible, est considéré comme une connaissance confuse, brouillée, que vient dissiper la clarté de l'entendement.

La structure et la signification ne peuvent être dissociées. On assiste, avec Valéry, à l'apothéose du vécu. Celui-ci dépasse son insularité, pour déborder dans l'objectivité du monde et y adhérer, se constituant ainsi lui-même. Ce vécu ne fait qu'un avec l'individu et la structuration du milieu dans lequel il se déploie.

Dans la forme architecturale, comme dans le corps, se mêlent expression et exprimé. Accessible par contact direct, l'architecture ne quitte jamais son espace ni sa temporalité. Elle est figée, mais pourtant elle est un nœud de significations vivantes. Dans celle-ci, la structure et l'ornement ne sont pas seulement porteurs de sens, ils sont habités par elle. « L'ornement est le changement de l'espace en un jeu – jeu, au sens

1. LUKÁCS (G.), *L'âme et les formes*, trad. G. Haarscher, Gallimard, 1974, p. 14.
2. FOCILLON (H.), *Vie des formes*, op. cit., p. 49.
3. « La forme est un temps – Elle est de plus un temps fermé – L'informe est sans durée », (IX, 832).
4. « Ces grands cieux où tant d'événements qui s'ignorent s'unissent sous l'œil des hommes », (VIII, 547).

de partie, jeu au sens de divertissement» [1]. L'espace dans lequel se déploie l'architecture est autonome, comme le corps devant la pensée.

Valéry pose un problème de dualité, à propos des rapports entre les moyens et les fins, dans la mesure où le dualisme est une vision de l'objet représenté comme objectivité purement extérieure, indépendante ou opposée au sujet. Pour l'individu, il ne peut en être autrement. Deux attitudes seulement sont possibles pour lui : la technique ou l'esthétique qui devient une éthique. «La forme dans les arts et les lettres conduit à l'introduction d'un idéal du sensible, du tangible, visible, audible, dicible, concurremment à *l'idéal* du significatif, lequel est toujours présent» [2]. Toutes les autres possibilités, finalement, sont sous cette dépendance et les variations y sont réductibles, alors que l'attitude technicienne affirme la primauté des fins, qu'il s'agit de réaliser à tout prix, et auxquelles il faut subordonner des moyens dont l'importance est secondaire [3]. L'attitude esthético-éthique soumet la fin aux moyens, tout en conservant son altérité. Ce point de vue, dont le travail de Léonard de Vinci est l'illustration idéale, consiste à traiter «en ingénieur les vivants et les arts – c'est à dire avec le souci des quantités, des fonctionnements exacts» [4].

L'analyse des phénomènes, telle que Valéry la conçoit, est génético-structuraliste. Le résultat ne concerne pas la structure dissociée de son histoire, mais il est dans sa génèse tout autant structuré. D'ailleurs, «le caractère du monde moderne est la convergence de la théorie et de la pratique» [5]. La fin et les moyens constituent une unité structurée par rapport à un sujet pluriel, qui, à l'inverse de celui produit par l'Ego transcendantal, possède la capacité d'être identifiable. C'est, notamment, le cas dans «l'exercice de l'art (qui est) l'usage, la surexcitation, l'ivresse parfois – de la *faculté de possibilité*. Le plus aisé (en général) quant aux matériels. Le plus direct aussi – (L'exercice de l'art) est un des poisons du genre de ceux qui attachent à la vie – exaltent, la faculté

1. IX, 696.

2. IX, 704. «La forme, au sens esthétique, renferme l'idée vague de qualité qu'une chose possède de substituer pour elle-même. Elle existe. Et elle comporte donc tout ce qu'il faut substituer. Or, il faut donc qu'elle possède de quoi se faire regarder et de quoi résister à ce regard qu'elle provoque, et ce sont là les deux conditions de l'existence dans le domaine spirituel – 'résiste à ce regard' – C'est ici le régénérer sans cesse, le retenir à soi, ou le rappeler à soi, et ne pas périr d'être regardé», (IX, 83).

3. Problématique que Valéry envisage encore à la fin de sa vie : «l'architecte doit-il disparaître devant l'ingénieur ?», *Esquisse, dessin, architecture*, manuscrit inédit, 1943-1944, fonds P. Valéry, Bibliothèque Nationale.

4. XII, 208.

5. III, 909.

de vivre (...) lui donnent un sens, un but. Et tout ce qui est ainsi, est non loin de l'Art, et est art (sic) quand il y a produit – œuvre – quelconque à base humaine»[1].

La supériorité du sujet transindividuel sur l'Ego transcendantal, réside dans l'absence d'opposition à l'objet. Celui-ci se dote d'un caractère empirique qui peut être saisi par la recherche. Ce sont les hommes qui ont agi au cours de l'histoire. Ils sont à l'origine des objets, des œuvres et des idées analysés.

Valéry pose les problèmes inhérents à la structure, tels qu'ils seront pensés par ses successeurs. Il met en évidence la parité du sens et de celle-ci, puis démontre, s'opposant en cela à l'intellectualisme et au matérialisme, les illusions de la conscience raisonnante et raisonnable. *Parole*, *langage*, *art*, sont autant de manifestations d'un même chiffre, celui de l'homme. La pensée agit «sur les choses par les muscles»[2].

La structure est toujours mobile. Une infime modification de l'organisation est susceptible de faire apparaître une autre structure, et cela, à l'infini. L'aspect structural et l'aspect existentiel de l'œuvre sont solidaires. A défaut, celle-ci règne dans le domaine de la pure vacuité.

Si l'essence de l'expérience vécue ne peut être définie autrement que par sa singularité qualitative, l'activité intellectuelle débute-t-elle par la confusion de l'expérience et de la conscience de soi, du fait de l'indifférenciation des phénomènes d'accommodation et d'assimilation?

L'activité intellectuelle.

L'organisation morphologico-réflexe, dans son aspect physiologique et anatomique, apparaît progressivement extérieure à elle-même. L'activité qui la prolonge en l'intériorisant, se présente comme fondamentale pour la construction du milieu. En étudiant les rapports entre l'univers pratique élaboré par l'intelligence sensori-motrice, et la représentation du monde, le sujet saisit la génèse de la pensée réfléchie.

Valéry a constaté l'aspect décomposé des choses naturelles: «les choses n'ont pas de nom, pas de bornes, pas de grandeur. Elles ne se rattachent à rien – Elles sont, sont, sont, et il faut se réveiller de leur être pour les reconnaître»[3]. C'est ainsi, remarque Piaget, que «partant de l'exercice des réflexes et des premières associations acquises, l'enfant parvient, en l'espace de quelques mois, à construire un système

1. XVII, 624.
2. X, 759.
3. IV, 691.

de schèmes susceptibles de combinaisons, qui annonce celui des concepts et des relations logiques»[1]. L'accommodation et l'assimilation sont donc deux notions fondamentales du fonctionnement de l'activité intellectuelle.

C'est l'intelligence sensori-motrice qui construit l'univers pratique et plastique, par la combinaison de l'accommodation aux objets et de leur assimilation à des structures coordonnées les unes aux autres. La conscience se place dans un champ, puis s'accommode[2] à celui-ci.

La nature en soi est une construction. Elle désigne une nature naturante, productrice de la nature subjective, aussi bien que de celle qui s'oppose à elle comme nature objective. Cette construction est agencée de telle façon que nous ne pouvons pas, en tant que sujets connaissants, nous situer en spectateur, ou à un niveau autre du partage de la nature en soi, en nature objective et nature subjective. «Si on pouvait tout regarder seulement objectivement (...). 1) Ce cri est un son – et voilà l'objectivité. 2) Ce cri est ma douleur – et voilà la subjectivité»[3]. Si la tentative d'objectivation de la subjectivité apparaît, par son caractère même, vouée à l'échec, il n'en demeure pas moins vrai que les potentiels d'impulsions reconstruits appartiennent, en tant que tels, à la nature inconnaissable en soi, et qu'ils sont néanmoins accessibles à la connaissance, dans la mesure où ils déterminent la situation de départ comme base du conflit dans lequel l'espèce humaine ne peut que s'épuiser. Les formes dans lesquelles ce conflit est purgé, dépendent, en revanche, des conditions culturelles de notre propre existence. Grâce à l'opacité du monde et à la résistance expérimentée dans l'effort, le sujet s'éprouve et organise le milieu. Sujet sur lequel «on a branché un moteur vivant. Un appareil circulaire qui le déchire»[4].

Ce à quoi ouvre l'événement de la naissance, est ainsi, jusqu'à la mort, une possibilité d'expériences qui se renouvellent et se lient entre elles dans le tissu vivant. «Un jour et une fois pour toutes quelque chose a été mis en train qui même pendant le sommeil, ne peut plus s'arrêter de voir ou de ne pas voir, de sentir ou de ne pas sentir, de

1. PIAGET (P.), *La construction du réel chez l'enfant*, Delachaux et Niestle, 1977, p. 313. Valéry en observant l'un de ses fils formule cette idée : «la vue de Claude (...) réveille une série de souvenirs (...). C'est donc une relation entre lui, objet – et une suite non déterminée par l'objet, mais par nous», (IV, 91). Cf. également l'importance de «la formation de la 'notion' d'objet si importante, qui se forme dans les premiers mois de la vie», (XXIII, 322).

2. XXIII, 192.

3. V, 187.

4. VIII, 67.

souffrir ou d'être heureux, de penser ou de se reposer, en un mot de s'expliquer avec le monde »[1].

Quant aux choses, elles se présentent « toujours comme déjà engagées, comme un livre ouvert au milieu »[2]. Celles-ci sont définies « par les résultats des épreuves que nous pouvons leur faire subir, s'ajoutant aux observations de nos sens (...). Il ne reste donc que nos perceptions directes (...). Mais (il est peut-être impossible) d'exprimer sans introduire autre chose que le perçu, le langage nous y contraint (...). Pas de pensée possible si elle ne s'accompagnait de sa généalogie, de sa relativité explicitée, de ses références »[3]. L'émergence de la chose s'accompagne du choix de ses attributs, l'existence de l'objet exprime « le lieu des conditions qu'il implique »[4], et la pensée y sélectionne des fonctions ou des implications qui drainent la clarté. L'apprentissage des objets s'avère concomitant d'une multitude de points de vue possibles.

Si les choses se présentent comme toujours déjà engagées, il n'en va pas de même pour le sujet. Celui-ci n'existe que par son rapport au monde, sa conscience est toujours conscience de quelque chose. Valéry lui octroie une fonction constitutive qui ne relève pas de la conscience du sujet empirique. Il conserve les implications liées aux trois univers conceptuels, à la fois séparés et complémentaires, de la pensée néokantienne, tout en conciliant la primauté ontologique du sujet avec la définition de l'homme comme être dans le monde : « le style c'est l'homme – car ce n'est pas la pensée ni la chose »[5].

1. MERLEAU-PONTY (M.), *Phénoménologie de la perception*, op. cit., p. 465.
2. III, 159.
3. XVIII, 561.
4. I, 3.
5. VII, 284.

Les choses.

> « A l'épaisseur des choses ne s'oppose qu'une exigence d'esprit, qui chaque jour rend les paroles coûteuses et plus urgent leur besoin (...). L'activité qui en résulte est la seule où soient mises en jeu toutes les qualités de cette construction prodigieuse, la personne, à partir de quoi tout a été remis en question »[1].

Les choses, et le fond sur lequel elles se détachent, se manifestent avec brutalité. Cela nuit à la compréhension des structures qui font l'étoffe de l'univers. Seule une analyse plus fine des articulations du monde et de la matière fait apparaître la complexité de celles-ci.

La structure de la chose devient un objet de pensée, puisque « on voit tout autrement un objet dont on connaît la structure »[2]. L'espace perceptif n'est pas un espace euclidien, les objets perçus changent de propriété en changeant de lieu, il n'existe pas de lois en soi. La loi n'est possible qu'à l'intérieur d'une structure de fait. Elle remplace par des signes conventionnels l'expérience émotionnelle[3].

Si les prises par lesquelles la science étend son pouvoir sur l'univers matériel sont les structures, les lois sont l'effet d'un pouvoir centrifuge d'invention, qui affecte de saisir la totalité dans un acte de contemplation, et lie l'univers dans ses parties comme dans son ensemble en un faisceau de relations et de lois stables pour former un système souple et mobile, susceptible de tenir sous son autorité un nombre important de faits et de contingences.

Cette liaison de la loi et du fait, s'exprime parfaitement dans la structure. La structure est inséparable de la loi, de l'initiative créatrice qu'elle suppose. Ainsi, « faire la science est œuvre d'art »[4]. Dans ce cadre de finitude historique se situe le champ épistémologique de la découverte scientifique. Les théories scientifiques se saisissent du réel pour dévoiler l'ordination logique et l'expression mathématique, mais les invariants que sont ces lois, sous la diversité changeante et dynamique de l'univers, dévoilent le fait qu'il y a toujours infiniment plus dans la nature que les sciences ne peuvent en saisir. Valéry suggère que la complexité logique des phénomènes de sens ne provient pas d'une complexité structurale cachée des expressions de la langue, mais plutôt

1. PONGE (F.), *Proêmes*, op. cit., « Témoignages », p. 114.
2. *Œ. II*, *Pièces sur l'art*, *Degas, Danse, Dessin*, p. 1190.
3. *Œ. I*, *Variété*, *Théorie poétique et esthétique*, p. 1410.
4. XXV, 269.

d'une sous-détermination des processus de construction mentale correspondants : à des structures et à des processus relativement simples peuvent correspondre, par le jeu des combinaisons et de la sous-détermination, des constructions multiples et complexes. La structure s'avère donc « comparable à l'attente »[1], et « la puissance de l'esprit est en raison des possibles qu'il peut former, (...) sa justesse dépend des conditions qui s'imposent aux choix qu'il fera parmi eux »[2].

Lorsque Valéry affirme qu'il n'y a pas de loi sans structure, il indique que la science n'est pas une prise directe sur le monde. La structure et la loi étant deux moments dialectiques, et non des puissances d'être, il pose ainsi le problème de l'objectivité, mais confie-t-il vraiment à l'art l'organisation du monde nouveau ?

Kant, dans la *Critique de la faculté de juger*, avait proposé une double approche de la finalité. D'une part, la finalité objective, que la structure *a priori* de l'expérience ne peut combler et qui, posant le caractère mécanique de la nature et les fondements du réductionnisme, laisse en suspens la question de la forme des choses. D'autre part, la finalité subjective, structure *a priori* de l'expérience possible, pour laquelle la forme est signifiante et affecte le sujet. Dans cet entre-deux, rôde, bien sûr, le problème de l'objectivité. Une *Théorie de l'architecture*, que finalement Valéry a pensée au fil des *Cahiers*, permet de pénétrer dans cette faille et d'entrevoir une ramification de l'objectivité suivant des seuils et des angles d'approche, des positions et des postures de descriptibilité variables.

Cette philosophie part de la reconnaissance d'un conflit, de l'impact tangible d'une confrontation avec le caractère réel de l'univers où, à chaque instant, toute chose possède ou fuit un lieu, connaît des propriétés qualitatives intrinsèques stables ou instables, des caractères évanescents ou mesurables. De tout cela découle, écartant l'ancienne conception de la causalité, l'idée de *condition aux limites* qui porte avec elle celles de stabilité, de bifurcation, de transition, de phases, d'effets locaux, de contraintes globales, de structures dissipatives. Valéry poursuit cette recherche en confrontant les modèles mathématiques à ceux proposés par les physiciens. « La séparation (...) fait la rigueur, permettant le jeu identique des fonctions »[3]. Alors, dans ce jeu, la pensée exprime sa propre limite, c'est-à-dire la non-identité de l'objet avec son concept, qui doit exiger cette identité et en même temps

1. VIII, 824.
2. IV, 454.
3. III, 884.

comprendre qu'elle est impossible. « Le but de la pensée spéculative n'est pas de 'savoir', (...) il est dans la 'recréation' des données (synthèse) »[1].

Si les sciences humaines, dans leur poursuite de rigueur et de précision, se sont orientées vers les modèles fournis par la physique, si cette méthode appliquée au domaine psychique n'a pu obtenir les avantages escomptés, il n'en demeure pas moins vrai que l'idée de structure est devenue fondamentale. Lévi-Strauss, dans *Les structures élémentaires de la parenté*, a étendu le champ d'investigation de sa méthode. Tout s'analyse en termes de structure, avec des instruments à caractère logico-mathématiques. Cette méthode met en évidence le fait que la culture, en définitive, n'est qu'une forme particulière de la nature, reprise dans les reseaux des structures cérébrales relevant eux-mêmes de la nature.

Or, selon Valéry, la structure n'est pas formelle, elle est mobile. « Je suis formel, c'est-à-dire je vois qu'il s'agit d'un jeu, et que l'important, le réel, c'est la mobilité et les dispositions des cartes, et non la signification »[2]. Toute forme est une résolution porteuse de conditions qui, à leur tour, peuvent engendrer d'autres possibilités. Par exemple, en matière de littérature, « essayer de reconstituer un auteur, c'est essayer de reconstituer une capacité d'œuvres tout autres que les siennes, mais telles cependant que lui seul eût pu les produire »[3].

L'architecture est le modèle, l'exemple « saisissant qu'il faut de la communication entre les diverses activités de la pensée »[4]. A propos d'une « belle page de vers », « en grand format et beaux caractères » exposée dans une vitrine située sur un quai parisien, il évoque un « singulier échange entre (lui-même) et ce morceau de noble architecture »[5]. Le caractère formel de l'œuvre s'effectue par « la conservation d'un échange entre matière donnée et forme imprimée (...), entre forme imprimée et forme produite »[6].

1. VI, 521.
2. XV, 606.
3. *Œ. I, Variété, Discours en l'honneur de Gœthe*, p. 533. Valéry a inauguré une analyse structurale de l'œuvre narrative, à rapprocher de ce que fera plus tard Barthes, avec trois niveaux de description : celui des fonctions auxquelles renvoie le texte, celui des actions sur le lecteur, et enfin celui de la narration qui désigne à la fois la façon dont l'histoire est perçue par le narrateur et la façon dont le narrateur l'expose : « chaque membre (du discours) a sa fonction dans le lecteur et sa fonction dans l'édifice », (XII, 401). Cette thématique est déjà présente chez Aristote dans le Livre I de la *Rhétorique* .
4. *Œ. I, Variété, Introduction à la méthode de Léonard de Vinci*, p. 1187.
5. *Œ. I, Variété, Sur Phèdre femme*, p. 508.
6. XIII, 755.

Valéry ne considère pas la connaissance sous la forme passive d'un reflet du monde extérieur. Elle se situe dans l'activité pratique et cognitive d'un sujet récepteur et émetteur. L'intelligence se structure en fonctionnant. Le résultat ainsi obtenu est lui-même soumis à de nouvelles potentialités coordinatrices.

CHAPITRE XII

EXPERIENCE ESTHÉTIQUE ET APPARITION BRUTE DU SENS

> « Il n'y a pas des formes belles et des formes laides, mais il y a une beauté de toute forme »[1].

Si l'homme est un système qui se modifie, dans ce mouvement se trouve une structure mobile. La « condition essentielle de la forme » étant la « condition de transformation et d'inversion de cette transformation »[2], l' expérience esthétique paraît mettre en évidence cette mobilité en restituant les forces et les énergies enfouies. La forme, au sens esthétique, « est le seul moyen qu'on ait trouvé de donner aux objets particuliers un *sens universel* ou, (avec moins d'enflure) *un sens pour les sens* »[3]. Le message est reçu par l'observateur lorsqu'un désir s'empare de celui-ci. Alors il se produit un échange entre la forme et le vécu par le jeu de l'imagination.

Privilège de la structure mobile et apparition brute du sens dans l'expérience esthétique.

L'existence n'est pas uniquement de l'ordre de la signification. Elle se manifeste obligatoirement par un comportement qui est du type de la forme, d'après les idées développées par la gestalttheorie[4]. Dans l'expérience esthétique semble se créer une « symétrie de la forme et du fond », alors que « leur relation » est successive « dans le monde ou (...) ordre des choses pratiques »[5]. On peut donc dire que, dans ce

1. ALAIN, *Propos sur l'esthétique*, P.U.F., 1949, p. 93.
2. IX, 901.
3. XVII, 855.
4. XXVII, 455 : « Si (l'on) exprimait (en mots) exactement ce que l'on perçoit, on serait inintelligible. Car on ne voit pas d'arbres, mais des formes vertes ».
5. XVII, 68.

type d'expérience, l'existence devient *architecture*. Il faut, bien sûr, entendre par là une mise en forme du milieu, auquel elle s'unit de façon indissociable. En effet, « pour qu'il y ait forme, il faut que la perception ait pour résultat l'acquisition d'un mouvement, lequel doit pouvoir être répété indépendament de la présence de la chose »[1]. Ce module fond/forme ne répond-t-il pas à une disposition psycho-physiologique de notre être ?

Dans la mesure où tout comportement met en jeu le fonctionnement des relations du système nerveux, c'est à ce modèle qu'il faudra recourir pour le saisir pleinement, plutôt que d'analyser des projections psychologiques. Le comportement est une chaîne continue d'événements qui ont leur point de départ dans le monde extérieur, et qui affectent les organes sensoriels. Ils se transmettent à travers la substance nerveuse, et, en même temps que se produit une modification de l'organisme, se propagent, provoquant en retour des effets dans le monde extérieur. Effectivement, il n'existe pas « de forme intrinsèque. La forme ne peut se créer ou s'observer qu'au moyen d'une action extérieure, à l'ensemble et à chacun des éléments de la chose »[2].

Ainsi, rien dans cette conception des choses, n'emprunte à la subjectivité. Les stimuli du monde extérieur comme les organes des sens, les nerfs sensitifs et moteurs, les centres de coordination, sont des choses en soi, et non des formes vagues, indéterminées, dont la nature est imprécise et l'existence uniquement psychique.

Une structure ou un code consiste dans un ensemble de relations formelles, qui définissent tous les énoncés possibles ayant un sens équivalent : « la structure d'un être quelconque, définie par une sorte de potentiel, c'est-à-dire une fonction réciproque du milieu »[3]. Mais une structure comporte aussi un code secondaire, qui fait que certains énoncés sont privilégiés par rapport à d'autres. « La réaction de l'être dépend de sa structure »[4]. Cette dernière se conserve lorsque l'on passe d'un système d'énoncés à un autre. « La structure d'une forme (généralisée) se fait bien ressentir – se détache de l'expérience entière – quand elle *s'oppose* au mouvement le plus rapide »[5].

Par conséquent, l'idée de structure chez Valéry, aboutit, comme pour Lévi-Strauss, a une constatation double : celle de l'universalité du code et, finalement, celle de la singularité de l'expérience. L'esprit

1. IX, 11.
2. XV, 469.
3. I, 26.
4. I, 26.
5. XX, 155.

« crée, cherche le désordre pour en faire de l'ordre »[1]. L'ordre n'est qu'un cas particulier du désordre. Pour l'observer, il faut transgresser la loi, déconstruire le code. Alors, dans les systèmes traversés par des flux de matière et d'énergie, peuvent se produire des processus de structuration et d'organisation spontanés, rendus possibles par des structures dissipatives. La découverte de celles-ci signifie que l'irréversibilité loin de l'équilibre, peut jouer un rôle constructif et devenir source d'ordre.

En réflechissant sur les conditions de possibilités de l'architecture, Valéry a mis à jour la fabrication de l'œuvre comme l'un des possibles du monde. Avec elle, un monde possible vient au monde. Il faut savoir que ces « possibles » objets sont en nombre infini. Ce savoir nouveau exige toute une éducation de l'imagination et des sens, signe que plus haut que la réalité est la possibilité. La « sensation d'univers » démontre, à travers l'expérience esthétique poétique, que « la réduction qui se fait peu à peu et nécessairement de toute chose à son équation, pouvoir réel à *n* variables (...), (est un) principe fournissant une relation de plus »[2]. Le *sens brut* apparaît dans la perception esthétique, comme synthèse du Pour-soi et de l'En-soi dans la perception de l'objet. La structure de l'invariant de l'objet perçu, est alors liée à une architecture relative à la nature de l'objet et à la praxis du sujet. L'ordre ayant trait à cette création doit, à ce moment-là, être envisagé comme un moyen de *captation.*

L'expérience esthétique réalise, au niveau de la perception, ce que pourrait être au plan du logos le savoir absolu, savoir qui cesserait de l'être pour laisser apparaître le sens. Seulement, celui-ci resterait à dire, alors qu' il est déjà dit par l'œuvre même, de façon spontanée et définitive. La perception esthétique est une synthèse des trois degrés de l'existence, à savoir, phénoménale, réïque et transcendante, selon la terminologie de Dufrenne, qui correspondent aux trois moments de l'objet esthétique : la présence, la représentation, la réflexion. « On ne comprend ce qu'est la *forme* en matière d'art que lorsqu'on a compris qu'elle donne (ou doit donner) *autant* de pensées que le *fond*, que sa considération est aussi féconde en idées que celle de l'idée-mère – qu'elle peut être, elle-même – *idée mère* – et que le problème naïf (exprimer sa pensée) existe et vaut »[3].

1. XV, 562.
2. XI, 895.
3. XVII, 611.

Par conséquent, quel que soit le choix des moyens, il ne s'agit pas en art de reproduire ou d'inventer des formes, mais plutôt de capter des forces. Par ce biais, aucun art ne peut être qualifié de représentatif[1]. La fonction assignée à celui-ci par Valéry, relève aussi de cette signification : l'art rend visible des forces qui initialement ne le sont pas. C'est pour cela que « les œuvres d'art sont des instruments de transformations – et l'action des divers arts doit être étudiée comme des modes de transformations – qui ont pour caractère unique commun de comprendre dans leur cycle l'état d'*infini esthétique* – Etat de résonnance qui a deux types : le type stationnaire ou statique – régime – Le type exponentiel – type à *seuil*, à décharge (...). Les arts visuels appartiennent au premier type (en général). Les arts auditifs (ou temporels) au second. La littérature participe des deux. La danse (du second) – (...). (Quant à) l'architecture au premier en tant que décor (c'est-à-dire spectacle vu d'un point et réciproque *d'un seul point de vue)* – Au deuxième en tant que solide ayant une infinité d'aspects par déplacements »[2].

Ainsi, du *senti* au *conçu* puis au *perçu,* la fonction architecturale opère si, depuis la fixité de la surface, le regard devient agent d'un mouvement perpétuel des antagonismes formels, si un renversement continu des points où le regard se pose, lie l'aléatoire du perçu au chemin emprunté et à la tension maximale d'équilibre entre les figures constitutives de l'œuvre.

La force est donc en rapport étroit avec la sensation : il est nécessaire qu'une force s'exerce sur un corps pour qu'il y ait sensation. Pourtant, la force qui stimule celle-ci, n'est pas ressentie directement, puisque la sensation produit nécessairement autre chose à partir des forces qui la conditionnent. Comment peut-elle se transformer pour produire des forces insensibles, et parvenir jusqu'à ses propres conditions ? Comment « une vue, une odeur, un toucher, une idée se changent (-ils) en 'désir' (...), et comment la forme d'action engagée se précipite (-t-elle) vers la cime de la sensation, par une progression croissante ? »[3]

Si écrire que la musique rend sonore des forces insonores, l'architecture visible des forces invisibles, paraissent des truismes, il n'en demeure pas moins évident que Valéry a cherché et a subordonné tous les moyens de son art et de sa réflexion à cette tâche. Il a voulu

1. Klee exprime cette idée lorsqu'il écrit dans ses notes « non pas rendre le visible, mais rendre visible », *Théorie de l'art moderne*, op. cit., p. 34.

2. XVII, 144.

3. XXVIII, 869.

rendre visible la force esthétique. D'ailleurs, il a bien mis en évidence ce problème de capture des forces, corroboré par un autre non moins important qui est celui de la réception de cette force : « l'œuvre d'art est l'image d'une organisation – Une organisation est la soumission de ce qui était pour soi, à la satisfaction d'un quelqu'un déterminé »[1]. Néanmoins, à partir de ce cas, on perçoit la mutation d'un problème vers un autre. Le mouvement est un effet qui renvoie à la fois à une force unique qui le produit, et à une multiplicité d'éléments recomposables et décomposables sous cette force qui les unit[2]. « L'impression d'art se distingue par la présence d'éléments excitants qui ont effet de déclencher (et en apparence de produire) chez l'assistant l'énergie de qualité et de quantité appropriée à l'attention sur l'ensemble de l'objet donné, et de l'énergie nécessaire pour en user ». *A contrario*, « une chose ennuyeuse est celle qui est un déficit, qui n'arrive pas à me tendre ». L'objet établit « le lien, l'échange, entre connaissance et acte – entre être possédé et posséder »[3]. Alors, il n'est pas perçu comme « objet du plaisir », mais presque comme ce plaisir lui-même. L'art est un produit du couple auteur-consommateur et, « contrairement à ce que croyait le prométhéisme romantique, celui des membres de ce couple qui peut le mieux s'absenter ce n'est pas le consommateur, c'est l'auteur »[4].

D'ailleurs, les problèmes que pose Valéry tout au long de ses Cahiers, prennent un sens nouveau, qui est plutôt celui de la *déformation* que de la *transformation*. Ce sont deux catégories différentes. En effet, la transformation de la chose peut être abstraite aussi bien que dynamique, alors que la déformation semble accomplir une synthèse des deux. Ainsi, « une œuvre d'art agit sur *les temps* de perception, qu'elle déforme pour obtenir *l'infini esthétique, grand objet de l'artiste*

1. VI, 269.

2. D'ailleurs, art d'écriture pure, la musique du XXe siècle s'est particulièrement attachée aux organisations à l'état naissant, à ce moment où l'institution de l'ordre apparaît encore comme le revers de la tension pure. L'ordre différé, l'ordre dans son imminence, voilà le moyen indirect de figurer la limite évanouissante d'un dynamisme qui affleure et se rétracte aussitôt : « l'ordre repose sur précession et succession, et cette notion est fondamentale », (II, 297). Cf. aussi le *Cahier* X, 143, dans lequel Valéry remet en question son enthousiasme de jeunesse à l'égard des figures exactes : « je savais que l'essentiel était figure. Et c'est une sorte de mysticisme puisque c'était faire dépendre le monde sensible aux yeux, d'un monde sensible à l'esprit et réservé – supposant révélation (...), initiation ».

3. VIII, 101.

4. LESCURE (J.), *Introduction à la poétique de Bachelard*, cité par BACHELARD (G.), *L'intuition de l'instant*, op. cit., p. 134.

situé dans le patient, c'est-à-dire désir »[1], devenant ainsi le désir d'un désir, soit une expression qui se mue en impression. L'œuvre d'art « éveille et entretient le désir d'elle-même par l'acte *qui comprend cette œuvre* comme pièce d'une machine »[2]. Alors s'opère une modulation dans l'instabilité, par le jeu de l'imagination, et celle-ci est essentielle.

La modulation dans l'instabilité.

Si l'expérience mondaine est nécessairement générale, l'édifice que *je vois* est celui que d'autres voient. Il échappe ainsi au vécu intimiste, et se pose en absolu dans le monde commun. Cependant, la conscience, sous peine de vacuité, ne peut s'abandonner à l'édifice sans s'être dotée elle-même de moyens de construction. S'il est de l'essence même de la chose de se présenter en perspective, Merleau-Ponty avait constaté « qu'une vision qui ne se ferait pas d'un certain point de vue et qui nous donnerait par exemple toutes les faces d'un cube à la fois serait une pure contradiction dans les termes »[3]. Il n'en va pas de même pour l'idée. En se réfléchissant dans l'idée, la chose perçue perd toutes les marques de son ecceité. Elle n'est plus orientée spatialement ou temporellement : « une idée est quelque chose de fécondé par une sensibilité et qui féconde à son tour un être d'actes »[4]. Elle n'est pas ce cube particulier, occupant un lieu dans l'espace et vu à tel moment de la durée d'un sujet. Elle est un cube en général, possédant un certain nombre de propriétés géométriques. Une idée « peut être regardée comme un édifice 'moléculaire', une construction ou composition d'éléments (dont la formule est (...) toujours incomplète »[5], car « le moindre objet réel a plus de ' dimensions ' que l'esprit de qui que ce soit »[6].

En donnant congé à tout ce qui le particularisait dans l'espace et le temps, Valéry libère l'édifice de l'idée. L'architecture n'est plus cette œuvre particulière, mais une sorte d'invariant idéal qui lie entre eux selon une loi rigoureuse, tous les modèles possibles d'apparition. L'eccéité de l'édifice, sa manifestation dans la durée particulière d'une conscience et dans le temps objectif, font place à un système de signes

1. XVII, 831.
2. XVIII, 244.
3. MERLEAU-PONTY (M.), *La structure du comportement*, op. cit., p. 230.
4. VIII, 803.
5. XVII, 29.
6. VI, 224.

impersonnels qui la désignent, en la cristallisant dans la généralité non encore orientée de l'idée. «La vie transforme les choses en signes d'elles-mêmes»[1].

A ce niveau, se situe l'importance du langage dans la perception de l'objet. Ce dernier n'est vraiment connu que lorsqu'il est nommé. C'est un truisme que de rappeler qu'avec le langage débute la capitalisation du savoir, tant au niveau individuel que collectif. Néanmoins, «le rôle du langage est étrange. Comme celui de la fiducia (sic) qui permet d'acheter sans avoir de quoi ou de vendre, le langage permet des combinaisons qui se passent des vraies valeurs et sont inconvertibles en celles-ci»[2].

Le progrès de l'expérience, de la généralité, de l'intersubjectivité, de la communication et des signes, ne peut se faire sans cette sorte de sacrifice de la conscience à elle-même. La signification n'en demeure pas moins nécessairement incarnée.

Le grand problème philosophique dont débat Valéry dans ses Cahiers, celui-là même qu'il reprendra dans ses *Oeuvres*, n'est pas celui de la distinction classique de la sensibilité et de l'intelligence ou encore de la matière et de la forme[3]. Ce qui est à comprendre avant toute chose, c'est la problématique des supports et des rapports de la conscience interne comme multiplicité d'événements individuels, de structures concrètes et solides, et de la conscience externe comme lieu des significations idéales: «l'art est (peut-être) de créer ce qui existe. Souvent par fabrication de ce qui n'existe pas et dont alors ce qui existe est créé par référence et contraste. Un cube donne toute vertu nouvelle au solide uniforme»[4].

La pensée de Valéry nous fait affronter un problème de stratification de l'expérience. Cette dernière est constituée de deux parties distinctes, à la fois singularité et universalité, rapiécées conjointement, «cimentées» par le fil que tiendrait le rôle de l'imagination dans l'œuvre de Kant. Elle est d'une seule pièce, et l'individu n'a pas à délaisser le monde privé de ses sens pour être co-solidaire de l'univers commun à tous. Si *l'individu, dans sa singularité, est présent et accède au monde commun*, constitue une aporie, il faut voir se préparer le tracé de l'imaginaire à l'intérieur du corps.

1. XVII, 195.
2. XXIX, 328.
3. « La matière conserve et accumule les actes – En art (et autres) elle est ce qui conserve les actes séparés et les compose – Et restitution », (XVII, 856)
4. XIX, 829.

L'imagination artistique ou l'intériorité transformatrice.

L'imaginaire est dynamique, « (l') évolution est (la source de l') imagination »[1]. Il est présent dans le monde souterrain du regard, par lequel l'individu prend possession du monde et, simultanément, s'érige en tant que conscience agissante et pensante. Si la philosophie empiriste assimilait l'image mentale à la reproduction de l'objet perçu dans l'esprit, elle admettait la passivité de l'esprit humain. Les images n'étaient que des perceptions affaiblies des objets que le sujet pensait en leur absence. Ce type de pensée réduisait l'imaginaire à un second plan par rapport au réel.

En revanche, la philosophie contemporaine, à laquelle on doit associer la pensée de Valéry, a rejeté cette notion d'image mentale[2]. L'imaginaire n'est pas constitué par addition d'objets, mais participe au contraire pleinement à la vie mentale. Or l'image mentale est une illusion, car on ne peut que s'imaginer imaginer.

Il ne faut pas « oublier que ce qu'on nomme imagination n'est pas autre chose qu'un usage du souvenir »[3]. Elle contient aussi bien des émotions que des mouvements corporels. Husserl a montré que toute conscience est intentionnelle, soit que toute conscience se rapporte à un objet. C'est un acte. Cependant, lorsque nous avons l'idée de quelque chose, lorsque nous imaginons, notre conscience n'est pas passive, elle est dans ce moment précis habitée par l'image de l'objet. Imaginer un objet, c'est l'animer à nouveau, mais cette fois-ci de façon différente. Valéry entend par imagination « l'exploitation des images »[4].

Sartre, qui a entrepris la description phénoménologique de la conscience imageante, a dégagé, dans *L'Imaginaire*, les caractéristiques fondamentales de la représentation de l'image. Si la difficulté de la théorie sartrienne relève d'un excès d'intellectualisme, puisqu'elle ramène l'imagination à un jugement de négation, accordant ainsi trop au pouvoir de la conscience, il n'en demeure pas moins que l'intérêt de

1. Cf. XXIV, 339 : « Naturalisme et impressionnisme ont diminué l'imagination comme valeur propre dans les arts. La science XVIIIe – XIXe – type positivisme – Mais pendant ce temps de grandes imaginations s'introduisaient – Faraday – Darwin – car évolution est imagination ».

2. Cf. *Œ. I, Variété, Je disais quelquefois à Stéphane Mallarmé*, p. 645 : « La politique et les remous ont exterminé ce lecteur (celui d'autrefois) (...). L'œil, désormais, goûte un crime, une 'catastrophe' et s'envole. L'intellect se perd dans un nombre d'images qui le ravissent, il se livre aux effets surprenants de l'absence de loi ».

3. VI, 926. Cf. également III, 265 : « Imagination laquelle n'est que la mémoire ou plutôt la connaissance générale se faisant elle-même ».

4. XVII, 212.

ses concepts réside dans l'activité de l'imagination. Celle-ci se mue en conduite et ne se réduit pas à une somme d'images mentales, comme c'est le cas avec la philosophie empiriste. L'imagination est une façon que possède l'individu de se projeter sur le monde. Puisqu'elle se réduit, en dernière analyse, à la perception elle-même assimilable à l'imagination.

La connaissance primitive appartient au mythe, à l'imaginaire. Le réel est un imaginaire surmonté. Dans l'imagination, faculté de former des images, il faut distinguer une imagination reproductrice et une autre qui est créatrice. Dans le premier cas, l'image est connue. Dans le second, elle est potentielle.

Par ailleurs, tenter d'expliquer une création, conduit à la nier dans son originalité. Cependant, dans la mesure où l'œuvre créée par l'écrivain, l'architecte ou tout autre concepteur, ne l'est pas *ex nihilo*, elle appartient au domaine de l'arbitraire. N'étant pas une invention pure, elle échappe en partie à l'analyse. « Toute œuvre est une addition » [1], et même l'arbitraire est un objet de l'esthétique, celle-ci étant « un cas particulier de l'analyse de l'arbitraire, laquelle n'a jamais été faite. L'arbitraire est la propriété cardinale qui permet de construire une liberté *a posteriori*, grâce à l'usage de la quantité d'impulsions, d'idées et perceptions qui sont de celles que nous traitons ou pouvons traiter comme nulles » [2].

L'imagination créatrice se potentialise par négation. Elle se situe dans des actes, « fabrications et constructions, malgré, à cause de, et au moyen de l'insuffisance des moyens (...). Je peux inventer parce que je peux actuellement ne pas réaliser (...). Inventer, c'est ne pas réaliser, réaliser après » [3]. Pour autant, Valéry ne réduit pas la création à l'idée d'événement continu. Explorer la question de l'imagination revient à « considérer le possible et ses bornes » [4]. L'imperfection peut être un vecteur de la transformation. D'ailleurs, « le vivant est loin d'être une machine parfaite et c'est cette imperfection qui est cause et

1. XXI, 61.
2. XIV, 168.
3. VI, 180.
4. XIX, 301. Que l'imagination soit intuitive, n'empêche pas qu'elle soit active. Elle lie les éléments de l'intuition, et elle est productrice puisqu'elle présente des objets. Valéry rejoint alors la conception kantienne émise dans *La critique de la faculté de juger*. Dans cette troisième critique, l'imagination est considérée comme moteur de l'activité artistique. C'est une faculté de synthèse et d'intuition, mais cette fois-ci, à la différence des autres critiques, elle est totalement libérée de l'entendement, elle a une activité libre et spontanée.

moyen de la poésie, des retentissements »[1]. Toute création résoud donc une dissonance fondamentale au sein de l'existence. Elle situe le non-sens et l'imparfait comme conditions nécessaires du sens.

Si « l'imagination créatrice se passe dans le latéral, c'est-à-dire dans la région non coordonée au présent »[2], elle dépend des motivations passionnelles du créateur. Ce sont des images qui n'ont pas pu, dans un premier temps, s'exprimer sous la forme d'actes. L'acte d'imagination en lui-même, «l'imagination pure »[3], est inséparable de l'intelligence, de l'aptitude à saisir des rapports entre les choses. C'est en fait « l'intuition, livrée à elle-même (qui) donne des résultats comparables à ceux d'un champ (...) comme magnétique. Les choses s'y disposent comme d'elles-mêmes, comme si elles se connaissaient ou obeissaient à quelque puissance ordonnatrice »[4].

L'activité de l'imagination se complète par celle de la logique. Valéry a modulé le rôle tenu par l'intuition dans l'imagination : « l'intuition (...) ne mène pas loin, si la logique ou bien l'expérience physique ne lui donnent pas le véritable inattendu et la richesse dont elle n'a que l'apparence »[5].

Les deux mondes, imaginaire et réel, sont constitués par les mêmes objets. Seuls les assemblages et l'interprétation donnés à ces objets varient. Ainsi, est réel « ce qui résiste à tous les changements d'observateur, d'époque, d'épreuves... – d'accommodation »[6].

L'imagination est un type de conscience par laquelle les objets nous sont donnés. L'interprétation situe la qualité imaginative du sujet. Quant au jugement, il rectifie, organise, stabilise la perception. A l'intérieur de cette différence intentionnelle se fonde l'autonomie intellectuelle du sujet.

Dans l'univers valéryen, pensé sur le modèle de la physique et de la chimie, il n'y a que des corps, c'est-à-dire des structures, des architectures capables d'effets, avec leurs combinaisons intimes productrices de réactions, forces, intensités ou désirs. La passion, la sensibilité, mais aussi les symptômes, au même titre que la pensée, appellent la même problématique matérialiste, celle du mouvement des corps simples et

1. XII, 622.
2. VII, 337.
3. VIII, 708.
4. XV, 873.
5. XXIII, 485.
6. XII, 697.

des agencements, jeu positif des molécules et du hasard, privé d'instance centrale.

Au sein de l'expérience esthétique, lorsque ces constellations pulsionnelles ou discursives se trouvent stabilisées, la répétition se substitue aux mouvements imprévisibles d'attraction et de répulsion. Surgissent alors les dispositifs affectifs et le concept, tandis que parallèlement à ces effets, s'institue la négation, puisque toute formation stable ne cesse d'exclure la permanence des combinaisons. Tout ce qui est verbal « est provisoire. Tout langage est moyen. 'Seule' la poésie essaye d'en faire une fin »[1].

1. XII, 673.

CHAPITRE XIII

L'ACCÈS AU RÉEL

Si le langage est un outil imprécis qui diffère la transcription du réel, en revanche un certain jeu sur ce moyen d'expression avec la poésie «état chantant»[1], permettra, tout comme dans l'expérience de l'édifice, de manifester des forces non-conventionnelles. Par sa nouveauté, l'image poétique met en branle l'activité linguistique et situe le sujet à l'origine de l'être parlant.

Le langage et la parole.

> «En regardant la mer, le mur, je vois une phrase, une danse, un cercle. En regardant le ciel, le ciel grand m'élargit tout mes muscles. Je le regarde de tout mon corps»[2].

Les images monoculaires, la convergence des cristallins, le bouger du corps, en général, et toute la vie intramoléculaire de la substance nerveuse et organique, ne semblent être que les relais charnels d'une immense puissance qui se dessine en eux, en les *déréalisant*. Ce sont autant de vigiles de l'être, puisqu'en eux s'accomplit le repérage de l'activité de l'homme et des choses auxquelles il accède. L'accès aux choses est contemporain de l'événement par lequel ce qui se passe dans le corps cesse de se poser comme chose, et régresse à l'état d'oubli.

Cette puissance, présente dans l'opération de la parole et du langage, confère aux choses un état de rigueur. A partir des théories exprimées par Saussure, les linguistes ont démontré que le langage est un ensemble de dénivellations. Il élide encore plus la réalité que ne le fait la vision. Le présent contient, dans sa profondeur, non seulement la

1. Cf. XI, 744 : «La poésie est l'état chantant – (retentissant, résonnant, rebondissant) de la fonction qui parle et par conséquent, de tout ce que l'homme fait entrer dans cette fonction : tout devient (...) réception – productions devenues symétriques».

2. IV, 374.

partie antérieure du discours, appartenant déjà au passé, mais aussi un empilement de sens qui ne sont pas exclusivement propres au langage. Ce sont des sens latéraux, qui en dernier ressort ne sont, peut-être, que la manifestation d'une parole universelle se révélant à travers les différentes régles des universaux linguistiques.

La vraie parole ne se manifeste pas abstraitement, « essayer de s'exprimer par gestes, c'est toucher l'essence du langage 'ordinaire' (...). L'importance du geste est immense »[1]. Si le langage plonge ses racines dans les plus lointaines ébauches de la vie relationnelle au monde, et qu'en lui s'accomplit leur récapitulation et leur assomption, Valéry est néanmoins convaincu que « la meilleure description ne restitue jamais ce qu'on a observé, mais (plutôt) ce que peut former un tiers qui n'a pas vu la chose »[2].

Le langage appartient, alors, au domaine de la réflexivité. L'intersubjectivité en œuvre dans le regard se délie dans le langage. Pour observer sérieusement quelque chose, il est nécessaire de le décrire en d'autres termes que ceux employés dans l'expression ordinaire[3]. La notion de signe, contenue dans la philosophie intellectualiste, et celle de cause, telle qu'elle a été définie par les philosophes empiristes, sont délaissées au profit d'une force qui se situe à l'intersection du règne de l'esprit et de celui du corps. Pour ce faire, Valéry a cherché ce qui peut sauver le langage : « la vérification extérieure des résultats de ses opérations (donc une partie des emplois de la logique...). La vérification esthétique ou excitante des combinaisons verbales »[4]. Seule la poésie peut conduire « à s'élever au-dessus de la conception naïve en littérature, comme la pratique et l'étude de l'ornement au-dessus de l'imitation naïve dans les arts plastiques, (et) l'étude des formes au-dessus du nombre en mathématiques. Ce n'est pas que tous ceux qui font des vers, même excellents, parviennent à cette vue. Elle consiste au fond à ne pas ignorer le système très complexe qui permet à une impression d'agir »[5].

1. VIII, 77. La voix de la Jeune Parque se déclare dans le pli d'une singularité organique que le lecteur perçoit comme étant sienne. Parole et organicité semblent se consubstantialiser l'une à l'autre. D'ailleurs, « les moments importants de l'art se passent dans l'état où produire et ressentir sont comme réversibles, inséparables » (V, 767). Cf. également : « En fait, si nous voulons être exacts, c'est bien un geste ou une mimique que nous employons ». Wittgenstein (L.), *Leçons et conversations*, trad. J. Fauve, Gallimard, 1966, p. 20.

2. XXVII, 454.

3. Ibid.

4. XXIX, 536.

5. XVII, 302.

Le jeu du langage poétique restitue au lecteur la partie élidée par le langage ordinaire. Ainsi, comme dans l'expérience esthétique de l'édifice, le sens brut apparaît directement. En poésie, comme dans l'expérience de l'objet, il s'agit « d'entités complexes (...), d'éléments hétérogènes formés d'une partie sensible-motrice et d'une partie 'psychique', c'est-à-dire inactuelle » [1]. Alors que la philosophie étudie à son insu « des transformations de points de vue et les transformations verbales qui les accompagnent (...), la poésie (est) l'étude (plus consciente) des transformations verbales qui conservent les impulsions initiales » [2].

La poématique.

> « En Poésie on n'habite que le lieu que l'on quitte, on ne crée que l'œuvre dont on se détache, on n'obtient la durée qu'en détruisant le temps »[3].

L'art poétique conduit à envisager les formes pures en elles-mêmes [4]. A « tous les arts ont pour objet commun de saisir la poésie » [5] répond, comme un écho, le « tout art est essentiellement poème » [6] heideggerien. Ces deux philosophes ont-ils ramené toutes formes expressives à la poésie ? De quelle essence relève cette poésie ? Peut-on associer l'architecture à la poésie et la poésie à l'architecture ?

Valéry qualifie aussi bien de poème un portrait [7], que « l'intérêt dans la littérature » ou « l'excitation rythmique, la chatouille des timbres en musique » [8]. *Tout art est poème* signifie, selon Heidegger,

1. XII, 554.
2. IX, 924. Cf. également la critique bachelardienne des philosophèmes : « à notre avis, les conglomérats verbaux doivent être évités. La métaphysique n'a pas d'intérêt à couler ses pensées dans les fossiles linguistiques. Elle doit profiter de l'extrême mobilité des langues modernes en restant cependant dans l'homogénéité d'une langue maternelle, suivant précisément l'habitude des vrais poètes », BACHELARD (G.), *La poétique de l'espace*, op. cit., p. 193.
3. CHAR (R.), *Recherche de la base et du sommet*, Gallimard, 1971, p. 113.
4. VIII, 773.
5. IX, 802.
6. HEIDEGGER (M.), *Chemins qui ne mènent nulle part*, op.cit., p. 81.
7. *Œ. II, Pièces sur l'art, Triomphe de Manet*, p. 1333. « Je puis dire que le portrait dont je parle est *poème*. Par l'harmonie étrange des couleurs, par la dissonance de leurs forces ».
8. Cf. également, VIII, 776 : « La métaphysique (...) où nous percevons un intervalle entre nous-mêmes et ce que nous sommes – où le mot réel devient magique ».

que le poème n'est pas « un quelconque vagabondage de l'esprit inventant ça et là ce qui lui plaît », non plus qu'un « laisser-aller de la représentation et de l'imagination aboutissant à l'irréel »[1]. Aussi, « si tout art est en son essence poème, l'architecture, la sculpture, la musique, doivent être ramenées à la poésie », cette dernière n'étant « qu'un mode parmi d'autres de projet éclaircissant de la vérité, c'est-à-dire du Poème »[2].

Si pour Heidegger, « l'essence de l'art, c'est le poème » et « l'essence du poème (...) l'instauration de la vérité »[3], pour Valéry la poésie est « un état d'attente – résonance – chantant. Etat dans lequel les choses touchent directement les trésors de l'énergie centrale (...). Etat de dissociation, et monde de cet état. (C'est aussi) quand une chose sensible rend plus sensible, quand ce que je vois exalte ma vue, et quand ce que je tiens se fait désirer »[4].

Par conséquent, sera poétique tout « ce qui provoque, restitue, cet état unitif »[5]. Un poète est « médusé par un mot (...), son sens moyen se détraque, revient (...), cet élément de passage devient carrefour de la forêt »[6]. Alors l'impulsion cherche l'expression. Il existe donc une étoffe imaginaire de chaque sens, et il faut ajouter que cette étoffe n'est pas le résultat d'une fonction imageante, mais qu'elle est présence de l'imminent, du latent et du caché, « intervalle », « substance de l'acte »[7]. On peut ainsi à propos de Valéry, parler de *projet poématique* au sens heideggerien, c'est-à-dire « du Rien, dans la mesure où il ne puise jamais son don dans l'habituel jusqu'à présent de mise, (qui) ne vient cependant jamais du Néant, dans la mesure où ce qui nous est envoyé par lui n'est autre que la détermination retenue du Dasein historial lui-même »[8].

L'homme valéryen n'est pas face à face avec le monde, qu'il essaie de comprendre et sur lequel il agit, mais à l'intérieur de ce monde dont il fait partie et qu'il transforme. A la différence de celui d'Heidegger, il ne possède pas de vérité en soi. Il doit la construire avant de l'affronter. Il n'existe pas de rupture radicale entre le sens qu'il essaie de trouver ou d'introduire dans sa propre existence, et le sens commun

1. HEIDEGGER (M.), *Chemins qui ne mènent nulle part*, op.cit., p. 81.
2. HEIDEGGER (M.), ibid., p. 82.
3. HEIDEGGER (M.), ibid., p. 84.
4. IX, 802.
5. XI, 289.
6. XX, 689.
7. XXI, 276.
8. HEIDEGGER (M.), ibid., p. 86.

à la vie humaine individuelle ou collective, à l'humanité, et, en dernière instance, même à l'univers. Le sens est donné par le *poïen*, «les vérités sont choses à faire non à découvrir – Ce sont des constructions et non des trésors»[1].

On assiste alors à la résurgence d'une tradition qui remonte à Hegel, consistant à refuser le sujet transcendantal, et à présenter l'homme comme inséparable du monde dont il fait partie. Cette tradition qui définit la place de l'homme dans l'univers comme historicité, n'est concevable, pour Valéry, que dans un seul domaine, «celui des monuments»[2].

Or, si tous les arts ont en commun d'exprimer la poésie, celle-ci n'est pas à saisir comme transcendante, mais plutôt en tant que production restituant l'état organique. En poésie *pure*, comme c'est le cas pour l'art chorégraphique, «pas de seuil, de but externe»[3].

«L'implexe architectural»[4].

Le véritable corps «se répète et se retrouve par une quantité de chemins différents»[5]. Cette assertion se vérifie plus particulièrement dans l'expérience de l'édifice. *Art pur*, selon Klee, qui «suppose la coïncidence visible de l'esprit du contenu avec l'expression des éléments de forme et celle de l'organisme formel. Et, dans un organisme, l'articulation des parties concourant à l'ensemble repose sur des rapports manifestes, basés sur des nombres simples»[6].

Mais tout édifice ne correspond pas à cette conception. Par exemple, «l'architecture de Versailles» ne possède «aucune relation forme – matière – membre – décor». Elle s'impose simplement comme masse, non comme «organisme»[7]. Si, de façon générale, «tous les arts sont profondément liés à la mimique, (et si) une construction se sent dans les épaules, dans la position des sensations musculaires de station et d'équilibre au milieu des angles solides visuels»[8], il semblerait que, pour Valéry, seul l'art grec ait consacré l'apothéose de ces éléments.

1. VIII, 319.
2. *Leçons sur l'architecture*, manuscrit inédit, 1943-1944, fonds P. Valéry, Bibliothèque Nationale.
3. XVIII, 208.
4. XVI, 688.
5. XIV, 738.
6. KLEE (P.), *Théorie de l'art moderne*, op.cit., p. 34.
7. XXIII, 475.
8. VI, 894.

Comme l'a remarqué Schöffer, « chez les grecs, l'utilisation étonnante de la polychromie et des dispositifs spatiaux dans lesquels l'architecture, la sculpture et la nature se complètent, offre un scénario plein de suspenses cadencés par le déplacement des spectateurs »[1]. Dans *Eupalinos ou l'architecte*, les colonnes ne sont pas simplement de « vulgaires » cylindres de marbre ou de pierre. Charles et plus tard Michelis, ont remarqué, l'un à propos du temple et l'autre à propos de ce dialogue[2], que les « colonnes ont un amincissement qui les rétrécit vers le haut, un galbe qui les gonfle comme nos muscles. Elles se posent à distance inégale de façon que leur écartement diminue vers les angles de l'édifice, les stylobates sont courbes. En un mot, autant d'anomalies qui témoignent que leur forme est autre chose qu'une pure forme géométrique. Elles ne constituent des figures géométriques que pour notre pensée abstraite, tandis que pour l'œil artistique averti, ce sont des formes animées. Et leur vie ne s'explique qu'en accord avec le principe qu'elles expriment, les forces qui travaillent en elles, de manière à satisfaire notre sens statique humain »[3].

D'après le concept de *sympathie symbolique* auquel cet anthropocentrisme fait penser, les forces sont en action dans les objets. L'individu les voit et ressent leur action au niveau corporel. La force se manifeste, va-et-vient entre *l'agi* et *l'infus*. D'ailleurs, « le temple grec est le signe de la vie ». Dans celui-ci, « tout est entrepris et dressé contre la pesanteur. La colonne, par ses proportions, et par toutes ses parties, signifie qu'elle supporte, et l'angle droit règne ici qui est le signe du maçon. Rien ne s'écroule; toute la masse refuse de se joindre à la terre par ces lignes de pentes que tracent des forces aveugles »[4]. Pour Alain, comme pour Valéry, le temple est « l'image parfaite de la pensée réconciliée avec la vie »[5], « le temple respire comme un homme », « ce n'est point le tombeau de l'esprit, mais plutôt il y ressuscite d'instant en instant. Image unique de la liberté selon la loi »[6].

Valéry doit beaucoup à l'antique *poïen*. La pensée grecque fut dominée par l'application de la construction géométrique. L'opération qu'elle contient, n'a rien de commun avec la construction concrète,

1. SCHÖFFER (N.), *Le nouvel esprit artistique*, « Les trois étapes de la sculpture dynamique », Denoël-Gonthier, 1970, p. 64.

2. CHARLES (H.), *Sensation et énergie*, p. 204 et MICHELIS (P.-A.), *Etudes d'esthétique*, Klincksieck, 1967, p. 32.

3. MICHELIS (P.-A.), ibid. Il s'agit, comme l'a indiqué Valéry, du rythme, qui est la base de l'architecture grecque, et le rythme est au service du travail.

4. ALAIN, *Propos sur l'esthétique*, op.cit., p.7.

5. Ibid., p. 8.

6. Ibid., p.9.

telle que la pratiquaient les arpenteurs de l'Orient. «Ce qui distingue l'art oriental, c'est que celui-ci ne s'occupe que de donner du plaisir – Le grec cherche à rejoindre la beauté; c'est-à-dire à donner une forme aux choses qui fit songer à l'ordre universel (...), à la domination par l'intellect, toutes choses qui n'existent pas dans la nature donnée»[1]. La géométrie grecque est une opération rationnelle, qui doit permettre d'établir, et de vérifier, l'existence de figures sur lesquelles on raisonne.

Toutes les constructions planes, spécificiées dans les énoncés des propositions d'Euclide, ou qui servent au cours des démonstrations de ces propositions, s'effectuent par la droite et le cercle. Ainsi définies, elles ne valent que pour la géométrie plane.

Dans le temple domine l'ordre[2], résultat du travail de l'esprit qui «crée, cherche le désordre pour en faire de l'ordre»[3]. Mais, le désir suscité par la chose est tout aussi important. L'œuvre doit se faire aimer, «ce qu'on aime, inspire. Se faire aimer, c'est inspirer»[4]. Il faut, disait Eupalinos, «que mon temple meuve les hommes comme les meut l'objet aimé»[5]. Ainsi, l'œuvre architecturale devient, selon la formule d'Heidegger, «une œuvre comme expression et une impression comme expérience vécue»[6].

La philosophie de Valéry esquisse une fresque de l'évolution esthétique conçue comme une longue adaptation[7], anticipant ainsi les théories de Panosky. En effet, celui-ci se refuse de réduire la perspective à un simple problème technique ou mathématique. Il entend établir, à travers l'analyse de l'usage de la perspective angulaire dans l'antiquité, de l'ignorance quasi systématique de celle-ci au Moyen-Age, et de l'invention de la perspective plane de la Renaissance, que le recours à la perspective s'appuie sur une philosophie de la relation entre le sujet et le monde. Dans le *Cahier VII*, Valéry discerne

1. VII, 482.
2. L. Couturat, en 1904, définissait la mathématique: «comme la science formelle des relations d'ordre», *Revue de métaphysique*, « Les principes mathématiques », juillet 1904, p. 675.
3. XV, 562.
4. XIII, 38.
5. *Œ. II*, *Dialogues, Eupalinos*, p. 87.
6. HEIDEGGER (M.), *Qu'appelle-t-on penser ?*, op. cit., p. 139.
7. XXIV, 848 : «De même en analyse esthétique. Il faudrait concevoir un espace mental à configuration bizarre – en partie individuelle, en partie générale (...). Cet implexe – est indispensable à considérer, car il est l'imaginable, le raisonnable, le désirable, le redoutable d'une époque (...) ce qui constitue une sensibilité».

deux sortes de logique, « deux cas auxquels tous se ramènent (...), le grec et le gothique. Le principe étant de remonter à la notion d'adaptation. Le premier cas s'accommode à la nature, la complète, la prolonge, s'en déduit. Le second cas fait une autre nature, la complète en soi au moyen d'une descente à des principes plus élémentaires d'où part une construction plus entièrement humaine, non euclidienne »[1].

Ainsi, l'organisation interne du temple devient le symbole par excellence de l'harmonie entre le sujet et le monde. C'est aussi le symbole de l'évolution du savoir et de la « jouissance objectivée de soi »[2], telle qu'elle sera développée par les tenants de l'esthétique philosophique allemande. Quant à l'architecture gothique, « matière, structure et ornement » sont « du même accord ». Elle est « du 'produire' autant que le faire puisse imiter le 'produire'. Elle est végétale »[3].

Si la poésie place le sujet à l'origine de l'être parlant, au moyen des mots, l'architecture le situe à l'origine de l'être sentant et pensant. Dans l'expérience de la perception de l'édifice, le sujet est renvoyé à son implexe. Toute œuvre qui présente une relation entre *forme-matière-membre* est architecturale. Cette constatation est valable dans tous les domaines du savoir. La disparition de cette liaison fut, d'après Valéry, un signe de recul des exigences dans l'art qui lui était contemporain.

1. VII, 271.

2. WÖRRINGER (W.), *Abstraction et Einfühlung*, présentation D. Vallier, Klincksieck, 1978, p. 15.

3. XXV, 610. On peut rapprocher de cette conception, celle de R. Huyghe pour qui la nouveauté du gothique réside précisément en ceci qu'elle substitue un esprit 'ingénieur' à l'esprit 'architecte'. (*L'art et l'âme*, Flammarion, 1960).

CHAPITRE XIV

LE PARTI-PRIS POUR L'ARCHITECTURAL

D'après Valéry, l'une de ses erreurs « fut la manie (...) de chercher à justifier les Arts », alors que « l'esthétique n'est même pas arrivée à définir ses variables »[1]. Mais, justement, au fil des *Cahiers*, n'a-t-il pas tenté de cerner ce qui lui apparaît faire défaut à cette discipline, c'est-à-dire « l'intelligence (qui) consiste à avoir conscience de variables – à les définir – à envisager leurs changements possibles ? »[2].

D'autre part, même s'il déplore le résultat de l'art qui lui est contemporain, et s'oppose aux mouvements d'avant-garde, n'ouvre-t-il pas une voie nouvelle dans le respect de la tradition ?

De l'analyse à la lyse de l'architecture.

Au carrefour du kantisme, de la phénoménologie et de l'existentialisme, la philosophie de Valéry apparaît comme une exploration de l'essence de l'art dans toutes ses dimensions. Sa nouveauté réside dans l'absence de norme imposée, et dans la soumission à la logique de la création artistique productrice de sens. C'est une philosophie de l'art comme absolu, une esthétique à l'écoute de son objet.

Suivant le modèle de la critique kantienne, Valéry distingue deux types fondamentaux de pensée en action dans l'art : d'une part, la pensée rationaliste dont le point de départ est le concept de beauté, et, d'autre part, la pensée empiriste qui prend en compte les comportements de l'homme par rapport au beau ou à l'art. C'est, d'ailleurs, surtout ce deuxième type qui l'intéresse. Au-delà, il explore une phénoménologie de la production et de la réception artistique par l'étude du comportement, qui n'est pas à comprendre en tant que psychologique.

L'œuvre se situe non seulement au-dessus du sujet récepteur, mais encore au-dessus du créateur qui en devient la créature. La particu-

1. XXVI, 728.
2. XV, 624.

larité du *concept d'art* consiste ainsi en la possession immédiate d'une valeur universelle, seul dépassement concret de la subjectivité, réponse à ce titre au désir le plus profond d'échapper au solipsisme pour se mêler à l'universel.

Toute la philosophie valéryenne repose sur la distinction entre « l'homme total » de la réalité immédiate, et l'homme « comme totalité » de la réalité esthétique, c'est-à-dire capable de créer une œuvre ou d'y entrer par une réception adéquate [1]. Une phénoménologie esthétique apparaît ainsi comme une nécessité plus profonde que la phénoménologie logique.

L'œuvre ne procède pas d'une rupture avec l'expérience vécue mais d'une figuration de celle-ci, au cours de laquelle le vécu immédiat est conservé. Valéry déplore d'ailleurs que « le pittoresque (ait) tué la partie motrice et articulée du style » [2]. Paradoxale époque que celle « qui souffre, dans la 'technique' des arts, de tels relâchements, et semble se complaire aux jeux de l'insuffisance et aux hardiesses de la facilité » [3], tandis que « la vie même est soumise à la détermination exacte de bien des nombres, (et que) la science et l'industrie exigent l'emploi d'appareils les plus délicats, l'observance de précautions minutieuses » [4]. Du mouvement intellectuel dont Valéry était l'un des acteurs émerge, de façon implicite, toute la problématique de l'art moderne. « L'art non fini », « l'ébauche » [5], ont conduit l'observateur au difficile constat de la perte de sens de l'œuvre d'art. L'art a perdu son caractère d'évidence, parce que l'élargissement des possibilités s'est avéré être un rétrécissement : « c'est le silence et la décadence ; l'architecture agonise dans les académies » [6]. Les artistes modernes

1. Cf. XIII, 424 : « 'Mon esthétique' – Lorsqu'une cause ou origine, objet, événement, idée, etc... se trouve comme apportée – c'est-à-dire excitée – en moi, la production d'énergie libre qui d'autre part serait requise pour soutenir la perception de cette cause et la développer, (...) loin de me faire sentir que cette perception me coûte, (...) me fait sentir qu'elle me rapporte – alors, je reçois ce que je donne ». D'autre part, Valéry a-t-il subi l'influence du Constructivisme produit par l'idéalisme allemand ? Ce mouvement artistique fait progresser la connaissance en ne prenant en compte que le produit humain œuvre d'art, comme le fit peut-être, et dans un autre contexte, le théoricien de l'art, Adorno.

2. XIV, 603.

3. *Œ. II*, *Pièces sur l'art*, *Préambule*, p. 1349.

4. Ibid.

5. Si la métamorphose en Art, commence avec l'impressionnisme, qui montre l'inachèvement comme un achèvement, c'est-à-dire l'achèvement d'un moment, il est à noter qu'aux XVIIe et XVIIIe siècles, les 'bozetti', modèles peints pour les grands tableaux, étaient l'inachèvement même.

6. *Œ. II*, *Notes*, *Paradoxe sur l'architecte*, p. 1403.

« ont perdu le sens de l'adaptation rigoureuse de leurs forces et libertés d'action à des problèmes bien définis (...), ils ont pris pour des (obstacles) et pour des entraves les auxiliaires des anciens artistes. Formes fixes. Et ils ne savent plus ce qu'ils veulent. Ils ne veulent que produire effet, ne sachant plus vouloir former une œuvre. C'est-à-dire la conduire au point où l'on voit qu'elle remplit les conditions précises d'existence définies par la fonction qu'elle doit tenir (...). Le moderne lance son homme au diable, et ne songe point qu'il faut lui faire décrire une courbe fermée »[1].

La modernité s'en est trouvée déçue. Toutes les formes ne peuvent pas être érigées en œuvre d'art. Alors, surgit le problème de la reconnaissance de l'œuvre d'art et, paradoxalement, la prolifération anarchique des œuvres établit un contraste avec la rareté de la qualité.

Valéry a constaté l'inflation des points de vue en une formule hégélienne, « les peuples sensibles n'ont pas d'esthétique »[2]. Tout se passe, dans la modernité, comme si le discours critique exhibait un chef-d'œuvre : « nous errons de théories en théories. Le triomphe, la prompte ruine des thèses les plus opposées qui se répondent comme des effets complémentaires les unes aux autres, composent à la fin l'indifférence des esprits. L'opinion, de décade en décade, se balance entre des choses qui ne savent pas mourir et des choses qui ne peuvent pas vivre, et les extrêmes la rassurent »[3].

Cette situation a déjà eu un précédent dans l'histoire de la pensée. En effet, au début des *Leçons d'esthétique*, Hegel indique que se pose, pour la philosophie, le problème de la reconnaissance de l'art en général qui s'effectue par la reconnaissance de l'esprit en son apparaître. Valéry n'est pas loin de considérer que l'œuvre d'art se fait par la présence de l'esprit en elle. Dans l'art, l'esprit effectue l'expérience de cette reconnaissance par la saisie de sa manifestation positive, renouant ainsi avec la tradition hégélienne.

Nous vivons encore, et Valéry l'a constaté, dans le temps de la prolifération du jugement sur la chose art, qui ouvre davantage le fossé entre l'absence de critère pour l'objet d'art et la présence bavarde du discours sur l'objet visé, soit dans le temps de l'absence « d'idées archi-

1. XIII, 212.
2. XIII, 348.
3. *Œ. II, Pièces sur l'art, Préambule*, p. 1349. R. Huyghe, admirateur de Valéry, remarquait aussi que : « l'art moderne qui, par vocation, aurait dû être un contre-poids à l'intellectualisme exacerbé de notre époque, est tombé sous la coupe d'intellectuels spécialisés, les critiques d'art, qui ont multiplié les doctrines esthétiques. C'est, à mon avis, ce qui, à l'heure actuelle, mène l'art vers le néant », *De la philosophie à l'art. Réponses à S. Monneret*, op. cit. p. 58.

tecturales »[1]. En effet, « les villes modernes ont ruiné l'architecture (...). Il eût fallu construire par rue. Unité... Il n'y a plus de relation sensible entre forme et matière (...). Unique effet de masse, de confusion (...), pas de modulation (...), insensibilité, impersonnalité »[2].

D'ailleurs, Valéry opère sur toutes les autres formes d'art ce constat négatif : « l'opéra se meurt. Le théâtre, en général, est dans un état qui lui interdit toute poésie. Et le cinéma instruit les hommes à se contenter de la profondeur d'un écran »[3]. La peinture et la sculpture sont « des enfants abandonnés. Leur mère est morte, leur mère architecture. Tant qu'elle vivait, elle leur donnait leur place, leur emploi, leurs contraintes »[4].

Ce type de discours pose le problème d'une réconciliation entre une objectivité réfugiée dans l'expérience et son prétendu silence, et une objectivité supposée comme exigence de la raison à l'intérieur d'un jugement qu'un désir de partage et de communication commande. Il contient, aussi, le problème de l'intersubjectivité qui consiste à « faire aimer ce que l'on aime »[5]. Valéry ouvre une voie nouvelle tout en respectant la tradition.

Selon Adorno[6], le champ de ce type de réflexion a trente ans d'avance sur celui de l'art contemporain. Le concept clef, pour une esthétique nouvelle, consiste à voir les œuvres d'art de l'intérieur dans la logique de leur production. Il constate également que « l'art moderne, après Valéry, indépendamment de celui-ci, en a tiré les conséquences. Quand la peinture ou la sculpture se dégagent de la ressemblance avec l'objet, ou la musique de la tonalité, la raison essentielle en est le besoin de rendre à l'œuvre, à partir d'elle-même, un peu de cette objectivité dont elle est dépourvue tant qu'elle n'est pas autre chose qu'une réaction subjective à n'importe quel donné. Plus l'œuvre d'art se débarrasse de manière critique de toutes les conditions qui ne sont pas immanentes à sa propre forme, plus elle s'approche par là d'une objectivité accrue »[7].

La radicalisation de l'art a apporté rétrospectivement ce dont Valéry déplorait l'absence dans celui de sa propre époque. Le sujet

1. XIV, 664.
2. Ibid.
3. *Œ. II, Notes, Poésies*, p. 1708.
4. *Œ. II, Pièces sur l'art, Le problème des Musées*, p. 1293.
5. *Leçons sur l'architecture*, manuscrit inédit, 1943-1944, fonds P. Valéry, Bibliothèque Nationale.
6. ADORNO (Th.), *Notes sur la littérature*, trad. S. Müller, Flammarion, 1984, p. 102.
7. ADORNO (Th.), *Notes sur la littérature*, op. cit., p. 107.

esthétique a accompli un retour sur soi, il ne peut espérer pour objectivité que celle qu'il a tirée de lui-même. Et Valéry d'écrire à son propos, en une formule lapidaire et énigmatique: « fondateur de la philosophie négative la plus positive de toutes »[1].

Par ailleurs, Adorno a constaté que « si la théorie mallarméenne du coup de dés est devenue actuelle à l'époque du tachisme et des expériences de musique aléatoire, ce qui se manifeste par là est un contexte, où toute l'œuvre du disciple de Mallarmé qu'est Valéry, vient tomber. De même qu'après lui la tension entre la loi de la construction et la contingence dans l'art s'accrut jusqu'à l'explosion, sa propre insistance anachronique sur des concepts comme l'ordre, la régularité et la durée, est constitutivement associée à l'écart »[2].

Si, à travers le prisme de la théorie malarméenne, Adorno appelle « hasard » ce manque d'esprit de suite, qui est le propre du jeu, il est clair qu'un coup de dès n'en abolit pas l'inconséquence. Pour Mallarmé comme pour son disciple, une longue chaîne de nombres en laisse apercevoir les lois. L'impression de hasard « résulte d'une circonstance bien simple – chaque 'chose' est en réalité 'plusieurs choses' »[3]. Valéry n'insiste nullement sur des « valeurs anachroniques » comme celle d'ordre, puisque l'ordre n'est pas absolu. Il n'est qu'un moment du désordre.

D'autre part, comme le rapporte Schöffer, Valéry avait conscience que « deux grandes catastrophes menacent l'humanité: l'ordre et le désordre ». Par nature, « l'homme tend toujours vers l'ordre. Mais l'ordre aussi bien que le désordre, cristallise une situation et la neutralise. C'est seulement l'oscillation entre les deux phénomènes qui ouvre la voie de l'évolution »[4]. C'est sur cette dernière qu'il a réfléchi. Il a ouvert une voie nouvelle dans le respect de la tradition. L'ordre est provisoire. Toute architectonique est nécessairement éphémère. S'il y a eu « un moment où ce qu'on est convenu d'appeler Beau, Art, etc. a failli devenir un culte à mille sectes, ce culte a assez mal tourné – de par le manque de l'homme qui l'eût établi »[5]. La beauté de l'objet fait

1. XXVII, 73.

2. ADORNO (Th.), ibid., p. 108.

3. V, 207. Cf. également, IV, 728 : « Toute puissance spirituelle est fondée sur des innombrables hasards de la pensée (…). Sans le hasard, point de réflexion (…). Sans ces hasards et ces jets d'ici et de là (...) pas de 'raison' – pas de non hasard. Ces hasards sont liés à l'homme même, comme ses yeux, ses oreilles, ses forces. Ce sont une sorte de fonction (…). Que ferait mon esprit s'il n'essayait mille conjectures indépendantes ? Puissant qui agite et jette les dès ».

4. SCHÖFFER (N.), *Le nouvel esprit artistique*, op. cit., p. 121.

5. VI, 269.

de celui-ci une source inépuisable d'énergie, sans dépenses ni fatigue. C'est un échange parfait entre le spectateur et le spectacle[1]. Face à la beauté, l'individu n'est pas en mesure d'exprimer positivement ce qu'il ressent. Il ne peut que constater le sentiment de cette incapacité ou irrationalité en tant que propriété de la chose[2].

L'art contemporain porte en lui l'espoir de « sauver la perfection – dans le naufrage qu'est le temps moderne (en sauvant) l'idée de perfection – l'idée de durée, de travail aussi beau que l'ouvrage »[3].

De l'architecture objet au rétablissement de la pluralité.

Le parti-pris pour l'architectural, tel que l'expose Valéry, ne laisse aucune équivoque quant à la démarche qui se situe d'emblée en-deçà d'un système. Ce parti-pris ne cherche pas à entrer en conflit avec le textuel, mais il se pose dans sa différence, favorise l'éclosion d'une pensée neuve, échappant non seulement à la terminologie et à l'idéologie philosophiques, mais également à la suprématie du discours.

Si la position de l'art relève du défi, puisque son « inutilité éblouissante, prouve que quelque chose demande à être »[4], son existence est un défi au discours, dans la mesure où son histoire se calque sur celui-ci. L'architecture est un exemple privilégié parce que métaphorique et symbolique, et de ce fait facilement applicable à la pensée. Cependant, il est bien évident que l'architecture possède une spécificité propre et elle ne renvoie qu'à celle-ci, indépendamment de la structuration signifiante. Elle risque sinon de se muer en une *philosophie de pierres*, le discours sur l'architecture devenant paraphrase de l'architectural. La position de l'art rend compte de la dialectique du sens et de la signification puisqu'elle participe à ce mouvement tout en se tenant en retrait. Or, ce retrait dans l'exhibition, l'architecture, peut-être plus que tout autre art, le manifeste.

L'*architecturologie* qui régit toute la pensée de Valéry, se pose comme une revanche de l'art sur le discours, du sensible sur l'intelligible. Si la problématique de l'art était analysée dans cette perspective dualiste, la réflexion ne ferait que refléter le questionnement philosophique classique. Or, ce qui est formulé, c'est justement le refus de cette scission, qui s'accomplit par une critique de la philosophie.

1. VIII, 595.
2. XVIII, 417.
3. XX, 578.
4. VI, 549.

Valéry n'a pas voulu faire de l'inconscient un discours, car c'était omettre la dimension de l'énergétique, et se faire complice de toute la rationalité occidentale qui détruit l'art en même temps que le rêve. Nietzsche avait déjà constaté que la répression du sensible avait pour conséquence non seulement la décadence de l'art, mais aussi de la philosophie.

Dans le conflit de l'art et du discours, l'architecture est sans doute ce qui élimine le mieux cette « répression » dans l'acte, du fait de son origine charnelle immédiatement enserrée à l'intérieur d'un réseau d'intentionnalités. Si l'architecture est un faisceau de composantes extérieures qui assignent une signification à une matière, c'est aussi un investissement pulsionnel en énergie visible. Le problème qui se pose alors, est de savoir de quelle manière le dynamisme énergétique se donne à voir, et comment se tissent entre la conscience, la subjectivité et le corps, les rapports dialectiques expliquant leurs relations.

Le problème fondamental de l'art consiste dans l'insertion de la *corporéïté*. La construction d'une œuvre, l'émission d'un son, sont des effets corporels qui se donnent à entendre ou à voir dans un mouvement circulaire infini. Si la problématique relative à l'architecture s'inscrit dans le double contexte d'une extériorité phénoménale et d'une rétention ontologique, elle se pose en tant que telle dans une latéralité spatio-temporelle. Une figure plastique renvoie nécessairement à son propre signe, le tracé étant révélateur de sa propre transgression. L'architecture, en tant qu'objet, n'est rien d'autre qu'une structure d'appel, une symbolique réclamant une actualisation visible. Cette transcription analogique, qui se saisit par une déconstruction signifiante, de quelle manière participe-t-elle de la double appartenance profondeur-apparence?

En relation avec ces problématiques, les expériences contemporaines en architecture sont davantage centrées sur la structure architecturale elle-même. Tout se passe comme si le passage de l'intention créatrice à sa représentation graphique, puis à sa détermination plastique, était devenu critique. Il est notable de constater que les recherches d'une plastique nouvelle se font au nom d'un refus de la construction par le biais du recours à la structure minimale. Celle-ci, au lieu d'animer, d'être le traditionnel squelette de l'architecture, pour éclairer le style, l'intentionnalité créatrice, est alors investie de toute la poétique architecturale.

S'il est vrai que la réflexion esthétique a toujours été à l'origine un raisonnement philosophique sur l'œuvre d'art, il est remarquable de constater que, dans son histoire, la réflexion sur l'art se confond avec

S'il est vrai que la réflexion esthétique a toujours été à l'origine un raisonnement philosophique sur l'œuvre d'art, il est remarquable de constater que, dans son histoire, la réflexion sur l'art se confond avec la philosophie. L'œuvre d'art est alors envisagée par Valéry, en tant que concrétisation d'un acte compositionnel et dans les effets qu'elle produit sur celui qui la perçoit. Or, une telle démarche indique que l'on se situe d'emblée dans la situation de constat d'une architecture déjà faite, l'œuvre étant considérée comme un objet suscitant ou déniant une jouissance esthétique, et non comme une architecture en train de se faire.

Or, pour Valéry, « le problème de l'architecture » est lié à celui « de l'architecte » et du *fabriquer*. L'architecte doit-il « disparaître devant l'ingénieur ? » est une question qui défie l'architecture de l'apparence, dans la mesure où « la construction de l'ingénieur peut résulter d'une analyse convergente » dont les « conditions sont exprimables »[1].

Le passage de l'acte de l'ingénieur à la phénoménalité créée, constitue l'interrogation critique d'une réflexion sur l'art[2]. Valéry a pu constater, en un bilan négatif, que « l'individualité s'est retirée de l'architecture (et que ce) qu'elle a gagné en possibilités physiques, (elle l'a) perdu en valeur artistique. Noter que la perte porte sur la sensibilité du consommateur – grossièreté – »[3]. Et, il est resté dépendant de la conception de l'époque 1900, qui fut celle de « l'architecture–objet », architecture conçue comme spectacle plastique[4].

1. *Esquisses, dessin, architecture*, manuscrit inédit, fonds P. Valéry, Bibliothèque Nationale.

2. *Leçons sur l'architecture*, manuscrit inédit, 1943-1944, fonds P. Valéry, Bibliothèque Nationale.

« 1) Moi et l'artiste – goût formé par le passé.

2) Table rase – Epoque actuelle. Destruction massive. La table rase réalisée.

3) Table rase – nouveautés. La quantité de – matière d'énergie. Les quantités concrètes (béton armé), le verre, (...) (la) céramique, le fer et l'acier...

4) Sensibilité – invention – critique des résultats actuels (la proportion – la maison de rapport). Fantaisie – très inférieur...

5) Espoirs ? ».

3. Ibid.

4. Les fluences plastiques et les fonctions centrales commanderaient, sous une même étreinte, l'avenir d'une forme. Cette morphologie relèverait-elle du dualisme antagoniste dont S. Lupasco fera, vers les années 1935, la base d'une nouvelle manière de penser ? (*L'univers psychique*, Denoël-Gonthier, 1979). Plus simplement, l'Art Nouveau pourrait tout entier se réclamer d'un précepte de Léonard de Vinci, qui recommandait, dans une de ses leçons réunies dans le *Traité de la peinture*, de chercher dans chaque objet, la manière particulière dont se dirige à travers toute son étendue, une certaine ligne flexueuse qui est comme son axe

Dans la tradition nietzschéenne, il a développé une approche du phénomène artistique qui se situe au-delà du discours, au niveau d'une saisie latérale du *pouvoir-produire* dyonisiaque de l'artiste. La prise en considération de l'acte même de création, dans son pouvoir d'inscription phénoménal, requiert un itinéraire qui n'est pas fondé sur une logique cumulative, mais qui plutôt met en évidence une démarche en creux qui pénètre dans la profondeur de l'espace et dans la fluence du temps.

Désormais, l'action de l'artiste « qui était concentrée sur la génèse et la finition de l'œuvre, passe (...) sur l'acte de création. C'est cet acte qu'il organise, réorganise, désorganise, crée et recrée – indéfiniment s'il le veut (...). La réussite dépend de la quantité rythmo-temporelle, prospective du créateur »[1].

Ce qu'atteste finalement la pensée valéryenne, c'est l'art en tant que témoignage de l'utopie des origines comme monisme ontologique[2], encourant le risque d'une opposition entre une philosophie du système et une philosophie du geste phénoménologique. L'espace topologique n'est, en son fond, ni celui du geste, ni celui des invariants, mais celui du rétablissement de la pluralité. L'art cesse d'être interprétation de la vie pour devenir action sur celle-ci.

générateur. Les artistes de l'Art Nouveau ont tendu incontestablement vers la constitution d'un syntagme superflu : l'ornement. Valéry y restera attaché jusqu'à la veille de sa mort. « L'ornement doit servir (...). Passage du détail à l'ensemble et retour. Donne la sensation de non-indépendance (...). Le véritable ornement est tel que supprimé, l'œil le rétablit », *(Esquisses, dessin, architecture*, ibid.).

1. SCHÖFFER (N.), *Le nouvel esprit artistique*, op.cit., p. 125.

2. « Considérer les métaphysiques 'esthétiquement' c'est les sauver », (XVII, 867).

CONCLUSION

> « Deux architectures.
> L'une dont la vie n'est que pressions et flexions.
> L'autre, plus complète, met en jeu tensions, extensions.
> Si dans la première, on coupe des membres horizontaux, l'édifice subsiste » [1].

Ainsi, Valéry appartient à cette catégorie de créateurs pour lesquels l'élan et le travail d'élaboration comptent plus que le résultat achevé. Ce qui, dans le domaine de l'art, produit le charme spécifique du *non-finito*, donne, en matière de philosophie, une œuvre non systématisée, riche en concepts de toutes sortes. Comprendre l'œuvre évolutive des *Cahiers*, c'est en voir les principales directions en se soumettant à leur logique interne. Toute la philosophie de Valéry peut-être considérée comme *poïétique* [2], puisqu'elle porte sur toutes choses un regard constructeur. Toutefois, il ne propose pas une esthétique nouvelle, en ce sens qu'il n'a pas cherché à influencer la pratique artistique de son temps. Cependant, les remarques très fines sur l'espace, le temps, le rapport de la vue et du mouvement, révèlent ce que l'on peut appeler une *esthésique* [3] *sensorielle*. L'alliance de la profondeur intérieure et de l'universalité de la signification caractérise le phénomène de la résonance esthétique, à vrai dire peu étudié, en dehors de ses analyses.

Il est aussi justifié de voir dans l'œuvre de Valéry une philosophie de la mobilité et de la complexité, qui refuse d'envisager aucune

1. VALERY (P.), *Tel Quel*, Gallimard, p. 14.

2. « Poïétique : étude de l'invention et de la composition, (...) rôle du hasard, (...) de la réflexion, (...) de l'imitation ; (...) de la culture et du milieu. D'autre part, examen et analyse des techniques, procédés, instruments, matériaux, moyens et supports d'action » in *Œ. I*, *Variété*, *Discours sur l'esthétique*, p. 1311.

3. Dans le vocabulaire valéryen, cette occurrence désigne « toutes sensations qui modifient le cours naturel du désir, le besoin (est une) sensation de cette espèce », (XXIV, 489).

réalité, aucun produit, comme définitif. Cette pensée est d'autant moins dogmatique, qu'elle porte en permanence en son sein la conscience que toute connaissance est inachevée et comporte une grande part d'incertitude. C'est la modernité de Valéry, comme celle de Bergson, que de refuser toute substantialité autre que celle du changement, en même temps que l'immobilisme auquel tendait un classicisme mal compris. Nul n'a plus médité et cerné ce paradoxe de l'immobile mobilité de la création artistique moderne que Valéry. L'acte de penser, comme celui de créer, est une mise en mouvement qui dépasse toute réalité substantielle.

Ces concepts appellent une compréhension systémique du monde. Qu'il utilise ceux d'unité, de tout et de parties, ou qu'il procède des liens entre les parties et le tout, Valéry fait une analyse poïétique.

La philosophie de l'art vers laquelle il s'achemine, n'est pas abstraite ou figurative, mais bien constituée par un jeu entre la pensée, soit le cadre d'organisation, et le matériau, qui n'est autre que l'hétérogénéité des possibilités humaines. C'est une transformation continue entre vie et mort qui, sans rien occulter de ce qui fut initialement, tente d'établir de nouveaux rapports dynamiques de tension et d'équilibre entre les composants d'un univers polymorphe. Du miroir du monde au miroir narcissique, la différence qui les sépare ne relève pas seulement d'une détermination de l'esprit, mais d'un effort très particulier de conception. Et là, s'élabore un travail de mise en relation d'un système abstrait d'organisation, avec les matériaux du désir constructeur.

De la surface, canevas abstrait du système de composition, à l'épaisseur du miroir du monde, apparaissent les fondements pour une *architecturologie*, soit la condition et la possibilité de ce qui se trame dans le vécu perceptif, l'acceptation d'une épreuve labyrinthique. Il s'agira, en effet, de lier dans une réalité fusionnelle, le hasard contingent de la vie à la permanence de la pensée et de l'œuvre.

Valéry a analysé, à travers l'exploration de son intelligence, les étapes par lesquelles l'homme, au cours de sa vie, parvient à construire une représentation du monde objectif et permanent, indépendant de cette représentation même. Cette construction s'effectue par deux mouvements complémentaires : l'accommodation de la pensée aux choses et l'assimilation des données nouvelles par l'acquis antérieur. Elle substitue à la question kantienne de savoir comment la connaissance est possible, la question de savoir comment et pourquoi elle est toujours en progrès, dépassant ainsi l'opposition bergsonienne de l'intelligence et du vivant.

En recherchant, à travers l'ontogénèse des conduites, les formes successives d'élaboration de la raison, Valéry a tenté de se donner une théorie de l'instrument même de la connaissance, soit une façon de faire « la vérification de la spéculation par la construction » [1].

L'analyse de l'épistémologie architecturale et l'analyse de son moi, lui ont permis de saisir l'homologie qui existe entre la vie perceptive et la vie pensante, sans toutefois réduire la seconde à la première, et surtout de faire apparaître une pensée artiste. Pas de regard sur le monde sans que la lecture des formes, des volumes, des couleurs, des lumières, n'ait son siège dans le mouvement des yeux, sur les points de la rétine et dans une aire du cortex cérébral. Le corps voit, touche, construit, entraîné par une intentionnalité hors de lui-même, dans un mouvement vers le monde où il se dépasse.

Le discours esthétique de Valéry reprend cette énigme fondamentale. L'imaginaire du corps émigre dans les moyens d'expression de l'artiste, qui fixe par essence l'instable. L'imaginaire est délivré, il est désormais confié à l'individu. Ainsi, l'architecture s'affirme par son analyse et sa lyse, en tant que structure double, à la fois horizontalité et verticalité d'un même phénomène d'être, à l'intersection duquel elle devient chose du monde et modèle des choses.

Dans la forme architecturale comme dans le corps, se mêlent expression et exprimé. L'attrait exercé par la physiologie, permet à Valéry de cerner le travail qui conduit de la confusion organique à l'organisation conceptuelle. A travers les définitions qu'il donne du corps, il met en évidence un esprit qui s'est fait chair et qui en retrace le parcours. Celui-ci est plastique, dans la mesure où l'enveloppe corporelle est appréhendée en tant qu'effort de la vie des profondeurs vers la surface. Cette même dimension s'actualise, sous forme intellectualisée, dans l'édifice accessible par contact immédiat. Ainsi l'architecture ne quitte jamais son espace ni sa temporalité. Elle est figée, mais pourtant elle est un nœud de significations vivantes. En architecture, la structure et l'ornement ne sont pas seulement porteurs de sens, ils sont habités par celui-ci. L'espace de l'architecture, comme celui de la chorégraphie, devient mobile, alors que, traditionnellement, l'espace engendré par l'architecture est ce qu'il y a de plus statique. L'impression de la dynamique s'associe à la temporalité et à l'homme dans sa totalité perceptive. Cette conception de l'espace, liée à la

1. XIV, 672.

découverte du concept de relativité, n'est pas un cadre qui peut être rempli mais un rapport immédiat.

D'autre part, avec le concept *d'impression d'art,* Valéry développe non seulement les fondements d'une esthétique de la création mais surtout de la réception. L'impression d'art se distingue par la présence d'éléments excitants, qui ont effet de déclencher, et en apparence de produire, chez l'assistant, l'énergie de qualité et de quantité appropriée à l'attention sur l'ensemble de l'objet donné, l'énergie nécessaire pour en user. Ainsi, l'art devient le produit du couple auteur/consommateur.

En-deçà, Valéry met en évidence un phénomène de crise de la pensée esthétique, qui ressemble fort à la crise de la pensée scientifique, inaugurée par l'énonciation des relations d'incertitude. En effet, peut-on observer un fait dit artistique en dehors des conditions d'observation qui, *a priori*, le font apparaître comme tel ? Le théoricien a modifié la nature de l'objet, à tel point qu'il est devenu impossible d'espérer l'appréhender en soi. Il n'est plus possible de construire une image de l'objet artistique, mais seulement des rapports que nous entretenons avec lui. D'ailleurs, Duchamp avait résumé cette situation en écrivant que ce sont les regardeurs qui font les tableaux.

Si derrière le brouhaha du monde moderne se trouvent les modèles cachés de la réalité, à travers la pensée valéryenne se lit la mutation d'une pensée conceptuelle de type newtonien, où l'univers est conçu comme une horloge dont toutes les pièces s'imbriquent tels des rouages, ne laissant aucune place au hasard, en une pensée liée aux bouleversements de l'époque post-industrielle. Cette nouvelle façon de concevoir le réel ne s'intéresse plus aux notions d'ordre et de régularité prisées par Newton, ni au monde de la machine, mais aux bouleversements et à l'instabilité qui permettent de penser le complexe.

L'architectonique de cette pensée, illustre parfaitement le phénomène d'auto-organisation qui se produit dans un ensemble plus complexe et en perte d'équilibre. Elle apporte de nouvelles analogies et de nouvelles métaphores. Si la science classique recherchait la stabilité, celle de la modernité sera adaptative, toutes les disciplines communiquant entre elles. La prégnance du modèle architectural apparaît alors, comme un régulateur existentiel créant « ce qui existe, souvent par fabrication de ce qui n'existe pas, et dont alors ce qui existe est crée par référence et contraste »[1].

1. XIX, 829.

Le réel est ainsi un discontinu hétérogène, et de cette imperfection naissent l'art et la pensée, homogénéisation ponctuelle de l'hétérogène. En effet, « si tout (était) irrégulier ou tout régulier, point de pensée, car elle n'est qu'un essai de passer du désordre à l'ordre. Il faut des occasions de celui-là, et des modèles de celui-ci »[1]. L'homme valéryen n'est pas en face à face avec le monde qu'il essaie de comprendre, mais il est à l'intérieur de ce monde dont il fait partie et qu'il transforme, préférant les actes aux œuvres. Les productions artistiques ne sont pas des événements. Les œuvres ne sont pas de simples phénomènes, agis ou réagis par la volonté obscure d'une histoire, d'une structure, ou par la rencontre fortuite de voix plurielles, mais la mise en forme consciente de matériaux déterminés, les résultats d'une activité délibérée. A ce titre, elle relève d'une théorie de la connaissance.

Pour avoir négligé cela, et Valéry l'a compris, trop d'artistes auront mélangé les œuvres et les actes, le métier et la stratégie. De pareilles confusions peuvent déboucher sur l'impuissance de produire. Il a radicalement renouvelé la question de l'Ego. Il ne se situe plus sous le sceau de l'optimisme des Lumières, mais dans une modernité autoréflexive qui se fonde comme critique instrumentale d'elle-même, et comme essentiellement transitive. A travers les *Cahiers*, il s'agissait pour Valéry d'aimer les questions pour elles-mêmes, et de les vivre. Car il s'agissait précisément de tout vivre. Alors, peut-être, en les vivant, a-t-il fini par entrer insensiblement dans les réponses. Il ne s'est pas laissé tromper par l'apparence. Pour lui, dans le profond, tout est *loi*, *architecture*, *calcul*.

Il faut donc convenir que le fond d'où dérive l'architecture au sens valéryen, est d'abord possibilité de prendre forme avec une organisation, dont le degré de complexité défie la stricte imagination. D'autant plus que « chacun est seul par construction. Il n'y a pas deux Moi concevables. La nature n'a pas su se faire qu'un seul être de chaque espèce. Elle n'a pu en déterminer que quantité, un à un (...). Tous semblables et chacun dissemblable »[2]. Ainsi, la substance valéryenne, tout comme la substance spinoziste, est dite s'exprimer en une infinité de modes, ce qui signifie que les conditions selon lesquelles elle prend ou reçoit forme sont indéfiniment diversifiées, malgré la réalité et l'universalité des contraintes dans lesquelles s'expriment les lois qui régissent toute organisation en système, soit la subsomption d'un divers dans l'unité d'une même forme. Ceci est d'ailleurs nécessaire pour que

1. *Œ. I, Variété, Introduction à la méthode de Léonard de Vinci*, p. 1172.
2. XXIX, 806.

l'homme du savoir puisse parler d'un être, dans la stabilité des déterminations qui font de l'ensemble une réalité singulière.

En effet, comme l'a remarqué Platon dans le *Cratyle*, si le monde et le sujet ne sont que mouvance ininterrompue et mouvement incessant, comment y aurait-il une connaissance stable de ce qui est instable ? Si tout passe, un savoir est-il possible ? Or, si tout change, la loi du changement, elle, ne change pas, car c'est éternellement que rien n'est éternel. « La seule réalité est le changement, qui ôte leur réalité à toutes les autres choses. Ce qui ôte la réalité à toutes choses, cela est la seule réelle, et c'est le changement »[1].

Valéry découvrit très tôt, que « le changement ou substitution de l'objet du moment était la règle absolue, la loi fondamentale (...). Rien ne dure que par Moi »[2]. Si rien ne changeait, rien de vrai ne pourrait être énoncé. Le discours vrai existe – et Valéry renoue avec une tradition qui remonte à Héraclite – c'est celui du philosophe, de l'homme qui s'est défait de toute subjectivité pour accéder à l'universel. Ce pilier est inséparable de deux autres : le vrai et le faux, sans quoi la philosophie n'a pas d'existence possible. En effet, le discours *vrai* ne fait pas « partie du tout : il est hors du tout, pour pouvoir dire, dévoiler le tout »[3].

Si Valéry a disqualifié le langage de la philosophie, c'est peut-être parce que ce langage, comme tout autre, excepté celui de la poésie ou alors il faut ramener la philosophie à la poésie, n'est pas adapté pour décrire les choses qui sont, puisqu'elles sont par essence instables alors que les mots sont fixes. La philosophie valéryenne, au delà des mots, énonce la loi de l'instabilité permanente des choses, sous le signe de « *Gladiator* (qui est) en somme l'effort de l'être contre la probabilité – effort appelé Art, changement du hasard en quasi certitude »[4]. La réalité se situe dans un intervalle qui tient entrouvert, comme un tryptique, ce qui est monde, ce qui est chair, ce qui est esprit, tout en les maintenant dans une confusion originelle.

Tributaire du monde industriel et technique, cette philosophie ne proclame pas la révolte, mais l'action. La modernité qui s'annonce à

1. VI, 730.

2. I, 861.

3. Cf. la mystérieuse découverte de Valéry : « J'ai trouvé un procédé, un mode de penser – incommunicable, difficile à moi-même, dont un autre que moi ne peut donc jamais être sûr qu'il le possède identiquement – Et c'est là la vérité », (VI, 281).

4. XVI, 385 : C'est aussi « L'Art pour l'Art – c'est l'Art pour la différenciation, le précisément, l'accroissement de pouvoirs de l'individu, et c'est l'art contre l'incertitude et l'inconstance des jugements et des goûts », (XIII, 778).

travers cette pensée, est celle d'une société dominant totalement la matière et la soumettant à l'imagination. Dans ce prolongement de la philosophie nietzschéenne, et en précurseur qu'il est de la pensée de la complexité, Valéry justifie la philosophie de l'art comme science et action, dans la mesure où elle embrasse tout ce qui est d'une manière vivante.

BIBLIOGRAPHIE

I. ŒUVRES DE PAUL VALERY[1]

A. SOURCES MANUSCRITES.

Cahiers, fac-similé, tomes I à XXIX (années 1894 à 1945), préface de Louis de Broglie. Paris, C.N.R.S., 1957-1962.

Cahier (hors-série), *esquisses, dessin, architecture*, manuscrit inédit (1943-1944), fonds Paul Valéry, Bibliothèque Nationale, Paris.

Leçons sur l'architecture, manuscrit inédit (1943-1944), fonds Paul Valéry, Bibliothèque Nationale, Paris.

B. SOURCES IMPRIMEES.

Cahiers, tomes I et II, édition établie, présentée et annotée par J. Robinson, Gallimard, collection La Pléiade, 1973-1976.

Cahiers (1894-1914), tomes I, II, et III. Edition intégrale établie, présentée et annotée sous la direction de N. Celeyrette-Piétri et de J. Robinson-Valéry, Gallimard, 1987, 1988, 1990.

Correspondance d'André Gide et de Paul Valéry, (1890-1942), Gallimard, 1955.

Le Centre Universitaire Méditerranéen (en collaboration avec M. Mignon),1933.

Lettres à quelques-uns, Gallimard, 1952.

Œuvres, tomes I et II, édition établie et annotée par J. Hytier, Gallimard, La Pléiade, 1957-1960.

Variations sur ma gravure, Paris, 1944.

1. Seuls les ouvrages utilisés ou consultés sont mentionnés.

II. Choix bibliographique

A. Ouvrages sur Valéry.

Les ouvrages et articles critiques sont trop nombreux pour que leur liste puisse être contenue dans le cadre de cette bibliographie. Pour une bibliographie complète Cf. *Œ. II*, pp. 1613 à 1704, ainsi que *Paul Valéry* (Œuvres-critiques, de 1977 à 1981) in les *Carnets bibliographiques* de *la Revue des Lettres Modernes*, sous la direction de P.-C. Hoy, Lettres Modernes, Minard, 1983. Cf. également les *Bulletins des Etudes valéryennes* (de 1974 à 1991).

ADORNO (Th.), *Notes sur la littérature*, « Les écarts de Valéry » (pp. 101 à 139), trad. française S. Müller, Flammarion, 1984.

Actes du Colloque Paul Valéry, Collectif C.N.R.S., 1971.

BEMOL (M.), *La méthode critique de Paul Valéry*, Les Belles Lettres, 1947.

—, « Paul Valéry et l'esthétique », *Revue d'Esthétique*, avril 1947.

—, *Paul Valéry*, Clermont-Ferrand, G. de Bussac, 1949.

BENJAMIN (W.), « Paul Valéry », *Essais 1*, (1922-1934), traduction française Maurice de Gandillac, Denoël-Gonthier, octobre 1971, 1983.

BENOIST (P.-F.), *Les essais de Paul Valéry*, vers et proses, La Pensée Moderne, 1964.

BERNE-JOFFROY (A.), *Présence de Valéry*, précédé de *Propos me concernant*, par Paul Valéry, Plon, 1944.

—, *Valéry*, La Bibliothèque Idéale, Gallimard,1960.

BOPP (L.), *Philosophie de l'art ou alchimie contre l'histoire. Essai de surhistoire des valeurs esthétiques*, Gallimard, 1954.

Bulletin des Etudes valéryennes, n°1 (avril 1974) et suivants.

Cahiers du Sud (Les), « Paul Valéry vivant », 1946.

Cahiers Paul Valéry (Les), n°1, Poétique et Poésie, N.R.F., Gallimard, 1975.

Catalogue de l'exposition du centenaire Valéry (1971-1972).

CELEYRETTE-PIETRI (N.), *Valéry et le Moi d'après les Cahiers*, Doctorat d'Etat, Paris VIII, juin 1977.

—, *Valéry et le Moi. Des cahiers à l'Œuvre*, Klincksieck, 1979.

—, (textes recueillis par), *Lectures des premiers cahiers de Paul Valéry*, Actes de la journée d'étude du 11-12-1982 à l'université de Paris XII (Institut de la Recherche Universitaire d'histoire de la connaissance, des idées et des mentalités), Paris Val-de-Marne, diffusé par Didier-Erudition, 1983.

CHARPIER (J.), *Essai sur Paul Valéry*, Seghers, 1964.

CHO (K.-C.), *La théorie de l'expression musicale en poésie selon Paul Valéry*, thèse de 3° cycle, université de Montpellier, 1970.

CIORAN (E.-M), *Exercices d'admiration*, « Valéry face à ses idoles », Gallimard, 1986.

DERRIDA (J.), *Qual quelle*, « Les sources de Valéry », Minuit, 1972.

DREEDEN (S.), *L'artiste et l'absolu. Paul Valéry et Marcel Proust*, Amsterdam, 1941.

FABRE (A.), «Le rôle de la musique dans l'œuvre poétique de Paul Valéry», in *Mémoires de l'Académie du Vaucluse*, 1938.

FEHR (A.-J.), *Les dialogues antiques de Paul Valéry. Essai d'analyse d'Eupalinos ou l'architecte*, Edition Leyde, 1960.

GAEDE (E.), *Nietzsche et Valéry. Essai sur la comédie de l'esprit*, Gallimard, 1962.

GIDE (A.), «La conception esthétique de Paul Valéry», in *Le Divan*, mai 1922.

GILLET (le Révérend Père), *Paul Valéry et la métaphysique*, Flammarion, 1935.

HONNEGER (A.), «Valéry et la musique», *Style en France*, 1946.

HOY (P.-C.), (sous la direction de), *Valéry 4*, suivi des *Carnets bibliographiques*, (*Œuvres – Critiques*), Minard, 1983.

HYTIER (J.), *La poétique de Valéry*, A. Colin, 1953.

JALLAT (J.), «Valéry et le mécanisme – La notion de modèle et la théorie de la construction», *Saggi e Ricerce di Letteratura Francese*, Pisa, 1967.

KAISSERLIAN (O.-G.), «Filosofia ed estetica nel pensiero di Valéry», *Archivio della Cultura Italiana*, janvier-mars 1940.

KIM (H.-G.), *L'acte de construire chez Paul Valéry*, thèse de 3° cycle, université de Montpellier, juin 1977.

LANFRANCHI (G.), *Paul Valéry et l'expérience du Moi pur*, éd. Mermod, 1958.

LANTONET (E.), *La théorie de la forme chez Paul Valéry*, thèse de 3° cycle, Paris X – Nanterre, 1977.

LA ROCHEFOUCAULD (E. de), *En lisant les Cahiers de Paul Valéry*, Editions Universitaires, 1967.

LAURENTI (H.), (sous la direction de), *Paul Valéry 3*. Approche du système, *Revue des Lettres Modernes*, Minard, 1979.

—, (sous la direction de), *Paul Valéry 4*. Le pouvoir de l'esprit, *Revue des Lettres Modernes*, Minard, 1983.

LAWLER (J.R.), *Lecture de Valéry*, P.U.F., 1963.

MAN (P. de), *Les dessins de Paul Valéry*, Les Editions Universelles, 1948.

PAREYSON (L.), *L'estetica di Paul Valéry. Problemi di estetica contemporenea*, Viretto, 1959.

PELMONT (R.-A.), *Paul Valéry et les Beaux-Arts*, Harvard University Press, 1949.

PERCHE (L.), *Valéry et les limites de l'humain*, éd. du Centurion, 1966.

PIETRA (R.), *Valéry – Directions spatiales et parcours verbal*, Minard, 1981.

PIRE (F.), *La tentation du sensible chez Valéry*, Nizet, 1964.

ROBINSON (J.), « L'ordre interne des Cahiers de Valéry », in Décades du Centre Culturel International de Cerisy-la-Salle, *Entretiens sur Paul Valéry*, sous la direction d'Emilie Noulet, Mouton, 1968.

—, *L'analyse de l'esprit dans les Cahiers de Valéry*, Corti, 1963.

ROUART-VALERY (A.), *Paul Valéry et Eupalinos*, programmes culturels de la ville de Montpellier.

SEGOND (M.-G.), « Art et science dans la philosophie française contemporaine », 3° fascicule, in *Annales de la Faculté de Lettres d'Aix-en-Provence*, tome XIX, année 1936.

SIMON (P.-H.), *Paul Valéry ou l'esprit pur*, Témoins de l'Homme, 1951.

SUHAMI (E.), *Paul Valéry et la Musique*, publication de la faculté des Lettres et Sciences Humaines de Dakar, Nizet.

TAUMAN (L.), *Paul Valéry ou le mal de l'art*, Nizet, 1969.

TYMIENIECKA (A.-T.), *Eros et logos - Esquisse de phénoménologie de l'intériorité créatrice*, Louvain, Nauwelaerts, 1972.

VIRTANEN (R.), *L'imagerie scientifique de Paul Valéry*, Vrin, 1975.

WAHL (J.), *Sur la pensée de Paul Valéry*, Gallimard, 1933.

B. Autres ouvrages et articles utilisés ou consultés[1].

ADORNO (Th.), *Autour de la théorie esthétique : paralipomena, introduction première*, traduction française M. Jimenez, 1976, collection d'Esthétique, Klinkcsieck.
—, *Dialectique négative*, traduction française G. Coffin, J. Masson, O. Masson, A. Renaut, D. Trousson, 1978, Payot.
—, *Notes sur la littérature*, traduction française S. Müller, Flammarion, 1984.
ALAIN, *Propos sur l'esthétique*, P.U.F., 1949.
ANZIEU (D.), *Le moi-peau*, Dunod, 1985.
AUSTIN (J.-L.), *Quand dire, c'est faire*, traduction française G. Lane, Seuil, 1970.
BACHELARD (G.), *L'intuition de l'instant*, Denoël-Gonthier, 1979.
—, *La philosophie du non*, P.U.F., 1940.
—, *La terre et les rêveries du repos*, Corti, 1948.
—, *La poétique de l'espace*, P.U.F., 1981.
BARTHES (R.), *L'obvie et l'obtus*, Seuil, 1984.
BAYER, *Architecture et poésie*, Colin, 1932.
BERGSON (H.), *L'évolution créatrice*, P.U.F., 1969.
—, *Matière et mémoire*, Alcan, 1960.
—, *Essai sur les données immédiates de la conscience*, P.U.F., 1974.
BERKELEY (G.), *Essai d'une théorie nouvelle de la vision*, traduction française A. Leroy, Aubier, 1969.
BONNEFOY (Y.), *L'arrière-pays*, Champs-Flammarion, 1982.
BOULEZ (P.), *Relevés d'apprenti*, Seuil, 1967.
BOUTROUX (E.), *L'idéal scientifique des mathématiciens*, P.U.F., 1955.
BRETON (A.), *Entretiens*, Gallimard, 1952.
BOUVERESSE (R.), *Karl Popper*, Vrin, 1978.
CAMUS (A.), *L'envers et l'endroit*, Gallimard, 1965.
—, *Noces*, Gallimard,1962.
CARNAP (R.), « Empiricism, semantics and ontology », *Revue Internationale de Philosophie*, 1950.
CASSIRER (E.), *La philosophie des formes symboliques*, Minuit, 1974.
CHAR (R.), *Recherche de la base et du sommet*, Gallimard, 1971.
CIORAN (E.-M.), *Précis de décomposition*, Gallimard, 1977.
DELEUZE (G.), *Logique du sens*, Minuit, 1982.
DESCARTES (R.), *Meditationes de primae philosophiae*, Réédition Vrin, 1978.

1. Les dates indiquées sont celles de l'édition consultée.

DILTHEY (W.), *Le monde de l'esprit*, Aubier, 1947.

DUFRENNE (M.), *Phénoménologie de l'expérience esthétique*, P.U.F., 1953.

FICHTE (J.-G.), *La théorie de la science*, traduction française D. Julia, Aubier-Montaigne,1967.

FOCILLON (H.), *Vie des formes*, P.U.F., 1981.

GENETTE (G.), *Mimologiques, voyage en Cratylie*, Seuil, 1976.

GHYKA (M.-C.), *Le nombre d'or*, Gallimard, 1959.

GIDE (A.), *Les nourritures terrestres,* Gallimard, 1972.

GIEDON (S.), *Espace – temps – architecture*, traduction française I. Lebeer et F.M. Rosset, Denoël-Gonthier, 1980.

GUILLAUME (P.), *La psychologie de la forme*, Flammarion, 1979.

HABERMAS (J.), *Connaissance et intérêt*, traduction française G. Clémençon, Gallimard, 1979.

HEIDEGGER (M.), *Introduction à la métaphysique*, traduction française G. Kahn, Gallimard, 1967.

—, *Qu'appelle-t-on penser?*, traduction française A. Becker et G. Granel, P.U.F., 1973.

—, *Questions IV*, traduction française J. Beaufret,Gallimard, 1976.

—, *Acheminement vers la parole,* traduction française J. Beaufret, W. Brokmeier et F. Fédier, Gallimard, 1981.

—, *Chemins qui ne mènent nulle part,* traduction française W. Brokmeier, Gallimard, 1980.

HENRY (Ch.), *Sensation et énergie*, Hermann, 1910.

HUSSERL (E.), *Méditations cartésiennes*, traduction française G. Peiffer et E. Lévinas, revue par A.Koyré, Vrin, 1980.

—, *L'origine de la géométrie*, traduction française J. Derrida, P.U.F., 1974.

HUYGHE (R.), *Sens et destin de l'art, de l'art gothique au XX° siècle*, Flammarion, 1967.

—, *De l'art à la philosophie, Réponses à S. Monneret,* Flammarion, 1980.

JACOB (F.), *La logique du vivant*, Gallimard, 1983.

KAFKA (F.), *La colonie pénitentiaire et autres récits*, traduction française A. Vialatte, Gallimard, 1948.

KAGAN (A.), *Paul Klee, Art et Musique,* Cornell University Press, 1983.

KANDINSKY (W.), *Du spirituel dans l'art et dans la peinture en particulier*, traduction française P. Volboudt, Denoël-Gonthier, 1974.

KANT (E.), *Critique de la Raison Pure,* traduction française A. Tremesaygues et B. Pacaud, P.U.F., 1984.

—, *Critique de la faculté de juger*, traduction française A. Philonenko, P.U.F., 1982.

KAUFMANN (P.), *L'expérience émotionnelle de l'espace*, Vrin, 1981.

KLEE (P.), *Théorie de l'art moderne, une conception structuraliste de la peinture*, traduction française P.-H. Gonthier, Denoël-Gonthier, 1980.

KÖHLER (W.), *Psychologie de la forme*, traduction française S. Bricanier, Gallimard, 1972.

LACAN (J.), *Ecrits*, Seuil, 1966.

LEGRAND (G.), *Les présocratiques*, Bordas, 1970.

LEIBNITZ (G.-W.), *La monadologie*, traduction française E. Boutroux, Delagrave, 1975.

LEVI-STRAUSS (Cl.), *Les structures élémentaires de la parenté*, P.U.F., 1949.

LUKÁCS (G.), *L'âme et les formes*, traduction française G. Haarscher, Gallimard, 1974.

—, *Philosophie de l'art, premiers écrits sur l'esthétique,* traduction française R. Rochltitz et A. Pernet, Klincksieck, 1981.

—, *Correspondance de jeunesse,* traduction française E. Fekete et E. Karadi, Maspero, 1981.

LUPASCO (S.), *L'univers psychique, ses dialectiques constitutives et sa connaissance de la connaissance,* Denoël-Gonthier, 1979.

MACH (E.), *La connaissance et l'erreur,* traduction française Dufour, Paris, 1919.

MAINE de BIRAN , *L'effort*, choix de textes, P.U.F., 1966.

MERLEAU-PONTY (M.), *Sens et non-sens*, Nagel, 1966.

—, *Eloge de la philosophie,* Gallimard, 1975.

—, *Phénoménologie de la perception*, Gallimard, 1976.

—, *La structure du comportement,* P.U.F., 1977.

—, *Le visible et l'invisible,* Gallimard, 1979.

—, *L'œil et l'esprit,* Gallimard, 1979.

—, *La prose du monde*, Gallimard, 1978.

—, *Signes,* Gallimard, 1980.

MICHELIS (P.), *Etudes d'esthétique*, Klincksieck, 1967.

MORIN (E.), *La méthode,* tome 1, *La nature de la nature*, Seuil, 1977.

—, *La méthode,* tome 2, *La vie de la vie,* Seuil, 1980.

MORISSETTE (B.-A.), *Les aspects fondamentaux de l'esthétique symboliste*, Bussac, 1933.

NIETZSCHE (F.), *Le livre du philosophe,* traduction française A.Kremer-Marietti, Aubier-Flammarion, 1969.

—, *Le voyageur et son ombre,* traduction française H. Albert, Denoël-Gonthier, 1975.

—, *Ecce homo*, traduction française J.-C. Hémeri, Gallimard, 1978.

—, *Opinions et sentences mêlées*, traduction française H. Albert, Denoël-Gonthier, 1981.

PANOFSKY (E.), *La perspective comme forme symbolique,* traduction française G. Ballange, Minuit, 1975.

—, *L'oeuvre d'art et ses significations, Essais sur les Arts visuels*, traduction française M. et B. Teyssedre, Gallimard, 1969.

PIAGET (J.), *La construction du réel chez l'enfant,* Delachaux et Niestle, 1977.

POINCARE (H.), *La science et l'hypothèse*, Flammarion, 1968.

PONENTE (N.), *Klee*, Skira, 1960.

PONGE (Fr.), *Le parti pris des choses,* suivi de *Prôemes,* Gallimard, 1967.

PONS (D.), *Aux sources de la présence*, Présent, 1985.

POULET (G.), *Etudes sur le temps humain,* Plon, 1976.

—, *Les métamorphoses du cercle,* Flammarion, 1979.

PRADINES (M.), *La fonction perceptive,* Denoël-Gonthier, 1981.

PRYGOGINE (Y.) et STENGERS (I.), *La nouvelle alliance*, Gallimard, 1986.

RODIN (A.), *Les cathédrales de France*, reprints J. de Bonnot, 1983.

ROMEYER-DHERBEY (G.), *Maine de Biran ou le penseur de l'immanence radicale,* Seghers, 1974.

RYLE (G.), *Dilemmas,* Londres, 1954.

SAINT-JOHN PERSE, *Amers,* Gallimard, 1981.

SARTRE (J.-P.), *Esquisse d'une théorie des émotions,* Hermann, 1965.

—, *Questions de méthode*, Gallimard, 1973.

—, *L'Être et le Néant,* Gallimard, 1976.

—, *La transcendance de l'Ego,* Vrin, 1981.

—, *L'Imagination*, P.U.F., 1981.

SAUSSURE (F. de), *Cours de linguistique générale*, Payot, 1976.

SCHILDER (P.), *L'image du corps,* traduction française F. Gantheret et P. Truffert, Paris, 1968.

SCHLÖEZER (B. de) et SCRIABINE (M.), *Problèmes de la musique moderne*, postface de I. Xenakis, Minuit, 1959.

SCHÖFFER (N.), *Le nouvel esprit artistique*, Denoël-Gonthier, 1970.

SEGALEN (V.), *Les synesthésies et l'Ecole symboliste*, éd. Fata Morgana, 1981.

SERRES (M.), *Hermès III. La traduction,* Minuit, 1974.

SERVIEN (P.), *Les rythmes comme introduction physique à l'esthétique*, Boivin, 1961.

SEUPHOR (M.), *Piet Mondrian,* Flammarion, 1956.

—, *Le style et le cri, Quatorze essais sur l'art de ce siècle,* Seuil, 1965.

STRAWSON (P.-F.), *Individuals*, Londres, 1959.

VIOLLET-LE-DUC (E.-E.), *L'architecture raisonnée*, Hermann, 1978.

WITTGENSTEIN (L.), *Leçons et conversations sur l'esthétique*, traduction française J. Fauve, Gallimard, 1982.

WÖRRINGER (W.), *Abstraction et Einfühlung, contribution à la philosophie du style*, traduction française D. Vallier, Klincksieck, 1978.

INDEX DES NOMS PROPRES

INDEX DES NOTIONS

TABLE DES MATIÈRES

TROISIÈME PARTIE

L'ARCHITECTUROLOGIE OU LA PENSÉE ARTISTE «CONSTRUCTION ET EXÉCUTION»

ESSAIS D'ART ET DE PHILOSOPHIE

Directeur : Henri GOUHIER, de l'Académie française

ARNOLD (P) – *Ésotérisme de Baudelaire.*

– *Clef pour Shakespeare.*

BESPALOFF (R) – *Cheminements et carrefours.*

BILEN (M) – *Dialectique créatrice et structure de l'œuvre littéraire. André Gide, Albert Camus, Marcel Proust, Franz Kafka.*

CHAMPEAU (S) – *Borges et la métaphysique.*

DELATTRE (Floris) – *Le roman psychologique de Virginia Woolf.*

DION (R) – *Les anthropophages de l'Odyssée : Cyclopes et Lestrygons.*

DUCHENE (R) – *Écrire au temps de Madame de Sévigné : Lettres et texte littéraire.*

GILSON (Etienne) – *D'Aristote à Darwin... et retour. Essai sur quelques constantes de la bio-philosophie.*

– *L'école des muses.*

– *Héloïse et Abélard.*

– *Introduction aux Arts du Beau.*

– *Linguistique et philosophie. Essai sur les constantes philosophiques du langage.*

– *Matières et formes. Poiétique particulière des arts majeurs.*

– *La société de masse et sa culture.*

– *Les Tribulations de Sophie.*

GLAUSER (A) – *Albert Thibaudet et la critique créatrice.*

GOUHIER (H) – *La vie d'Auguste Comte* (Ep).

– *Descartes. Essais sur le « Discours de la Méthode », la métaphysique et la morale* (Ep).

– *Renan, auteur dramatique.*

– *Le théâtre et l'existence.*

– *Antonin Artaud et l'essence du théâtre.*

GOUHIER (M.-A.) – *Charles du Bos.* Préface de F. Mauriac.

KNOWLES (R.-E.) – *Victor-Emile Michelet, poète ésotérique.*

KRAFFT (J.-G.) – *Essai sur l'esthétique de la prose.*

LALO (Ch) – *L'Art et la vie. I. L'Art près de la vie* (Ep).

– *L'Art et la vie. II. Les grandes évasions esthétiques. Delacroix, Flaubert, Les Goncourt, Lamartine, Sarcey, Wagner.*

– *L'Art et la vie. III. L'économie des passions. Mme Ackermann, Balzac, Hugo, Musset, Nietzsche, Sand, Zola.*

LUPPE (R de) – *Les idées littéraires de Mme de Staël et l'héritage des « lumières », 1795-1800.*

MAURRAS (Charles) – *De la politique naturelle au nationalisme intégral.* Textes choisis par F. Natter, C. Polin et C. Rousseau.

MINGUET (P) – *Esthétique du Rococo.*

PLATTARD (J) – *Agrippa d'Aubigné. Une figure de premier plan dans nos lettres de la Renaissance.*

ROLLAND DE RENEVILLE (J) – *Qu'est-ce que créer ?*

SANZENBACH (S) – *Les romans de Pierre Jean Jouve. Le romancier et son miroir.*

SOMVILLE (P) – *Mimesis et art contemporain.*

STANGUENNEC (A) – *Mallarmé et l'éthique de la poésie.*

VILLIERS (C) – *L'univers métaphysique de Victor Hugo.*

VIRTANEN (R) – *L'imagerie scientifique de Paul Valéry.*

VUILLEMIN (J) – *Eléments de Poétique.*

ACHEVÉ D'IMPRIMER
EN JANVIER 1993
PAR L'IMPRIMERIE
DE LA MANUTENTION
A MAYENNE
N° 463-92